"만병의 근원 스트레스, 이를 해결하기 위한 첫걸음은 정확한 평가!"

스트레스 척도 핸드북

| 김병수 · 김정현 공저 |

학지사

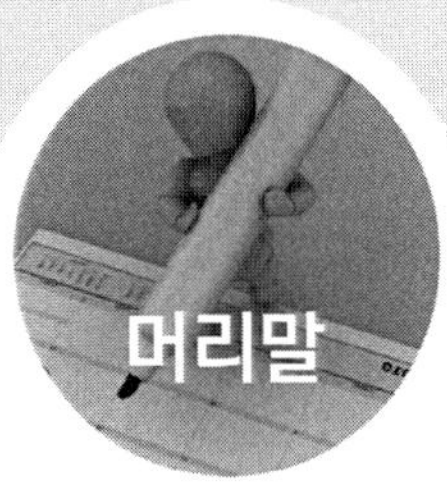

머리말

‘스트레스’라는 말은 이제 더 이상 의학, 심리학 영역에서의 전유물이 아니다. 스트레스는 일상 대화 속에서도 쉽게 들을 수 있을 뿐만 아니라, 마음의 고통을 표현하기 위해 사람들이 가장 널리 사용하는 단어 중의 하나가 되었다. 스트레스에 대한 관심은 이제 전문가의 영역을 넘어서는 것이다.

스트레스에 대한 관심이 커지면서 스트레스를 명확하게 정의하고 스트레스의 정도를 객관적으로 평가하는 방법에 대한 관심 또한 커졌다. 무엇보다, 스트레스가 정신 질환뿐 아니라, 신체 질환의 발병과 예후에 중요한 역할을 한다는 것이 널리 확증되면서 스트레스를 정확하게 평가하여 스트레스 관리에 활용하려는 시도들이 점점 더 확대되고 있다. 그런데 스트레스를 평가하는 척도들이 국내에 다수 소개되어 왔지만, 스트레스 관련 연구자들에게 잘 알려져 있지 않아 널리 활용되지 못하는 경우가 많다. 또한 다양한 스트레스 평가 척도 중에서 특정 연구 혹은 임상 진료에 가장 적합한 도구를 선택하기 위한 안내나 지침이 전무한 실정이다. 이런 상황에서 저자들은 스트레스에 대한 연구와 임상 진료에서 스트레스 평가 척도들이 효율적으로 활용될 수 있도록 도와주는 안내 책자가 필요하다고 절감하게 되어 이 책을 집필하게 되었다.

이 책을 집필하게 된 주 목적은 스트레스의 평가와 관련된 척도들을 포괄적으로 소개하는 데 있다. 지금까지 여러 가지 스트레스 평가 척도들이 국내에 소개되어 왔지만, 연구자와 임상가가 실제로 활용하려 할 때는 다양한 척도 중에서 어떤 것을 이용해야 하는지 그리고 그것의 주된 특성이 무엇인지를 비교 확인하는 데 어려움을 겪어야만 했다. 스트레스와 관련된 영역이 광범위하다 보니, 다양한 전문 학술지에서 스트레스와 관련된 평가 척도들을 소개하고 있다. 그렇기 때문에 개별 연구자가 여러 스트레스 평가 척도들을 모두 검토하여 선택하고, 실제 활용하는 데는 어려움이 따를 수밖에 없다. 또한 스트레스 관련 연구를 진행하거나 임상에서 스트레스를 객관적으로 평가하기 위한 방법을 선택하기 위해서는 기존의 척도들을 포괄적으로 비교 검토해야 하는데, 이러한 작업은 상당한 부담이 된다.

"스트레스 측정의 이상적인 평가 도구는 무엇인가?" 스트레스 질환을 치료하는 임상가와 연구자들에게 가장 중요한 이슈 중의 하나다. 스트레스의 개념에는 스트레스 인자(Stressor), 스트레스 반응 그리고 스트레스에 대처하는 개인의 인지 및 행동 특성과 스트레스 취약성이라는 측면이 모두 포괄적으로 담겨있다. 또한 개인의 강점이나 회복탄력성과 같은 긍정성 요인도 스트레스 평가의 중요한 축으로 포함되어야 한다. 따라서 이상적인 스트레스 평가 도구는 스트레스의 다양한 측면들을 포괄하면서도 정확하게 측정할 수 있어야 한다. 하지만 현재까지 이러한 이상적 기준에 부합하는 스트레스 평가 도구는 존재하지 않는다. 따라서 스트레스 연구자 및 임상가에게는 지금까지 발표된 여러 종류의 스트레스 평가 척도에 대한 포괄적인 이해를 바탕으로, 개별 연구 및 임상 목적에 가장 잘 부합하는 검사법을 적절히 선택하는 것이 가장 중요한 일이다. 따라서 이 책이 스트레스 연구 목적에 가장 잘 부합하고, 임상 진료에 가장 효과적으로 활용될 수 있는 최선의 스트레스 평가 도구를 선택하는 데 친절한 안내서가 될 수 있을 것으로 기대한다.

이 책에 소개된 스트레스 평가 척도는 다음과 같은 과정을 거쳐 수집되었다. 지금까지 발표된 국내의 정신의학 및 의학 그리고 심리학 분야의 전문 학술지를 검토하여 스트레스 평가와 관련된 논문들을 조사하였다. 또한 스트레스 평가와

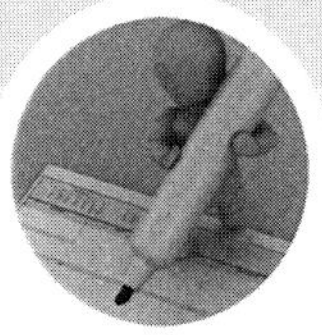

관련된 학위 논문들을 국회 도서관 자료를 활용하여 조사하였다. 이렇게 조사된 논문 중에서 ① 스트레스 인자, ② 스트레스에 대한 주관적 지각, 정서 및 행동적 반응, ③ 개인적인 특성, 스트레스 대처방식과 취약성 그리고 ④ 개인의 강점과 회복 탄력성을 측정하는 평가 척도들을 선택하였다. 이렇게 선택된 척도를 ① 척도개관, ② 문항구성, ③ 채점 및 평가지침, ④ 신뢰도 및 타당도, ⑤ 주요 참고문헌 순으로 정리하여 소개하였다. 소개 마지막 부분에는 저자 동의가 이루어진 스트레스 평가 척도를 함께 실어 연구와 임상에서 손쉽게 활용할 수 있도록 하였다.

이 책은 스트레스 평가 척도만을 조사하여 소개하는 책자로는 국내에서 처음 발간되는 것이다. 그러다 보니 부족한 부분이 많다. 지금까지 소개된 스트레스 평가 척도를 포괄적으로 조사하려고 최대한 노력하였으나, 이 책에 포함되지 않은 것이 있을 수 있다. 스트레스 평가 척도에 대한 소개를 연구와 임상에서 손쉽게 활용할 수 있도록 하기 위해 간략하게 요약하다 보니, 내용에서 부족함을 느끼는 독자도 있을 것이다. 저자의 동의를 얻지 못해 척도 원문을 싣지 못한 것도 있다. 이러한 부분은 개정판을 통해서 보완할 계획이다.

이 책이 스트레스 연구자들과 실제 임상 현장에서 스트레스를 평가하고 관리하는 임상가들에게 의미 있는 지침서가 되기를 희망한다. 평가 척도를 수집하고 정리하는 데 백소영 선생님이 많은 도움을 주었다. 지면을 빌려 깊은 감사의 마음을 전하고 싶다. 무엇보다도, 어렵게 개발한 척도를 이 책에 싣도록 동의해 주신 연구자들께 진심으로 감사 드린다. 또한 출판을 흔쾌히 허락해 주신 학지사 김진환 사장님께도 감사의 마음을 전한다.

2013년 9월

저자 김병수, 김정현

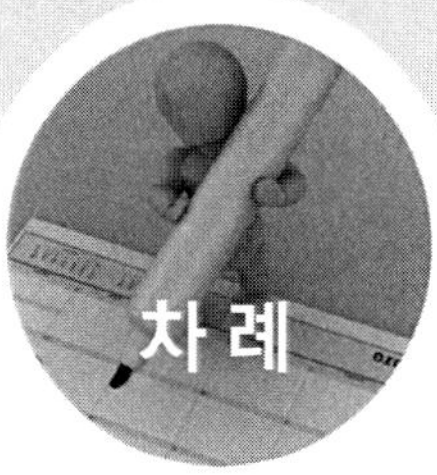

차 례

stress

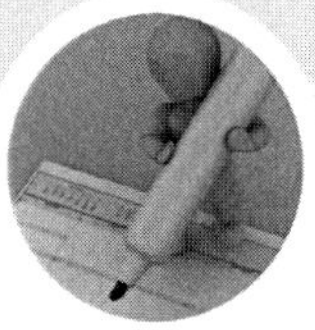

stress

1 가족스트레스 측정도구

척도개관

결혼한 여성근로자는 가정에서 주부의 역할과 직장에서의 역할을 함께 담당하고 있어, 기혼 여성근로자의 스트레스는 직장인으로서 갖는 직무스트레스와 기혼 여성으로서 갖는 가정관련 스트레스의 이중 문제가 동시에 나타날 수 있다. 따라서 기혼 여성근로자의 스트레스 및 이와 관련된 건강상태 평가를 위해서는 직무스트레스뿐 아니라 가족스트레스를 함께 측정하여야 한다.

김광숙과 조원정(2006)은 문헌고찰을 바탕으로 기혼 여성근로자의 특성을 반영하여 가족스트레스 수준을 측정할 수 있는 척도를 개발하였고, 생산직 기혼 여성으로서의 첫 자녀가 학령기 이상인 대상자를 적용하여 신뢰도 및 타당도를 밝혔다. 이 척도에서 여성근로자란 생산직종에 근무하고 55세 미만의 기혼인 여성근로자를 가리키며, 가족스트레스란 가족이라는 사회체계 내에서 개인과 가족이 발달 및 변화과정에서 경험하게 되는 가족체계 내의 긴장과 압력을 가족 구성원이 인지하는 정도로 가족의 안정된 상태에 혼란을 일으킬 수 있는 것으로 정의하였다.

문항구성

가족스트레스를 측정하는 총 21개의 문항으로 구성되어 있으며, '협력' '관계만족' '민주적이고 편안한 환경' '방해받음'의 4개 요인으로 이루어져 있다.

1요인은 '협력'으로 8개 문항이며, 가족 내에 힘든 일이 있을 때 가족 구성원들이 서로 돕고 고민이나 갈등이 있을 때는 의논하고 대화로써 해결하며 여가시간은 함께 하는 가족 역동을 그 내용으로 하고 있다.

2요인은 '관계만족'으로 6개 문항이며, 자녀로부터 받는 부모로서의 권위가 상실되는 경험, 가족 구성원 간 또는 친척과의 불화, 가정에서 느끼는 외로움, 경제적인 어려움과 이와 연결된 과중한 역할 등의 문항이 포함되어 있다.

3요인은 '민주적이고 편안한 환경'으로 6개 문항이며, 가족 내 의사결정이 민주적이고 합리적인 남녀의 역할을 기대하여 전반적인 가족관계에 만족하는 정도를 나타내며 이웃과의 교류 여부를 함께 포함한다. 또 주거환경이 사생활을 보장받으면서 편안함을 느끼는지에 대한 내용도 있다.

4요인은 '방해받음'으로 "가사일로 나의 일상적인 생활이 방해받는다."의 1개 문항으로 구성된 요인이다.

채점 및 평가지침

응답자는 각 문항에 4점 척도상에 자기보고식으로 평정하도록 되어 있다. 역채점 문항은 다음에 제시된 표의 문항번호를 기준으로 1, 2, 3, 6, 7, 8, 11, 12, 13, 15, 16, 18, 19번이다. 각 문항은 1점에서 4점까지의 점수를 지닐 수 있으며, 전체 점수범위는 21점에서 84점까지 나올 수 있다. 점수가 높을수록 가족스트레스를 많이 경험하고 있음을 의미한다.

신뢰도와 타당도

간호학 교수와 보건관리자들로 하여금 내용타당도평가표를 이용하여 각 문항의 측정목적과의 관련성 점수를 매기도록 하여 타당도를 산출하고 문항을 선정하였다.

생산직 기혼 여성근로자로부터 수집된 자료로 신뢰도와 타당도가 평가되었고, 문항 전체에 대하여 Cronbach's α는 .86이었으며, 각 요인별 신뢰도는 .73에서 .81의 범위로 나타났다.

주요 참고문헌

김광숙, 조원정(2006). 가족스트레스 측정도구 개발-기혼 여성근로자를 대상으로-. 대한간호학회지, 36(5), 761-769.

척 도

다음 척도 내용은 요인분석표의 내용을 토대로 재구성한 것이므로 실제 문항 순서와 구성이 원척도와 다를 수 있으니 참고하시기 바랍니다.

가족스트레스 측정도구

문항내용	전혀 아니다	아니다	그렇다	매우 그렇다
1 나의 관심과 문제에 대해 가족과 의논하는 시간을 갖는다.				
2 우리 가족은 오락, 취미활동을 함께 한다.				
3 가족과 갈등이 있을 때 대화로써 해결한다.				
4 가사일로 나의 일상적인 생활이 방해 받는다.				
5 나는 가정에서 외로움을 느낀다.				
6 우리 집의 주거환경은 나의 사생활을 보장한다.				
7 나는 가정에서 편안함을 느낀다.				
8 가족들과의 관계에 대체로 만족한다.				
9 우리 가족에는 불화가 있다.				
10 친척과의 불화로 시달린다.				
11 이웃들과 교류를 하며 지낸다.				
12 우리 가족의 의사결정은 민주적이다.				
13 우리 가족은 남녀의 역할과 권리를 합리적으로 기대한다.				
14 나는 부모로서의 권위를 상실한 느낌을 받는다.				
15 우리 가족은 나를 자랑스러워 한다.				
16 우리 가족들은 자기 일을 스스로 잘한다.				
17 가족들은 나에게 과중한 역할을 기대한다.				
18 우리 가족은 집안의 대소사 때 일을 함께 나눈다.				
19 내가 힘들 때 가족들은 나를 돕는다.				
20 우리 가족은 경제적, 물질적인 어려움에 시달린다.				
21 자녀, 가족들에 대한 걱정거리가 있다.				

2 간이정신진단검사

척도개관

간이정신진단검사(Symptom Checklist-90-Revision: SCL-90-R)는 Derogatis 등(1973)이 심리치료 및 항정신약물 사용의 효과를 측정하는 도구뿐 아니라 심리진단검사로 쓰일 수 있도록 개발한 자기보고식 다차원 증상목록 검사다. Cornell의 의학지수에서 Discomfort Scale을 만든 것이 Symptom Distress Checklist로 확대되고 이후 Hopkins Symptom Checklist로 이어져 신뢰도와 타당도가 인정된 것이 오늘날 9개 증상차원, 90개 문항의 검사로까지 발전되었다. 이는 스트레스에 대한 심리정서적 증상을 평가하기 위한 척도로 널리 활용되고 있다.

문항구성

총 90개 문항으로 이루어져 있으며, '신체화' '강박증' '대인민감성' '우울' '불안' '적대감' '공포불안' '편집증' '정신증'의 아홉 가지 차원으로 나뉜다.

'신체화'는 12개 문항으로, 문항번호 1, 4, 12, 27, 40, 42, 48, 49, 52, 53, 56, 58번이 해당된다. '강박증'은 10개 문항으로, 문항번호 3, 9, 10, 28, 38, 45, 46, 51, 55, 65번이 해당된다. '대인민감성'은 9개 문항으로, 문항번호 6, 21, 34, 36, 37, 41, 61, 69,

73번이 해당된다. '우울'은 13개 문항으로, 문항번호 5, 14, 15, 20, 22, 26, 29, 30, 31, 32, 54, 71, 79번이 해당된다. '불안'은 10개 문항으로, 문항번호 2, 17, 23, 33, 39, 57, 72, 78, 80, 86번이 해당된다. '적대감'은 6개 문항으로, 11, 24, 63, 67, 74, 81번이 해당된다. '공포불안'은 7개 문항으로, 문항번호 13, 25, 47, 50, 70, 75, 82번이 해당된다. '편집증'은 6개 문항으로, 문항번호 8, 18, 43, 68, 76, 83번이 해당된다. '정신증'은 10개 문항으로, 문항번호 7, 16, 35, 62, 77, 84, 85, 87, 88, 90번이 해당된다.

채점 및 평가지침

응답자들은 각 문항에 대해 지난 7일 동안 경험한 증상의 정도에 따라 5점 척도상에 평정한다. '전혀 없다'에 0점부터 '아주 심하다'에 4점까지 점수가 부여될 수 있다. 전체 문항 중 7개의 문항(문항번호 19, 44, 59, 60, 64, 66, 89번)은 채점되지 않는다.

9개 증상 척도별 점수 외에 3개의 전체 척도를 산출할 수 있다. 전체 심도 지수(Global Severity Index: GSI)는 각 문항에서 1점 이상에 평정한 점수의 합계를 총 문항 수로 나눈 점수로 현재의 장애 수준 혹은 심도를 나타낸다. 표출증상 합계(Positive Symptom Total: PST)는 증상의 수, 즉 1점 이상에 평정된 문항 수를 나타낸다. 표출증상 심도 지수(Positive Symptom Distress Index: PSDI)는 각 문항에서 1점 이상에 평정한 점수의 합계를 1점 이상에 평정된 문항 수로 나눈 점수로 순수한 장애의 정도를 나타낸다.

신뢰도와 타당도

대학생을 대상으로 1주일 간의 간격을 둔 검사-재검사 신뢰도는 .73에서 .83 범위의 만족할 만한 신뢰도가 보고되었다. Cronbach's α는 각 증상 차원에 대해 .67에서 .89의 범위를 나타내었다.

김재환과 윤여홍(1985)의 연구에서는 각 증상 차원에서 .72에서 .84의 높은 요인 불변성을 검증하였고, MMPI, MHQ와의 상관을 통해 준거관련 타당도를 입증하였다.

주요 참고문헌

김광일, 김재환, 원호택(1984). 간이정신진단검사 실시요강. 서울: 중앙적성출판사.
김창윤(2001). 정신 장애 평가 도구. 서울: 하나의학사.

척 도

다음의 척도는 저작권 존중을 위하여 전문의 일부만을 실었다. 척도 전문이 필요한 경우 참고문헌을 통해 확인이 가능하다.

간이정신진단검사

문항내용	전혀 없다	약간 있다	웬만큼 있다	꽤 심하다	아주 심하다
1 머리가 아프다.					
2 신경이 예민하고 마음의 안정이 안 된다.					
3 쓸데없는 생각이 머리에서 떠나지 않는다.					
⋮					
5 성욕이 감퇴되었다.					
6 다른 사람들이 못마땅하게 보인다.					
⋮					
8 다른 사람들이 나를 비난하는 것 같다.					

⋮					
⋮					
11 사소한 일에도 짜증이 난다.					
12 가슴이나 심장이 아프다.					
13 넓은 장소나 거리에 가면 두렵다.					
⋮					
15 죽고 싶은 생각이 든다.					
16 다른 사람은 듣지 못하는 헛소리가 들린다.					
⋮					
18 사람들이란 믿을 것이 못 된다는 생각이 든다.					
19 입맛이 없다.					
20 울기를 잘 한다.					
⋮					
22 어떤 함정에 빠져 헤어날 수 없는 기분이 든다.					
23 별 이유 없이 깜짝 놀란다.					
24 자신도 건잡을 수 없이 울화가 터진다.					
⋮					
26 자책을 잘 한다.					
27 허리가 아프다.					
28 하고자 하는 일이 뜻대로 안 되고 막히는 기분이다.					
⋮					
30 기분이 울적하다.					
⋮					
32 매사에 관심과 흥미가 없다.					
⋮					
34 쉽게 기분이 상한다.					

35 나의 사사로운 생각을 남이 아는 것 같다.

⋮

37 다른 사람들이 나를 싫어하거나 나에게 불친절하다고 느낀다.

38 매사에 정확을 기하느라고 일을 제때에 해내지 못한다.

⋮

40 구역질이 나거나 게운다.

41 내가 남보다 못한 것 같다(열등감을 느낀다).

⋮

43 다른 사람들이 나를 감시하거나 나에 관해서 쑥덕거리는 것 같다.

44 잠들기가 어렵다.

⋮

46 결단력이 부족하다.

⋮

48 숨쉬기가 거북하다.

49 목이 화끈거리거나 찰 때(냉할 때)가 있다.

50 어떤 물건이나 장소 혹은 행위가 겁나서 피해야 했다.

⋮

52 몸의 일부가 저리거나 찌릿찌릿하다.

53 목에 무슨 덩어리가 걸린 것 같다.

54 장래가 희망이 없는 것 같다.

55 주의 집중이 잘 안 되는 것 같다.

⋮

57 긴장이 된다.

58 팔다리가 묵직하다.					
59 죽음에 대한 생각을 한다.					
60 과식한다.					
⋮					
62 내가 생각하는 것이 내 생각 같지 않다.					
⋮					
64 새벽에 일찍 잠이 깬다.					
⋮					
66 잠을 설친다.					
67 무엇을 때려 부수고 싶은 충동이 생긴다.					
68 다른 사람들에게는 없는 생각이나 신념을 갖고 있다.					
⋮					
70 시장이나 극장처럼 사람이 많이 모인 곳에 가면 거북하다.					
71 매사에 힘들다.					
72 공포에 휩싸이는 때가 있다.					
73 여러 사람이 있는 곳에서 먹고 마시기가 거북하다.					
⋮					
75 혼자 있으면 마음이 안 놓이거나 두렵다.					
⋮					
77 사람들과 함께 있을 때에도 고독을 느낀다.					
78 안절부절못해서 가만히 앉아 있을 수가 없다.					
79 허무한 느낌이 든다.					
80 낯익은 것들도 생소하거나 비현실적인 것처럼 느낀다.					
81 고함을 지르거나 물건을 내던진다.					
82 사람들 앞에서 쓰러질까 봐 걱정한다.					

⋮					
84 성 문제로 고민한다.					
⋮					
86 무슨 일이든 조급해서 안절부절못한다.					
87 내 몸 어딘가가 멍들었다고 생각한다.					
⋮					
89 죄를 지었거나 잘못을 저질렀다고 생각한다.					
90 내 마음 어딘가 이상하다고 생각한다.					

3 개정판 대학생 생활스트레스 척도

척도개관

생활스트레스 척도는 인간을 대상으로 하는 스트레스 연구에서 가장 핵심적인 방법으로 사용되는 도구다. 그러나 기존에 개발된 생활스트레스 척도들은 대부분 이론에 기반하지 않고 개발되었거나 문항내용 중 상당수가 질병상태의 징후이거나 그 결과를 표현하고 있어 측정 의도를 정확히 반영하지 못하는 경우가 많았다. 또 정적인 생활사건의 경우 생활스트레스로서 질병과 연관이 거의 없는 것으로 나타나고 있으며, 측정된 생활스트레스와 질병에 대한 설명 변량이 9% 이내로 그 강도가 매우 미약하다는 비판이 있다.

전겸구와 김교헌(1991)은 앞과 같은 비판을 고려하여 제어 이론에 기초한 방법론적 개선을 통해 신뢰도와 타당도를 향상시킨 생활스트레스 척도를 개발하였다. 그러나 이 척도도, 척도 개발 시 참여한 집단이 서울과 대전에 편재되어 있고, 한국 대학생들이 경험하는 생활스트레스를 일반화하기에 부족하며, 생활스트레스에 대한 준거변인으로서 주로 정신병리를 다루고 있다는 한계점이 존재한다. 이에 전겸구 등(2000)은 1991년 개발된 척도를 기초로 문항내용을 보완하고, 전국 대학생들을 대상으로 신뢰도와 타당도를 개선하여 개정판 대학생용 생활스트레스 척도를 개발하였다.

문항구성

총 50개 문항으로 일곱 가지 영역으로 구성되어 있으며, 여기에 학업문제 영역의 10개 문항을 추가할 수 있다.

각 영역은 '당면과제'와 '대인관계'의 두 가지 차원으로 나뉜다. '당면과제 차원' 영역에는 학업 문제, 경제 문제, 장래 문제 및 가치관 문제가 포함되어 있다. '대인관계 차원' 영역에는 이성관계, 친구관계, 가족관계 및 교수와의 관계가 포함되어 있다.

채점 및 평가지침

각 문항내용에 따라 경험의 빈도와 중요도를 각각 4점 척도로 평정하도록 고안되었다.

구체적으로 경험빈도는 지난 1년(12개월) 동안에 경험한 사건을 4점 척도상에 평정하도록 되어 있고, 응답에 따라 '전혀'에 0점, '조금'에 1점, '상당히'에 2점, '자주'에 3점을 부여한다.

중요도는 만약 지난 1년 동안에 각 사건을 1회 이상 경험했을 경우 그 사건이 얼마나 중요했는가를 4점 척도에 평정하도록 되어 있고, 응답에 따라 '전혀'에 0점, '조금'에 1점, '상당히'에 2점, '매우'에 3점을 부여한다.

대학생의 생활스트레스 수준을 파악하기 위해서 경험빈도의 점수와 중요도를 곱한 점수를 합산하여 사용할 수 있다. 생활스트레스 총점의 범위는 0점에서 450점까지다.

신뢰도와 타당도

Cronbach's α는 .72(가치관 문제)에서 .86(장래 진로 문제)으로 만족스러운 수준이었다.

정신병리(우울, 불안) 또는 신체병리(불면증, 두통, 심장질환 증상) 등의 준거변인과의 관계를 알아보기 위해 생활스트레스 척도와 간이정신진단검사(SCL-90-R), 한국판 CES-D, 신체증상 척도를 함께 실시하여 상관성을 산출하였다. 그 결과, 생활스트레스 전체 점수는 준거변인들과 전반적으로 유의한 상관관계를 보여 주었고, 그 정도도 기존의 척도들이 .30 정도의 상관성을 보여 준 것에 비해 이 척도에서는 .42로 매우 유의한 상관성을 보여 주었다.

주요 참고문헌

전겸구, 김교헌, 이준석(2000). 개정판 대학생용 생활스트레스 척도 개발 연구. 한국심리학회지: 건강, 5(2), 316-335.

척 도

개정판 대학생 생활스트레스 척도

다음은 당신이 일상생활에서 흔히 겪을 수 있는 여러 가지 생활사건들이 적혀 있습니다. 각 문항들을 자세히 읽어 보신 후, 각 사건이 지난 1년(12개월) 동안 당신에게 얼마나 자주 일어났는지를 왼쪽에 있는 경험빈도에 표시해 주시기 바랍니다.

아울러 당신이 지난 1년 동안 경험하신 사건—경험빈도에서 1 이상—에 국한해서 그 사건에 대한 중요도를 오른쪽에 표시하여 주시기 바랍니다. 이때 중요도는 당시 그 사건이 당신에게 얼마나 중요했었나를 평가해 주시기 바랍니다. 각 생활사건을 평가하실 때 당시 사건을 재경험하면서 모든 문항에 대하여 성의껏 응답해 주시기 바랍니다.

	전혀	조금	상당히	자주
예) 자전거가 고장 났다.				
경험빈도: 그 사건을 얼마나 빈번하게 경험했습니까?	0	1	2	3
중요도: 그 사건이 그 당시 당신에게 얼마나 중요했습니까?	0	1	2	3

경험빈도					문항내용		중요도			
전혀	조금	상당히	자주				전혀	조금	상당히	자주
0	1	2	3	…	1 취업을 위한 준비가 계획대로 진행되지 않았다.	…	0	1	2	3
0	1	2	3	…	2 졸업 후 취직을 못할 것 같아 걱정했다.	…	0	1	2	3
0	1	2	3	…	3 진로와 취직에 필요한 정보를 얻기 힘들었다.	…	0	1	2	3
0	1	2	3	…	4 사회적 편견(예, 성차, 지방대학 등) 때문에 취업이 어렵다고 생각했다.	…	0	1	2	3
0	1	2	3	…	5 이성친구와의 사이가 매우 악화되었다.	…	0	1	2	3
0	1	2	3	…	6 이성친구가 나의 의견에 따라 주지 않았다.	…	0	1	2	3
0	1	2	3	…	7 이성친구와 심하게 싸웠다.	…	0	1	2	3
0	1	2	3	…	8 이성친구와 헤어졌다.	…	0	1	2	3
0	1	2	3	…	9 경제적으로 부족해서 대학생활이 위축되었다.	…	0	1	2	3

0	1	2	3	…	10 학자금 조달이 어려웠다.	…	0	1	2	3
0	1	2	3	…	11 용돈이 부족해서 행동에 제약을 많이 받았다.	…	0	1	2	3
0	1	2	3	…	12 경제생활이 어려워서 취미생활을 충분히 할 수 없었다.	…	0	1	2	3
0	1	2	3	…	13 부모와 의견충돌이 있어서 싸웠다.	…	0	1	2	3
0	1	2	3	…	14 부모와의 갈등이 심화되었다.	…	0	1	2	3
0	1	2	3	…	15 집안 식구가 나에게 불필요하게 간섭했다.	…	0	1	2	3
0	1	2	3	…	16 친구들로부터 따돌림을 받았다.	…	0	1	2	3
0	1	2	3	…	17 친구들로부터 배척을 받았다.	…	0	1	2	3
0	1	2	3	…	18 친구가 나를 무시했다.	…	0	1	2	3
0	1	2	3	…	19 교수의 인격에 대해 실망했다.	…	0	1	2	3
0	1	2	3	…	20 교수가 말하는 것과 행동하는 것이 달랐다.	…	0	1	2	3
0	1	2	3	…	21 교수의 불성실한 강의 때문에 학습의욕이 저하되었다.	…	0	1	2	3
0	1	2	3	…	22 나의 가치관이 올바른 것인지에 대해 회의에 빠졌다.	…	0	1	2	3
0	1	2	3	…	23 왜 사는지에 대한 의문 때문에 방황했다.	…	0	1	2	3
0	1	2	3	…	24 내가 중요하다고 생각하는 가치를 실천하지 못했다.	…	0	1	2	3
0	1	2	3	…	25 공부해야 할 과제의 분량이 너무 많았다.	…	0	1	2	3

0	1	2	3	…	26 노력한 만큼 성적이 나오지 않았다.	…	0	1	2	3
0	1	2	3	…	27 전공 공부가 너무 어려웠다.	…	0	1	2	3
0	1	2	3	…	28 취업이나 진로에 필요한 적성을 알 수가 없어서 고민했다.	…	0	1	2	3
0	1	2	3	…	29 졸업 후 진로를 결정하지 못해 방황했다.	…	0	1	2	3
0	1	2	3	…	30 대학을 졸업하더라도 가족들의 기대만큼 성취하지 못할 것 같은 생각이 들었다.	…	0	1	2	3
0	1	2	3	…	31 사회적 불안정(예, 정치, 경제 등) 때문에 직장을 얻기가 어렵지 않을까 생각했다.	…	0	1	2	3
0	1	2	3	…	32 이성친구와 말을 하지 않았다.	…	0	1	2	3
0	1	2	3	…	33 이성친구가 나 이외에 다른 사람에게 관심이 있음을 알았다.	…	0	1	2	3
0	1	2	3	…	34 집안의 경제사정이 악화되었다.	…	0	1	2	3
0	1	2	3	…	35 사 입고 싶은 옷을 살 돈이 없었다.	…	0	1	2	3
0	1	2	3	…	36 경제적으로 친구들과 수준 맞추기가 힘들었다.	…	0	1	2	3
0	1	2	3	…	37 가족들로부터 억울한 비난을 받았다.	…	0	1	2	3
0	1	2	3	…	38 부모님들이 내가 하고자 하는 일을 허락하지 않았다.	…	0	1	2	3
0	1	2	3	…	39 형제나 자매와 심하게 싸웠다.	…	0	1	2	3

0	1	2	3	…	40 친구로부터 무례한 행동을 당했다.	…	0	1	2	3
0	1	2	3	…	41 마음에 맞는 친구를 사귈 수 없었다.	…	0	1	2	3
0	1	2	3	…	42 교수가 나의 인격을 무시했다.	…	0	1	2	3
0	1	2	3	…	43 교수의 강의가 산만해서 요점을 파악하기가 어려웠다.	…	0	1	2	3
0	1	2	3	…	44 교수로부터 생활에 필요한 지혜와 안목을 얻을 수 없었다.	…	0	1	2	3
0	1	2	3	…	45 확고한 인생관이 없어서 방황했다.	…	0	1	2	3
0	1	2	3	…	46 이상과 현실 간의 격차 때문에 갈등을 경험했다.	…	0	1	2	3
0	1	2	3	…	47 공부해야 할 내용이 너무 많았다.	…	0	1	2	3
0	1	2	3	…	48 성적이 나쁘다.	…	0	1	2	3
0	1	2	3	…	49 전공 공부가 적성에 맞지 않았다.	…	0	1	2	3
0	1	2	3	…	50 중요한 시험을 잘 치지 못했다.	…	0	1	2	3

4 경력장애 척도

척도개관

경력개발(career development)이란 한 개인이 일생에 걸쳐 일과 관련하여 얻게 되는 경험을 통해 자신의 직무관련 태도, 능력 및 성과를 향상시켜 나가는 과정이라고 정의할 수 있다. 현대 사회의 다변화 추세와 국내 경제 위기 상황하의 조직 감축 분위기 속에서 개인 차원에서는 실직, 이직, 전직과 관련하여, 또 조직 차원에서는 적은 인원으로 더 큰 경제적 효과를 얻기 위해 경력개발이 그 어느 때보다 중요해지고 있다. 그러나 경력개발 과정에는 다양한 장애요인들이 존재하므로 개인과 조직이 경력개발의 필요성을 인식하고 진행하더라도 예측대로 순탄하게 이루어지기 힘든 경우가 많다. 따라서 경력장애는 스트레스를 유발하는 중요한 원인이 될 수 있다.

경력을 가로막는 것에는 어떤 요인들이 있는지 그 구조를 밝혀 경력개발에 적용하기 위해 우선 경력장애요인을 측정하는 도구가 필요하다. 미국에는 Swanson 등(1996)이 대학생들이 경험하는 경력장애를 객관적이고 다차원적으로 측정할 수 있는 경력장애 척도(Career Barriers Inventory: CBI)를 개발하여 수정 보완해 왔다. 그러나 이 척도는 대학생을 대상으로 하여 적용 범위가 제한되어 있고, 인종차별 같은 요인들이 포함되어 있어 국내 현실에 맞지 않는다. 이에 권성욱(2001)은 국내 실정에 맞게 기업 현장에서 근무하는 조직 구성원들이 경력을 개발하면서 경험하는 장애와 관련한 경력장애 척도를 개발하였다.

문항구성

총 45개 문항이며, '업무적합성 부족' '배경 문제' '경력계획 부족' '성차별' '상사 문제' '업무 과다' '경력제도 부족' '연령 문제' '가정 문제'의 9개 요인으로 이루어져 있다.

'업무적합성 부족' 요인은 10개 문항으로, 업무와 관련된 전반적인 장애요인으로서 여기에는 적성, 흥미 등도 포함된다. '배경 문제' 요인은 7개 문항으로, 인맥, 학벌, 지연 등의 업무능력 외적인 배경과 관련된 문항들이다. '경력계획 부족' 요인은 6개 문항으로, 본인이 경력계획을 세우는 데 장애가 되는 문항들이 포함된다. '성차별' 요인은 5개 문항으로, 주로 여성에 대한 차별과 관련된 문항들이다. '상사 문제' 요인은 4개 문항으로, 직장상사와의 관계에서 발생하는 장애요인을 의미한다. '업무과다' 요인은 4개 문항으로, 업무량이 많은 것과 관련되어 느끼는 장애요인이다. '경력제도 부족' 요인은 5개 문항으로, 경력개발을 위한 제도가 미비되어 있는 것과 관련된 문항들이다. '연령 문제' 요인은 2개 문항으로, 나이로 인해 경험하는 장애요인이다. '가정 문제' 요인은 2개 문항으로 가정과 관련된 가사 또는 부모님을 모시는 것과 관련된 경력장애다.

채점 및 평가지침

응답자는 조직에서 경력을 쌓아 나가는 데 장애요인들로 구성된 각 문항에 대해 그것을 평소 얼마나 경험하고 있는지 리커트식 5점 척도에 평정한다. 응답내용에 따라 '매우 적음'에 1점, '적음'에 2점, '보통'에 3점, '많음'에 4점, '매우 많음'에 5점을 부여한다.

점수 범위는 45점에서 225점이며, 점수가 높을수록 경력을 개발하는 데 경험하는 장애 수준이 높은 것을 의미한다.

신뢰도와 타당도

확인적 요인분석 결과, 9개의 요인구조가 의미 있는 것으로 나타나 탐색적 요인분석과 동일하게 나타났다. 문항 전체에 대하여 Cronbach's α는 .86이며 하위요인별로는 .47(연령 문제)에서 .89(업무적합성 부족)의 범위에 있었다.

경력장애와 직무태도 관련 변인들 간 관계를 살펴본 결과, 긍정적인 직무태도 관련 변인들(직무만족, 경력몰입, 경력만족, 조직몰입)과는 정적인 상관관계를 보였고 부정적인 직무태도 관련 변인들(이직의도, 스트레스)과는 부적인 상관관계를 보였다.

주요 참고문헌

권성욱(2001). 경력장애와 직무태도 관련 변인과의 관계. 광운대학교 대학원 석사학위논문.

척 도

경력장애 척도

다음 문항들은 귀하가 조직에서 경력을 쌓아 나가는 데 장애요인으로 작용할 수 있는 것들입니다. 다음 내용을 읽으시고 각 경력장애 요인을 평소 얼마나 경험하고 있는지 해당 번호에 ○표 해 주십시오.

문항내용	매우 적음	적음	보통	많음	매우 많음
1 경제환경의 침체로 인해 재취업이 용이치 않아 원치 않는 일을 하고 있다.	1	2	3	4	5
2 회사의 과도한 통제로 인해 의욕이 상실된다.	1	2	3	4	5
3 회사에서 인적 자원개발에 투자를 하지 않는다.	1	2	3	4	5
4 상사의 꾸지람으로 일에 대한 자신감이 상실된다.	1	2	3	4	5
5 자신의 경력개발에 대한 인식이 부족하다.	1	2	3	4	5
6 업무량 과다로 인해 자아발전의 시간이 부족하다.	1	2	3	4	5
7 좀 더 나은 조건의 직장으로 이직하려고 할 때 나이가 장애요인이 된다.	1	2	3	4	5
8 나이가 많아서 승진 시 문제가 된다.	1	2	3	4	5
9 아이를 양육하는 문제 때문에 직장생활을 오래하기 힘들다.	1	2	3	4	5
10 하고 있는 업무가 만족스럽지 못하다.	1	2	3	4	5
11 선배사원의 멘터링(업무지도)이 부족하다.	1	2	3	4	5
12 내가 일하는 곳은 성비가 불균형하여 적응하는 데 힘들다.	1	2	3	4	5
13 노력보다는 인맥이 승진을 좌우한다.	1	2	3	4	5
14 경력개발을 어떻게 해야 할지 모르겠다.	1	2	3	4	5
15 상사의 부당한 업무지시가 경력장애를 느끼게 한다.	1	2	3	4	5
16 승진 시 능력에 따른 평가가 미흡하다.	1	2	3	4	5
17 부모님을 모셔야 하기 때문에 내가 하고 싶은 경력을 쌓지 못한다.	1	2	3	4	5
18 회사에서는 자기개발에 힘쓰라고 하지만 자기개발을 할 수 있는 여유를 주지 않는다.	1	2	3	4	5
19 창의력이 부족하다.	1	2	3	4	5
20 담당하는 업무가 적성과 맞지 않는다.	1	2	3	4	5
21 회사에서의 스트레스로 인해 건강이 좋지 않다.	1	2	3	4	5
22 현 회사는 성공할 수 있는 가능성이 적다.	1	2	3	4	5

23 직급과 경력에 맞는 업무가 주어지지 않는다.	1	2	3	4	5
24 현 직장에서 계속 근무를 하려면 현재의 학력으로는 한계가 있다.	1	2	3	4	5
25 상사의 부하육성 의지가 부족하다.	1	2	3	4	5
26 승진할 수 있는 제도적 장치가 미비하고 기회가 적다.	1	2	3	4	5
27 자신의 경력목표가 분명하지 않다.	1	2	3	4	5
28 하는 일에 금방 싫증을 낸다.	1	2	3	4	5
29 일의 연속성이 부족하다.	1	2	3	4	5
30 내가 원하는 부서로의 이동이 쉽지 않다.	1	2	3	4	5
31 근무의욕이 저하되어 업무 효율성이 낮다.	1	2	3	4	5
32 업무가 성격에 맞지 않는다.	1	2	3	4	5
33 집안일 때문에 경력을 쌓는 데 장애가 된다.	1	2	3	4	5
34 혈연, 지연, 학연으로 인해 승진기회가 부족하다.	1	2	3	4	5
35 학력으로 인해 승진의 기회가 적다.	1	2	3	4	5
36 경영진의 경력개발에 대한 인식이 부족하다.	1	2	3	4	5
37 자신의 경력을 쌓는 데 결혼 유무가 장애요인이 된다.	1	2	3	4	5
38 아직 내게 맞는 직무를 찾지 못하고 있다.	1	2	3	4	5
39 경력개발을 위한 제도가 미비했다.	1	2	3	4	5
40 여성이란 이유로 무시 혹은 차별 대우를 받는 경우가 있다.	1	2	3	4	5
41 현재 부서는 장래성이 없다.	1	2	3	4	5
42 업무에 대한 전문성이 부족하다.	1	2	3	4	5
43 일에 대한 흥미가 없다.	1	2	3	4	5
44 현업에서 발휘할 수 있는 업무에 대한 교육이 불충분하다.	1	2	3	4	5
45 성차별로 인해 승진에서 누락되는 경우가 있다.	1	2	3	4	5

5 경제적 스트레스 척도

척도개관

여러 선행 연구들은 저소득층의 스트레스를 경제적 문제, 가족 문제, 주위환경 문제, 신체적 · 정신적 건강 문제, 대인관계 문제 등으로 분류하였으며, 그중 저소득층 여성들이 겪는 가장 심각한 스트레스는 저소득과 부적절하고 예측할 수 없는 소득 등의 경제적 스트레스인 것으로 보고하였다. 특히 가족의 수입이 적거나 가족의 경제적 어려움으로 인해 경험하게 되는 어머니의 경제적 스트레스는 어머니 자신의 정서와 부부관계 및 자녀에게 많은 영향을 미치는 것으로 알려졌다.

이 척도는 어주경(1998)이 저소득층 가족의 경제적 어려움이 아동의 자존감에 미치는 영향을 알아보기 위해 수행한 연구에서 가족의 경제적 어려움과 어머니의 경제적 스트레스를 측정하기 위해 제작한 질문지다. 연구자는 Lempers 등(1989)과 김영희(1996)가 사용한 질문 문항을 참고하여 저소득 모자가정이 일상생활에서 경험하는 경제적 스트레스의 정도를 측정하는 척도 문항을 구성하였다.

문항구성

총 9개 문항의 자기보고식 질문으로 구성되어 있으며, 경제적으로 어려울 때 경험할 수 있는 상황을 그 내용으로 한다.

채점 및 평가지침

응답자는 리커트식 5점 척도에 응답하도록 되어 있다. 지난 6개월 동안 어머니가 얼마나 자주 그런 경험을 했는지 그 응답에 따라 '전혀 그렇지 않다'에 1점, '거의 그렇지 않다'에 2점, '가끔 그렇다'에 3점, '자주 그렇다'에 4점, '항상 그렇다'에 5점으로 하여 각 문항의 점수를 합산한다.

어머니가 경험하는 경제적 스트레스 총점의 범위는 9점에서 45점이며, 점수가 높을수록 어머니가 경제적인 스트레스를 많이 느끼고 있음을 의미한다.

신뢰도와 타당도

총 9개 문항 전체에 대하여 Cronbach's α는 .81이었다.

문항들이 변별력을 가졌는지 알아보기 위하여 척도의 상위 30%와 하위 30% 집단을 선정하여 각 문항에 대한 chi-square와 Cramer's V값을 구하여 변별력이 없는 문항을 제거하고 5점 척도로 수정하였다.

주요 참고문헌

어주경(1998). 저소득층 가족의 경제적 어려움이 아동의 자존감에 미치는 영향. 연세대학교 대학원 석사학위 청구논문.

척 도

경제적 스트레스 척도

다음은 어머니의 경제적인 생활에 관한 내용입니다. 다음의 문항을 읽으시고 지난 6개월 동안 어머니가 얼마나 자주 그런 경험을 했는지에 따라 ✓표 해 주십시오.

문항내용	항상 그렇다	자주 그렇다	가끔 그렇다	거의 그렇지 않다	전혀 그렇지 않다
1 매달 나오는 공과금이나 기타 청구서를 지불하는 데 어려움이 있다.					
2 돈을 절약하기 위해서 꼭 필요한 물건(가정용품이나 옷 등)도 사지 않고 미루는 일이 있다.					
3 돈을 절약하기 위해서 몸이 아파도 병원에 가지 않은 일이 있다.					
4 돈을 절약하기 위해서 물건을 사는 것이나 먹는 습관을 바꾼 일이 있다.					
5 돈을 절약하기 위해서 버스나 택시 대신 시간이 걸려도 지하철을 타거나 걸어간 적이 있다.					
6 여가나 오락에 드는 비용을 줄여야 했던 적이 있다.					
7 전기나 수도, 가스 등의 사용을 줄여야 했던 적이 있다.					
8 자녀 교육비를 제때 못 내 자녀의 과외 활동을 줄여야 했던 적이 있다.					
9 가계의 지출을 맞추기 위해 다른 사람으로부터 금전적인 도움을 받거나 부업을 한 적이 있다.					

6 고등학교 탁구선수의 운동스트레스 척도

척도개관

스포츠에 참여하고 있는 청소년 선수들이 겪는 스트레스는 운동중단, 식사습관과 수면장애, 부상, 스포츠만족감 저하, 운동 저하 등으로 선수의 수행과 생활에 부정적인 영향을 미친다. 이에 따라 선수들이 운동으로 인해 유발되는 스트레스의 문제와 유발된 스트레스가 선수의 수행력에 미치는 영향에 대한 연구가 증가하였다. 아울러 문화적 영향과 독특한 종목 특성에 대한 이해를 기초로 한 스트레스 검사지의 개발이 종목별로, 대상별로 이루어지고 있다.

여기서는 오윤경(2005)이 고등학교 탁구선수들의 운동스트레스를 측정하기 위해 개발한 척도를 소개한다. 탁구란 종목은 타 종목과 비교해 볼 때 순간적 판단과 순발력이 좋아야 하고 감수성이 예민한 종목이다. 그러므로 '심리적 부담' 요인인 스트레스를 측정하기 위한 이 척도가 선수들의 수행과 생활에 기여하여 경기력 향상에 도움을 줄 것으로 기대한다.

문항구성

총 25개 문항으로, '지도와 연습불만' '진로와 학업고민' '경기내용과 기능불만' '사생활불만'의 4개 요인으로 구성되어 있다. '지도와 연습불만' 요인은 8개 문항으로 문항번호 1, 7, 9, 12, 15, 18, 21, 23번으로 구성되어 있다. '진로와 학업고민' 요인은 6개 문항이며 문항번호 3, 6, 10, 14, 19, 25번이 해당된다. '경기내용과 기능불만' 요인에는 6개 문항이 있으며 문항번호 4, 11, 13, 16, 20, 24번이 해당된다. '사생활불만' 요인에는 5개 문항이 있으며 문항번호 2, 5, 8, 17, 22번이 포함되어 있다.

채점 및 평가지침

응답자가 5점 리커트식 척도에 표시한 것을 바탕으로 '전혀 그렇지 않다'를 1점으로 해서 '그렇지 않다'에 2점, '보통이다'에 3점, '그렇다'에 4점, '아주 그렇다'에 5점을 부여한다.

전체 점수 범위는 25점부터 125점까지이며, 점수가 높을수록 고등학교 탁구선수의 운동스트레스 수준이 높은 것을 의미한다.

신뢰도와 타당도

각 하위요인별로 내적 일치도를 살펴보면 지도와 연습불만 요인은 .82, 진로와 학업고민 요인은 .78, 경기내용과 기능불만 요인은 .76, 사생활불만 요인은 .75로 나타났다.

수렴타당도를 검증하기 위하여 김병준(1999)이 개발한 스포츠 스트레스 요인 질문지 중 5개 하위요인(실패의 두려움, 시합의 부담, 처벌의 두려움, 학업 문제 걱정, 상급학교 진학 걱정 요인)을 추출하여 상관관계를 분석하였다. 그 결과, 지도와 연습불만 요인은 5개 요인과 .23에서 .49까지의 유의한 상관을 보였으며, 진로와 학업고민 요인은 시합의 부담과 처벌의 두려움 요인을 제외한 나머지 3개 요인에서 .18에서 .47의 유의한 상관을 보였다. 경기내용과 기능불만 요인은 시합부담 요인을 제외한 나머머지 4개 요인에서 .15에서 .51까지, 사생활불만 요인은 상급학교 진학 걱정 요인을 제외한 4개 요인과 .16에서 .36까지의 유의한 상관이 있는 것으로 나타났다.

주요 참고문헌

오윤경(2004). 고등학교 탁구선수의 운동스트레스 척도 개발. 창원대학교 대학원 석사학위논문.

척 도

고등학교 탁구선수의 운동스트레스 척도

각 문항을 주의 깊게 읽으신 후 귀하가 느끼는 정도를 해당번호에 ✓표 해 주시기 바랍니다.

문항내용	전혀 그렇지 않다	그렇지 않다	보통 이다	그렇다	아주 그렇다
1 운동량이 많아서 스트레스를 받는다.	1	2	3	4	5
2 사생활을 간섭받을 때 스트레스를 받는다.	1	2	3	4	5
3 대학이나 실업팀에 못 갈 것 같아 스트레스를 받는다.	1	2	3	4	5
4 게임이 잘 풀리지 않을 때 스트레스를 받는다.	1	2	3	4	5
5 시합 끝나고 휴가가 없을 때 스트레스를 받는다.	1	2	3	4	5
6 단체전 멤버로 뛰지 못할 때 스트레스를 받는다.	1	2	3	4	5
7 선생님이 잔소리해서 스트레스를 받는다.	1	2	3	4	5

8 여가시간을 누리지 못해 스트레스를 받는다.	1	2	3	4	5
9 선생님이 기술을 가르쳐 주면서 짜증 내서 스트레스를 받는다.	1	2	3	4	5
10 선수로 성공할 수 없을 것 같아 스트레스를 받는다.	1	2	3	4	5
11 운동이 내 마음대로 되지 않아서 스트레스를 받는다.	1	2	3	4	5
12 연습을 지루하게 하거나 억지로 시켜서 스트레스를 받는다.	1	2	3	4	5
13 게임할 때 연습했던 만큼 실력이 나오지 않아서 스트레스를 받는다.	1	2	3	4	5
14 진로가 잘 결정되지 않아 스트레스를 받는다.	1	2	3	4	5
15 선생님이 욕하거나 때려서 스트레스를 받는다.	1	2	3	4	5
16 시합을 못했을 때 스트레스를 받는다.	1	2	3	4	5
17 공휴일에 운동할 때 스트레스를 받는다.	1	2	3	4	5
18 선생님과 마음이 맞지 않아 스트레스를 받는다.	1	2	3	4	5
19 진로 고민 때문에 스트레스를 받는다.	1	2	3	4	5
20 집중이 안 되고 자신감이 없을 때 스트레스를 받는다.	1	2	3	4	5
21 체력운동을 너무 심하게 시켜서 스트레스를 받는다.	1	2	3	4	5
22 선생님이 믿지 못하고 몰래 확인해 볼 때 스트레스를 받는다.	1	2	3	4	5
23 선생님이 이유 없이 혼내서 스트레스를 받는다.	1	2	3	4	5
24 선생님이 시키는 대로 잘되지 않아 스트레스를 받는다.	1	2	3	4	5
25 성적에 대한 부담감 때문에 스트레스를 받는다.	1	2	3	4	5

7 관광종사원 직무스트레스 척도

척도개관

관광산업은 타 산업에 비하여 인적자원에 대한 의존도가 매우 높은 특성을 가지고 있으며, 인적서비스가 중요한 경영 요소인 노동집약적 산업이다. 따라서 효율적인 인적자원관리는 조직의 성장과 발전 그리고 조직의 효율성 증대에 매우 중요하다. 직무스트레스는 관광종사원에게 심리적, 신체적 영향을 미치며 이는 관광종사원의 직무만족과 상관관계를 갖는다. 고객의 만족을 유지하고 제공하는 것은 끊임없는 경영에 대한 도전정신과 함께 가장 중요한 것으로 여겨지고 있으며, 관광종사원의 심리적, 신체적 조건에 따라 이는 고객에게 직접 전달되어 고객만족에 큰 영향을 미치게 된다. 그러므로 관광산업에서 관광종사원의 직무스트레스를 파악하고 이를 알맞게 조절하는 것은 관광산업의 발전을 위해서 반드시 필요한 조건이다.

현재 관광종사원을 대상으로 한 직무스트레스 연구가 활발하게 이루어지고 있으며, 조문수 등(2007)은 관광종사원의 직무스트레스를 정확히 규명할 수 있도록 이 측정도구를 개발하였다. 이 척도는 미국에서 개발된 Spielberger와 Vagg(1999)의 직무스트레스 척도(Job Stress Survey: JSS)를 활용한 김교헌 등(2004)의 한국판 직무스트레스 척도를 기준으로 하고, 우리나라에서 관광종사원들을 대상으로 이루어진 직무스트레스 척도를 추가하여 새로운 관광종사원의 직무스트레스 척도를 개발한 것이다. 대다수의 직무스트레스 척도들이 문항내용이 자신과 얼마나 잘 일치되는지 그

정도만 평가하는 데 반해, 이 척도는 관광종사원들의 주관적 측면인 심각도의 지각과 함께 객관적 측면인 경험 빈도까지 함께 측정하여 관광종사원의 직무스트레스의 객관적 측면과 주관적 측면을 함께 고려하였다.

문항구성

총 25개 문항으로 구성되어 있다. '직무과다' '권한 과소' '직무혼란' '직무미통합' '고객 압력' 요인으로 구성되어 있다.

채점 및 평가지침

응답자의 평가에 따라 세 종류의 지수가 산출될 수 있다.

첫째, '직무스트레스 심각지수'로, 문항내용이 자신에게 얼마나 심각하게 느껴지는가에 대한 질문에 대한 응답에 따라 점수가 합산되어 산출된다.

둘째, '직무스트레스 경험지수'로, 문항내용을 지난 6개월 동안 얼마나 빈번하게 경험했는지를 평가하는 것이다.

셋째, '직무스트레스 통합지수'로 개별 문항에 대한 심각도 평가와 경험빈도 평가 점수를 곱한 다음 각각의 요인에 따라 평균점수를 구해서 얻어진다. 이는 관광종사원이 경험하는 직무스트레스의 정도를 추정하는 지수로써 점수가 높을수록 직무스트레스를 많이 경험하는 것으로 이해할 수 있다.

신뢰도와 타당도

직무스트레스 심각지수의 Cronbach's α는 모든 하위척도에서 .7 이상이었고, 직무스트레스 경험지수의 Cronbach's α는 모든 하위척도에서 .8 이상이었으며, 직무스트레스 통합지수도 모든 하위척도에서 .8 이상으로 내적 일관성은 매우 양호한 것으로 나타났다.

타당도와 관련해서는 직무스트레스 심각지수와 경험지수 그리고 통합지수와 준거변인으로 설정된 SCL-90 척도, 자아신체 · 정신건강과의 상관관계를 살펴보았다. 그 결과, 직무스트레스 척도의 심각도와 통합지수들이 신체병리, 강박증, 대인예민성, 우울, 불안, 적대감, 공포, 편집증, 정신증과 정적인 상관을 나타냈으며, 주관적 신체안녕, 주관적 정서안녕과는 부적이거나 유의하지 않았다.

주요 참고문헌

조문수, 박시사, 정병웅, 오상운(2007). 관광종사원 직무스트레스 척도 개발 연구. 관광 · 레저 연구, 19(2), 205-224.

척 도

참고한 원문에 척도 전문이 실려있지 않아 척도 전문을 수록하지 못했다. 척도의 전문이 필요한 경우 저자와의 연락을 통해 확인이 가능하다.

8 긍정적 태도 척도

척도개관

역경 가운데에서나 일상생활에서 자신과 사회에 대하여 긍정적인 태도와 시각을 유지하도록 돕는 개인의 특성이 있다. 이러한 특성은 삶의 과정에서 위기를 기회로, 난관을 자기 성장의 계기로 삼을 수 있도록 도와준다. 개인의 긍정성은 사람들 간에 차이를 보이는 개인특성으로 누구에게나 정도의 차이만 있을 뿐 존재하는 성향으로 볼 수 있는데, 개인의 강점에 초점을 맞춘 임상적 개입을 통해서도 긍정성이 양성되거나 강화될 수 있는 것으로 보인다.

현경자(2009)는 연구에서 앞과 같은 '긍정성'을 사람, 사물 또는 세상의 있는 그대로의 가치를 인정하고 바람직한 성질이나 특성에 주목하여 좋게 평가하는 성향으로 정의하였다. 그리고 개인의 삶을 바람직한 방향으로 이끌 수 있는 긍정의 힘은 자신과 세상에 대한 가치를 살필 수 있는 통찰력과 사고능력에서 비롯된다고 보고, 사고초점의 전환과 자기 성찰의 심화 및 확대를 도울 수 있는 관점의 다각화에 기반을 둔 긍정성의 구성요인을 살펴보았다. 구체적으로 관점의 다각화는 사물, 사람, 세상 또는 사회현상을 설명하고 이해하는 데 있어 다양한 관점을 활용하여 여러 입장과 시점에서 생각해 보는 인지적 성향 및 활동을 뜻한다. 이러한 인지적 활동은 의미발견이나 의미창조(또는 의미부여)를 촉진하여 대안적인 의미창출과 상황판단을 가능하게 하므로 당사자가 자기 자신과 세상에 대한 긍정적 시각과 태도를 유지하는 데 기여할 수 있다. 따라서 이 연구에서는 개인의 긍정성을 자신과 자기가 속한 사회를 다각도로 살펴 긍정적인 측면에 주목하고 의미를 부여하는 인식 성향, 즉 관점의 다각화와 그로 인해 발달하거나 강화되는 개인의 긍정적 태도로 정의하였다. 이러한 긍정성에 대한 정의를 토대로 대학생과 일반 성인 한국인을 대상으로 개인의 긍정성을 측정할 수 있는 척도가 제작되었다.

문항구성

긍정적 태도 척도는 총 26개 문항으로 이루어져 있으며, 요인분석의 결과에 따라 1개의 긍정관점 요인(다각화), 2개의 자기긍정성 요인(자기수용, 자기조절), 2개의 사회긍정성 요인(사회적응, 사회수용) 등 5개 요인으로 구성되었다.

'다각화' 요인은 7개 문항으로, 문항번호 1~7번이 그에 해당된다. 긍정성의 개념화에서 중시한 관점의 다각화를 묘사하는 문항들로 구성되어 있다. 즉, 개인이 어려운 상황에 처했을 때 여러 각도에서 그 일을 살펴 긍정적인 측면을 찾거나 긍정적인 면에 의미를 두고, 사소한 일상생활에서도 긍정적인 의미를 찾을 수 있다는 내용들이 포함되어 있다.

'자기수용' 요인은 6개 문항으로, 문항번호 8~13번이 해당된다. 여기에는 개인의 자기만족과 자기수용 등을 나타내는 문항들이 부하되었다. 자신의 성실성이나 열심히 살아가는 생활태도에 대한 자기만족, 나름대로 의미 있는 삶을 살고 있다는 긍정적 평가 등이 주 내용을 이루고 있다.

'자기조절' 요인은 3개 문항으로, 문항번호 14~16번이 해당된다. 이 요인은 개인의 자기조절 능력을 엿볼 수 있는 "사람들과 잘 어울리는 내가 좋다." 등의 문항으로 구성되어 있다.

'사회적응' 요인은 6개 문항으로, 문항번호 17~22번이 그에 해당된다. 이 요인에는 사회에 대한 개인의 긍정적 태도를 엿볼 수 있는 문항들이 부하되었다. 구체적으로 사회에 대한 불안이 적고 세상을 살아가는 일이나 변화하는 사회에 자신을 맞추어 가는 것에 대한 어려움이 적으며 흥미를 느끼는 등 개인의 사회적응성과 관련된 내용들로 구성되어 있다.

'사회수용' 요인은 4개 문항으로, 문항번호 23~26번이 그에 해당된다. 개인의 사회긍정성이 느껴지는 문항들이 부하되었다. 구체적으로 자기가 살고 있는 사회에 대해 느끼는 좋은 평가, 애정, 긍정적 태도 등이 드러나는 문항들로 구성되어 있다.

채점 및 평가지침

응답자는 자기보고식 설문지에 6점의 리커트식 척도에 표기하도록 되어 있다. 문항마다 응답에 따라 '전혀 그렇지 않다'에 1점에서부터, '어느 정도 그렇지 않다'에 2점, '약간 그렇지 않다'에 3점, '약간 그렇다'에 4점, '어느 정도 그렇다'에 5점, '거의/전적으로 그렇다'의 6점까지 부여된다.

부정적으로 묘사된 문항들, 문항번호 5, 13, 17~21, 24는 반대로 채점한다.

전체 점수는 26점에서 156점까지의 범위를 지니며 점수가 높을수록 개인의 긍정성 수준이 높은 것을 의미한다.

신뢰도와 타당도

총 26개 항목의 내적 합치도는 전체 집단 및 무작위 하위집단 모두 .90으로 나타났고 하위요인들의 신뢰도 계수 범위는 전체 집단이 .68에서 .85, 무작위 하위집단이 .66에서 .86으로 나타났다. 2주 간격의 재검사 신뢰도는 전체 척도의 경우 r = .85였으며 하위요인별로 .65에서 .85의 범위로 수용가능하거나 양호한 수준이었다. 전체 표본의 문항-총점 간 상관은 .31에서 .68로 나타났다.

타당도와 관련하여, 긍정적 태도 척도의 구성요인들과 자존감, 희망감 등의 긍정적인 자기특성 변수들 및 심리사회적 안녕 변수들 간의 상관분석 결과는 거의 모두 예측과 일관되게 나타났다. 5개 요인 중 긍정관점 다각화와 자기긍정 요인들, 자기수용, 자기조절 그리고 사회긍정 요인 중 사회적응은 관련변수들과의 상관이 비교적 고르게 나타났다. 사회수용은 관계의 강도가 상대적으로 낮은 것이 발견되었으나 전반적으로 볼 때 긍정적 태도 척도의 타당도는 적절한 것으로 판단되었다. 또한 긍정적 태도 척도 주요인들(긍정관점, 자기긍정, 사회긍정)의 예측타당도를 평가한 결과도 상관분석 결과와 거의 대부분 일치했다. 증분타당도 평가를 통해 긍정적 태도 척도가 기존의 자존감 척도와 효과 및 설명력에서 구별됨을 확인할 수 있었다.

주요 참고문헌

현경자(2009). 역경 극복을 돕는 성인 한국인의 긍정성 탐색: 긍정적 태도 척도 개발과 타당화. 한국심리학회지: 사회 및 성격, 23(2), 13-42.

척 도

긍정적 태도 척도

다음의 문장들은 다양한 종류의 사람들이 자신에 대해 갖고 있는 생각과 느낌을 묘사하고 있다. 각 문장이 당신을 얼마나 잘 나타내는지를 평가해 주기 바란다. 당신을 아주 잘 나타낸다고 생각되는 문장에는 당신의 동의를 나타내는 '거의/전적으로 그렇다'를 선택하고, 만약 문장의 묘사가 전혀 당신과 일치하지 않으면 '거의/전혀 그렇지 않다'를 선택하면 된다.

각 문장마다 응답하시기 전에 잠시 자신에 대해 생각해 보되, 어느 한 문장을 너무 오래 생각하지 말아 주기 바란다. 여기에는 옳고 그른 답이나, 더 낫거나 못한 답이 따로 없다. 당신의 답변이 서로 일치하지 않아도 상관없으니 편하게 답변해 보자.

문항내용	거의/전혀 그렇지 않다	어느 정도 그렇지 않다	약간 그렇지 않다	약간 그렇다	어느 정도 그렇다	거의/전적으로 그렇다
1 내 자신의 가능성을 믿고 즐겁게 생활하려고 한다.						
2 행복은 마음먹기에 달렸으므로 내 마음을 다스려 항상 긍정적인 생각을 한다.						
3 어려운 일이 닥치면 무엇이 좋고 나쁜지를 생각해 보고 긍정적인 면에 의미를 둔다.						
4 어려운 일에 처하면 여러 각도에서 그 일을 살펴 긍정적인 측면을 찾는다.						
5 매사에 부정적이다.						
6 사소한 일상생활 속에서도 긍정적인 의미를 찾을 수 있다.						
7 힘든 상황에 처하는 경우 한 가지 이상의 해결책을 생각해 낼 수 있다.						
8 내 나름대로 그때그때 상황에 맞게 열심히 살아가는 내 자신이 좋다.						
9 내 나름대로 의미 있는 삶을 살고 있다.						
10 지나 온 날들을 돌아보면 나도 잘한 일이 있는 것 같아 뿌듯해진다.						
11 다른 사람들에 비해 성실하게 사는 내 자신에 만족한다.						
12 한 사람의 성인으로서 내 역할을 잘해내고 있다.						
13 지금껏 잘못 살아온 것 같다.						
14 속상한 일이 생겨도 내 자신을 잘 다스려 주위 사람들과 잘 어울린다.						
15 사람들과 잘 어울리는 내가 좋다.						
16 힘들거나 답답한 상황에서도 유머를 잃지 않는다.						
17 이 세상이 노력하면서 사는 사람들에게 좌절감을 준다고 느낀다.						

18 이 세상 곳곳에서 터지는 여러 문제들로 인해 살기가 더 힘들어진다고 느낀다.					
19 내 인생의 목적한 바를 이 사회에서 이룰 수 없을 것 같다.					
20 우리 사회가 점차 다양해지는 것에 불안을 느낀다.					
21 빠르게 변하는 우리 사회에 내 자신을 맞추기가 어렵다.					
22 늘 새로운 것이 만들어지고 빠르게 변하는 이 세상이 흥미롭다.					
23 내가 살고 있는 이 사회에 좋은 점이 많다고 생각한다.					
24 문제가 많은 이 나라를 떠나면 좋겠다고 자주 생각한다.					
25 비슷한 사람들끼리 정을 나누고 사는 우리 사회가 좋다.					
26 뭐니 뭐니 해도 내가 태어나 살아온 이 나라가 최고라고 생각한다.					

9 대학무용과 여학생의 스트레스 척도

척도개관

스포츠 분야에서 심리적인 영역은 선수의 행동 및 능력, 성과와 이어지는 중요한 영역이다. 운동선수의 스트레스가 심리에 미치는 영향에 대한 연구가 필요함에 따라 다양한 스트레스 척도가 개발되고 있다. 특히 운동 종목 특성상 척도의 내용이 많이 달라지므로 각 종목에 따른 심도 있는 스트레스 측정 척도가 필요하다.

이 척도는 대학에서 무용을 전공하며 공연 활동을 하고 있는 무용수들이 직면하는 스트레스를 측정할 수 있는 척도다. 국내에서는 처음으로 대학에 재학 중인 무용수들이 갖고 있는 스트레스 요인을 개방형 설문이라는 질적 연구 방법을 도입하여 현장감 있는 내용을 추출하여 제작한 척도다. 그러나 탐색적 요인분석만을 사용하여 타당도가 검증되었으므로 활용하는 데 제한점이 있을 것으로 보인다.

문항구성

총 27개 문항으로, 8개 요인이 있다. '차별적인 평가에 대한 스트레스' 요인, '체형 관리에 대한 스트레스' 요인, '실기 능력에 대한 스트레스' 요인, '무용 상해에 대한 스트레스' 요인, '인간관계에 대한 스트레스' 요인, '경제 부담에 대한 스트레스' 요인,

'환경조건에 대한 스트레스' 요인, '진로에 대한 스트레스' 요인이 8개 하위요인의 내용들이다.

채점 및 평가지침

응답자는 각 문항에 대해 6점 척도로 평정하게 되어 있다. '전혀 아니다'에 1점, '아니다'에 2점, '조금 아닌 편이다'에 3점, '조금 그런 편이다'에 4점, '그렇다'에 5점, '매우 그렇다'에 6점을 부여한다.

점수 범위는 27점부터 162점까지이며, 점수가 높을수록 무용과 여학생의 스트레스 수준이 높은 것을 의미한다.

신뢰도와 타당도

총 34개 전체 문항에 대한 Cronbach's α는 .91로 신뢰할 수 있는 수준이다. 탐색적 요인분석을 실시한 결과 8개 요인이 확인되었으며, 문항제거 후 이를 반복하여 최종 문항을 확정하였다.

타당성을 검증하는 과정에서 탐색적 요인분석만을 사용하였으므로 적절한 타당도 확인이 되지 않았다. 확인적 요인분석을 통해 구인타당도를 확보해야 하고 예언타당도와 공존타당도 등을 확인하는 작업이 필요하다.

주요 참고문헌

박현정(2001). 대학 무용과 여학생의 스트레스 척도 개발. 동덕여자대학교 대학원 석사학위논문.

척 도

다음의 척도는 저작권 존중을 위하여 전문의 일부만을 실었다. 척도 전문이 필요한 경우 참고문헌을 통해 확인이 가능하다.

대학무용과 여학생의 스트레스 척도

문항내용	전혀 아니다	아니다	조금 아닌 편이다	조금 그런 편이다	그렇다	매우 그렇다
1 몸매 관리 때문에 스트레스 받는다.						
2 선, 후배 간의 관계가 불편해서 스트레스 받는다.						
⋮						
4 경제적 부담 때문에 스트레스 받는다.						
⋮						
6 성적이 공정하게 평가되지 않은 것 같아 스트레스 받는다.						
7 신체 조건 때문에 스트레스 받는다.						
8 차별적 대우를 받는 것 같아 스트레스 받는다.						
⋮						
10 무용실력에 대한 열등감 때문에 스트레스 받는다.						
11 전공(무용) 능력이 부족한 것 같아 스트레스 받는다.						
12 선, 후배 간의 위계질서 때문에 스트레스 받는다.						
⋮						
14 신체 부상 때문에 스트레스 받는다.						
15 체격 때문에 스트레스 받는다.						
⋮						

17 신체 상해에 대해 스트레스 받는다.						
18 졸업 후에 갈 곳이 없을 것 같아 스트레스 받는다.						
⋮						
20 연습 장소가 적절치 못해 스트레스 받는다.						
⋮						
22 실력보다는 인간관계에 의해 결정되는 것 같아 스트레스 받는다.						
⋮						
24 금전적 어려움 때문에 스트레스 받는다.						
25 무용을 하기에는 좋지 못한 환경 조건과 시설 때문에 스트레스 받는다.						
⋮						
27 체중이 불어서 스트레스 받는다.						

10 대학생의 취업스트레스 척도

척도개관

빠르게 변화하는 치열한 경쟁사회 속에서 대학생들은 불확실한 미래에 대해 많은 스트레스를 경험한다. 특히 최근 경제 및 금융 위기로 취업시장의 분위기가 경직되면서 취업을 준비하는 대학생들에게 취업 문제는 가장 중요한 관심사이자 가장 큰 스트레스가 되고 있다. 그럼에도 불구하고 현재 대학생의 취업스트레스 정도를 정확히 측정할 수 있는 타당화된 척도가 거의 없어 연구에 큰 제한이 되고 있는 실정이다.

이러한 실정을 반영하여 이미숙(2011)은 대학생들의 취업스트레스를 측정하는 타당하고 신뢰성 있는 도구를 개발하였다. 이 척도에서는 '취업스트레스'를 취업과 관련하여 개인의 능력을 능가하는 내 · 외적 요구에 대한 개인의 인지 및 그에 따른 적응 정도 차이로 인해 발생하는 개인의 정서적, 행동적, 신체적 반응이라 정의하고, 취업스트레스를 인지, 정서, 행동, 신체적 차원에서 측정하도록 구성하였다.

문항구성

총 39개 문항이며, '인지' '정서' '행동' '신체화'의 4개 요인으로 구성되어 있다. '인지' 요인은 7개 문항으로, 취업에 영향을 주는 대학, 전공, 능력, 가치관의 차이에 대한 개인의 지각 심상, 생각, 신념, 가치, 판단을 나타내는 내용들로 이루어져 있다.

'정서' 요인은 8개 문항으로, 취업준비 과정에서 느끼는 걱정, 불안감, 초라함, 초조감, 좌절감, 절망감, 무력감, 무가치함, 부담스러움 등 취업과 관련한 조화정서 및 부조화정서를 나타내는 내용들로 이루어져 있다.

'행동' 요인은 12개 문항으로, 취업관련 능력개발을 위한 공부, 정보탐색, 대외활동, 외모관리 등 취업준비를 위한 구체적인 행동을 나타내는 내용들로 이루어져 있다.

'신체화' 요인은 12개 문항으로, 수면장애, 소화기 및 호흡기장애, 시력저하, 체중 변화, 근육 긴장 및 통증 등 취업스트레스로 인한 몸의 반응, 변화를 나타내는 내용들로 이루어져 있다.

채점 및 평가지침

응답자는 리커트식 5점 척도에 자기보고식으로 응답하도록 되어 있다. 응답자의 응답에 따라 '매우 불일치'에 1점, '대체로 불일치'에 2점, '반반'에 3점, '대체로 일치'에 4점, '매우 일치'에 5점을 부여한다.

합산되어 산출된 점수는 대학생들의 취업스트레스 수준을 나타내며 점수 범위는 39점부터 195점까지다. 점수가 높을수록 취업스트레스 수준이 높은 것을 의미한다.

신뢰도와 타당도

문항 전체에 대하여 Cronbach's α는 .915로 매우 신뢰할 수 있는 수준이었으며, 요인별 Cronbach's α는 .803에서 .915였다. 반분신뢰도를 알아보면 문항 전체에 대한 Spearman-Brown 계수가 .882, 하위요인별로는 .748에서 .891의 범위로 나타났다. 4주 간격의 검사-재검사 신뢰도 계수는 .973이며, 하위요인별로는 .830에서

.890으로 나타났다. 이를 통해 취업스트레스 척도가 안정적임을 알 수 있다.

수렴 및 변별타당도를 검증하기 위하여 김교헌 등(2000)의 생활스트레스 척도, 이상로 등(1969)의 표준화 성격진단검사의 안정성 척도와 취업스트레스 척도와의 상관분석을 실시하였다. 그 결과, 취업스트레스 척도는 생활스트레스 척도와는 $r = .468$ ($p < .01$)로, 안정성 척도와는 $r = -.465$($p < .01$)로 적절한 크기의 상관을 보였다.

주요 참고문헌

이미숙(2011). 대학생의 취업스트레스 척도 개발. 경북대학교 교육대학원 교육학 석사학위 청구논문.

척 도

다음의 척도는 저작권 존중을 위하여 전문의 일부만을 실었다. 척도 전문이 필요한 경우 참고문헌을 통해 확인이 가능하다.

대학생의 취업스트레스 척도

문항내용	매우 불일치	대체로 불일치	반반	대체로 일치	매우 일치
1 나는 면접에서 실수할까 봐 매우 불안하다.	1	2	3	4	5
2 나는 취업 조건을 충족하지 못할까 봐 매우 불안하다.	1	2	3	4	5

⋮

⋮					
5 나는 취업준비를 위해 노력하고 있는 친구들을 보면 매우 초조해진다.	1	2	3	4	5
6 나는 취업준비로 인해 가슴의 통증을 느낀다.	1	2	3	4	5
⋮					
8 나는 취업 분야의 신문이나 잡지의 기사를 읽는다.	1	2	3	4	5
9 나는 취업시험만 생각하면 체중이 급격히 변화한다.	1	2	3	4	5
10 나는 면접 시 좋은 인상을 주기 위한 메이크업 기술을 배웠거나 배우려고 한다.	1	2	3	4	5
⋮					
12 내가 원했던 대학을 다니지 않고 있어 취업이 잘 안 된다.	1	2	3	4	5
⋮					
14 나보다 먼저 취업할 것 같은 친구들을 보면 스스로가 매우 초라해진다.	1	2	3	4	5
15 내가 다니는 학교는 취업에 거의 도움을 주지 못하고 있다.	1	2	3	4	5
16 나는 취업과 관련된 검사(예, 적성검사, 흥미검사, 직업가치관 검사)를 받아보고 있다.	1	2	3	4	5
17 나의 전공은 취업에 도움 되는 것이 없다.	1	2	3	4	5
⋮					
19 나는 취업준비를 하려고 하면 몸이 축 처진다.	1	2	3	4	5
20 나는 취업하려는 직장을 방문했거나 방문하려고 한다.	1	2	3	4	5
21 나는 취업문제 때문에 잠을 자다가도 자꾸 깬다.	1	2	3	4	5
⋮					
23 나는 직업탐색을 위하여 취업박람회에 참석했거나 참석하려고 한다.	1	2	3	4	5

⋮					
25 나는 취업만 생각하면 숨쉬기가 힘들어진다.	1	2	3	4	5
26 내가 원하는 직업과 사회에서 인정하는 직업에 차이가 있다.	1	2	3	4	5
27 취업을 위한 나의 포트폴리오를 만들어 오고 있다.	1	2	3	4	5
⋮					
29 나는 취업준비생들과 취업에 대한 정보를 교환한다.	1	2	3	4	5
30 나는 취업 시험에 대해 생각하면 손가락이 저리면서 아프다.	1	2	3	4	5
⋮					
32 나는 경력을 쌓기 위해 취업동아리에 가입했거나 가입하려고 한다.	1	2	3	4	5
33 나는 모의 면접을 위해 스터디를 했거나 하려고 한다.	1	2	3	4	5
34 나는 취업준비를 하려고 하면 목이 뻣뻣해져서 돌리기 어려워진다.	1	2	3	4	5
⋮					
36 나는 취업준비를 하려고 하면 몸이 완전히 풀어진다.	1	2	3	4	5
37 학과에서 나의 취업에 도움을 줄 수 있는 부분은 거의 없다고 생각한다.	1	2	3	4	5
⋮					
39 나는 하고 싶은 일이 있어도 능력이 부족해 매우 속상하다.	1	2	3	4	5

11 레슬링 선수들의 스트레스 척도

척도개관

현대 스포츠에서는 신체적, 기능적 훈련의 중점을 두던 종래의 태도에 대한 대안으로 다양한 방법의 심리기술 훈련의 중요성이 강조되고 있다. Gould와 Damarjin(1996)은 운동선수들의 최상 수행을 위한 통합 모형에서 인간의 기본 속성, 심리기술 및 전략, 역경대처 전략을 중요한 심리적 요인으로 간주하고 있으며 이러한 세 축에 심리요인의 하나인 스트레스가 직간접적으로 영향을 미치고 있다고 보고했다. 따라서 선수들이 받는 스트레스를 측정하고, 운동 수행을 저해하는 스트레스 요인을 찾아 스트레스를 감소시키거나 제거할 수 있는 방안을 모색하는 것은 궁극적으로 선수의 경기력 향상에 기여할 것이다.

하지만 한국에서 스트레스를 주제로 한 운동 심리학 연구는 대부분 서구의 이론 틀에 기초한 검사 도구를 활용해 이루어진 것이다. 문화적 특성을 고려하지 않은 연구는 타당도 측면에서 문제점을 지닐 수 있으며, 결과의 해석 역시 설명력이 떨어진다. 다음 소개하는 척도는 이 점을 고려하여 이성보(2004)가 한국 문화에 맞게 전국 중 · 고등학교 레슬링 선수들을 대상으로 개발한 스트레스 검사 도구다. 그러나 이 척도는 좀 더 적절한 타당도가 검증되지 않았다는 한계가 존재한다.

문항구성

총 70개 문항으로, '선수 지원과 관련된 스트레스' '운동에 대한 유능감과 관련된 스트레스' '선수생활 이외의 스트레스' '운동부 내에서 발생되는 인간관계의 갈등'의 4개 요인으로 구성되어 있다.

'선수 지원과 관련된 스트레스' 요인은 부모나 가족의 지원 부족, 코치나 감독의 이해 부족, 운동 여건 부족 등에 의한 스트레스를 말한다.

'운동에 대한 유능감과 관련된 스트레스' 요인은 장래 진로나 기대부담, 시합불안, 운동기능관련 스트레스, 체력관련 스트레스 등이다. 이것은 선수 자신의 유능감에 관련된 스트레스이며, 운동 또는 진로에서 성공과 실패에 대한 관심과 불만을 반영한다.

'선수생활 이외의 스트레스' 요인은 여가생활의 불만, 학교 공부의 문제, 운동에 대한 태도 등을 내용으로 한다. 운동 외적 스트레스, 운동을 함으로써 파생되는 생활상의 불편이나 불만이라고 볼 수 있다.

'운동부 내에서 발생되는 인간관계의 갈등' 요인은 운동부 내의 갈등에 관한 스트레스로 감독과 코치와의 관계에서 빚어진 갈등인 운동선수 간의 또는 운동집단에서의 관계 갈등을 나타낸다.

채점 및 평가지침

5점 리커트식 척도에 평정하도록 되어 있다.

'전혀 그렇지 않다'를 1점으로 해서 '그렇지 않다'에 2점, '그저 그렇다'에 3점, '그렇다'에 4점, '매우 그렇다'에 5점을 부여한다.

총점의 범위는 70점에서 350점까지 나올 수 있으며 점수가 높을수록 레슬링 선수들의 스트레스 수준이 높은 것을 의미한다.

신뢰도와 타당도

각 하위요인 간 내적 일치도는 최저 .82에서부터 .85까지의 범위를 나타내었다. 따라서 레슬링 선수들의 스트레스 측정 검사지의 각 요인은 대체로 적절한 신뢰수준을 보였다고 할 수 있다.

이 척도의 한계로는 요인분석 외의 적절한 타당도가 검증되지 않았다는 점을 들 수 있다. 접촉 대인 종목으로서 레슬링과 성격이 유사한 유도, 복싱, 태권도 등의 선수를 대상으로 한 척도와의 상관을 통해 타당화 검증이 필요하다.

주요 참고문헌

이성보(2004). 레슬링 선수들의 스트레스 척도 개발 연구. 전남대학교 교육대학원 석사학위논문.

척 도

다음의 척도는 저작권 존중을 위하여 전문의 일부만을 실었다. 척도 전문이 필요한 경우 참고문헌을 통해 확인이 가능하다.

레슬링 선수들의 스트레스 척도

문항내용	매우 그렇다	그렇다	그저 그렇다	그렇지 않다	전혀 그렇지 않다
1 나는 코치나 감독님이 가르쳐준 기술을 따라하지 못할 때 화가 난다.					
2 나는 체중조절 때문에 고민이 많다.					
⋮					
4 나는 연습이나 시합할 때 체력이 부족하여 걱정을 한다.					
5 나는 장래 진로 때문에 걱정을 한다.					
6 나는 시합이 다가오면 걱정을 한다.					
7 나는 코치나 감독님이 자주 꾸중을 하여서 불만이다.					
8 나는 레슬링 운동선수가 된 것을 후회한다.					
⋮					
10 나는 운동부 내에서 선후배 간에 갈등이 많은 편이다.					
11 나는 운동으로 인해 부모님과 불편한 관계다.					
⋮					
13 나는 주변사람들의 기대감이 많아 고민이다.					
14 나는 효과적인 운동방법을 찾지 못해 걱정을 한다.					
⋮					
16 나는 코치나 감독님이 나의 말을 자주 무시해서 스트레스를 받는다.					
17 나는 운동소질이 부족한 것 같아 걱정이다.					
⋮					

19 나는 장래 유명한 선수가 될 것인지 의문이 생겨 걱정을 한다.					
20 나는 운동 때문에 학교공부를 따라 하지 못해서 걱정이다.					
⋮					
22 나는 평소 운동하는 데 체력이 약해서 스트레스를 받는다.					
23 나는 레슬링 운동선수로서 성공할 수 있을까 하는 의심 때문에 걱정을 한다.					
⋮					
25 가족들은 내가 훌륭한 운동선수가 될 것으로 기대하기 때문에 부담스럽다.					
26 나는 운동 때문에 부모님으로부터 자주 꾸중을 듣는다.					
⋮					
28 나는 시합에서 많은 관중 앞에서 잘해야 된다는 생각 때문에 걱정을 한다.					
29 나는 운동부 동료들과 자주 말다툼을 하여 스트레스를 받는다.					
⋮					
31 나는 코치나 감독님이 운동부 내에서 차별대우를 하여 스트레스를 받았다.					
32 나는 낯선 시설이나 장소에서 시합을 하면 불안하고 초조해 한다.					
⋮					
⋮					
35 나는 코치나 감독님이 나의 속마음을 이해해 주지 않아서 불만이 많다.					
⋮					

37 나는 팀 구성원(코치, 감독, 학교당국, 팀동료 등)의 기대가 부담스러워 고민을 한다.					
38 나는 운동을 할 때마다 부상에 대한 불안이 있다.					
⋮					
40 나는 운동부 내에서 동료선수들이 차별대우를 해서 스트레스를 받았다.					
41 나는 여가를 즐길 만한 용돈이 없어서 불만이 많다.					
⋮					
43 나는 가족 중에 의논할 만한 상대가 없어서 불만이다.					
44 나는 팀 동료들(선배, 친구, 후배 등)과 의논할 만한 상대가 없어서 불만이다.					
⋮					
46 나는 중요한 경기대회에 선발이 안 될 것 같아 불안해 한다.					
47 나는 운동하면서 영양관리가 안 되어 걱정이다.					
⋮					
49 나는 체중관리를 해도 살이 잘 안 빠져서 불만이다.					
50 나는 운동부 내에서 후보선수가 될 것 같아 걱정이다.					
⋮					
52 나는 장래 프로선수가 못될 것 같아 걱정이다.					
53 나는 부모님이 운동하는 것을 싫어해서 불만이다.					
⋮					
55 나는 운동부 내에서 따돌림을 당해서 스트레스를 받는다.					

56 나는 운동을 하면서 돈이 많이 들어 걱정이다.					
57 나는 운동 때문에 하고 싶은 일을 못해서 불만이다.					
⋮					
59 나는 코치나 감독님의 구타가 두렵다.					
60 나는 운동으로 인하여 부상을 당하고 치료하지 못해서 고민이다.					
61 나는 훌륭한 코치나 감독에게 기술지도를 받지 못해서 불만이다.					
62 나는 가정에서 뒷바라지를 해 주지 않기 때문에 불만이다.					
⋮					
64 나는 운동을 열심히 해도 기술이 늘지 않아 걱정한다.					
⋮					
66 나는 운동 후 휴식이 부족해서 불만이다.					
67 나는 훈련장소가 나빠서 불만이다.					
⋮					
69 나는 동료들의 문제 때문에 집단적으로 기합을 받아서 불만이다.					
70 나는 엄격한 운동부 규율이 두렵다.					

12 미혼 커플관계 탄력성 척도

척도개관

미혼 커플관계는 사랑을 기반으로 형성되기 때문에 아름다운 과정으로 묘사되곤 하지만, 많은 역경과 갈등상황이 내재되어 있다. 미혼 커플관계에서 경험하는 부정적인 역경과 스트레스는 다양한데, 이러한 스트레스가 모든 사람들에게 부적응적인 측면만을 지니고 있는 것은 아니다. 특히 이러한 스트레스나 위기를 성장의 기회로 만드는 개인의 역량이나 환경적 자원이 존재한다고 보고 이러한 '탄력성'에 대한 연구가 많이 이루어지고 있다. 이 척도는 연구대상을 한정시켜 미혼 커플관계에서 경험하는 역경과 스트레스를 극복할 수 있는 탄력성을 측정하기 위하여 미혼 커플관계 탄력성에 대한 구인을 탐색하여 전지경과 양명숙(2011)이 개발한 것이다.

커플관계 탄력성은 탄력성과 커플관계가 합쳐진 개념이며 커플관계 주제에 대한 개인의 탄력성을 의미한다. 커플관계란 커플이 데이팅 과정 속에서 발생하는 심리적, 사회적 행위와 관련된 모든 측면을 의미한다. 커플관계 탄력성은 커플관계에서 발생하는 모든 측면에서의 역경이나 갈등을 긍정적으로 적응해 내는 개인의 능력으로 이 척도는 과정지향적인 관점에서 미혼 커플관계에서의 탄력성 수준을 측정하게 된다.

문항구성

'커플관계 긍정성' '커플관계 유연성' '커플관계 탈중심성' '사회적 지지' '의사소통'의 5개 요인에 대해 각 4개 문항씩 총 20개의 문항으로 이루어져 있다.

'커플관계 긍정성' 요인은 4개 문항으로, 문항번호 1~4번이 해당된다. 커플관계에 대한 긍정적인 태도와 관련된 내용의 문항으로 탄력성 연구에서 공통으로 나타나는 요인으로서 어려움 속에서도 자신감을 갖고 긍정적으로 적응하는 특성을 나타내고 있다. '커플관계 유연성' 요인은 4개 문항으로, 문항번호 9~12번이 해당되며, 서로의 관점이 다를 수 있음을 인정하고 서로의 모습이 정해진 것이 아니라 변화할 수 있음을 인정하는 내용 등으로 구성되어 있다. '커플관계 탈중심성' 요인은 4개 문항으로, 문항번호 5~8번이 해당되며, 커플관계에서 자신이 경험한 역경과 스트레스 상황을 자신의 경험에만 머물지 않고 알아차림의 특성을 포함한 문항들로 구성되어 있다. '사회적 지지' 요인은 4개 문항으로, 13~16번이 해당되며, 타인과의 공감 및 원만한 대인관계 등을 통해 어려움과 압박의 상황을 이겨 내려는 특성을 의미한다. '의사소통' 요인은 4개 문항으로, 문항번호 17~20번이 해당되며, 파트너 및 이성관계에서의 의사소통 능력을 의미하는 문항으로 구성되어 있다.

채점 및 평가지침

응답자는 문항내용과 자신이 어느 정도 일치하는지 리커트식 5점 척도에 표시하도록 되어 있다. 응답에 따라 '전혀 그렇지 않다'에 1점, '그렇지 않다'에 2점, '보통이다'에 3점, '그렇다'에 4점, '매우 그렇다'에 5점을 부여한다.

총점은 20점에서 100점까지 나올 수 있으며, 점수가 높을수록 커플관계에서 탄력성이 높은 것을 의미한다.

신뢰도와 타당도

5개의 하위요인별 적합도 지수에서 모두 RMR은 .05 미만, GFI, NFI, IFI, CFI는 .90 이상으로 나타나 적합한 지수를 나타내었다. 전체 척도에 대한 Cronbach's α계수는 .832였고, 각 하위요인별로 .69에서 .832까지의 범위를 보여 주었다. 이러한 결과를 고려해 볼 때 이 척도는 미혼 남녀가 커플관계에서 탄력적으로 적응하는 정도를 측정하는 데 적합한 도구임을 나타내는 것으로 보인다.

주요 참고문헌

전지경, 양명숙(2011). 미혼 커플관계 탄력성 척도 개발. 상담학연구, 12(5), 1509-1525.

척 도

미혼 커플관계 탄력성 척도

각 문항을 잘 읽고, 문항의 내용이 자신과 어느 정도 일치하는지에 따라 적합한 숫자에 체크해 주시기 바랍니다. 여기에 나오는 '파트너'는 '현재 사귀는 사람' 혹은 현재 파트너가 없는 사람은 '가장 최근에 사귄 파트너'를 생각하면서 체크하십시오.

문항내용	전혀 그렇지 않다	그렇지 않다	보통이다	그렇다	매우 그렇다
1 나는 이성에게 꽤 매력적인 사람이라고 생각한다.					
2 나는 좋은 파트너가 되는 데 필요한 지식과 방법을 알고 있다.					
3 나는 커플관계에서 갈등상황이 발생하면 잘 극복할 수 있다.					
4 커플관계에서 나의 모습을 잘 이해하고 있다.					
5 커플관계에서의 역경에는 의미와 목적이 있다.					
6 커플관계에서 경험하는 슬픔이나 고통은 내가 성숙하는 데 도움이 된다.					
7 파트너와 어쩔 수 없이 헤어져야 한다면, 이별이 나에게 주는 의미를 깨달을 수 있다.					
8 커플관계에서 경험하는 고통은 깨달음을 얻기 위한 기회다.					
9 커플관계에서의 나의 모습은 정해진 것이 아니라, 계속 변화하고 있다.					
10 커플관계는 정해진 것이라기보다는 내 자신이 만들어 가는 것이다.					
11 내 관점에서 문제인 것이 파트너의 관점에서는 문제가 아닐 수도 있다.					
12 나는 커플상황에 대처할 때, 원리원칙만을 내세우기보다 커플관계 상황에 맞게 적절히 대처한다.					
13 파트너와의 갈등상황에서 나는 내 문제에 도움을 줄 친구가 있다.					
14 커플관계에서 어려운 일이 있을 때 나와 비슷한 문제를 겪었던 동료와 친구와 의논한다.					
15 커플관계에서 고민거리가 있을 때, 진심으로 나를 도와줄 수 있는 친구가 있다.					

16 커플관계에서 중요한 고민이나 감정 등을 털어놓고 싶을 때 나의 이야기를 들어줄 사람이 있다.					
17 나는 이성들과 자연스럽게 나의 생각을 표현하고 설명한다.					
18 나는 좋아하는 이성에 대한 관심과 긍정적인 정서를 언어로 표현한다.					
19 나는 커플관계에서 나의 감정을 솔직하게 표현한다.					
20 커플관계의 갈등상황에서 파트너와 자연스럽게 대화를 시도한다.					

13 병원 불안-우울 척도

척도개관

정신과 영역에서 가장 흔한 질환인 불안장애나 우울장애는 겉으로 드러나지 않아 일차 진료 장면 및 비정신과 영역에서 이환 정도가 높을 것으로 생각되어 왔다. 따라서 비정신과 영역에서 일차 진료의사들이 단시간에 활용할 수 있는 척도가 유용할 것으로 생각된다.

Zigmond 등(1988)은 일반병원에서 의사의 진료를 받기 위해 기다리는 짧은 시간에 환자의 불안, 우울 정도를 측정하기 위해 병원 실제에서 가장 흔히 나타나는 불안과 우울 측면에 제한하여 병원 불안-우울 척도(Hospital Anxiety-Depression Scale: HAD)를 개발하였다. 이 척도는 종합병원에 내원한 환자를 대상으로 하여 불안과 우울 정도를 평가할 수 있을 뿐만 아니라 환자의 감정 상태도 평가할 수 있는 도구로 유용하다. 또 외국에서 표준화 및 타당도가 검증되어 있으며 다른 척도와의 비교 검증도 되어 있다. 스트레스에 대한 정서반응 중, 불안과 우울은 가장 흔한 것이며, 이에 대한 평가는 스트레스 측정의 중요한 부분을 차지한다.

우리나라에서는 오세만 등(1999)이 Zigmond의 병원 불안-우울 척도를 우리말로 번안하였다. 이는 불안과 우울장애 환자를 임상에서 일차적으로 선별할 수 있는 의미 있는 척도로, 일차 진료 및 비정신과 분야에서 불안과 우울의 이환 상태를 짧은 시간에 숙달된 기술이 없이도 용이하게 검사하는 데 활용될 수 있다.

문항구성

총 14개의 문항으로 되어 있으며, 홀수번호 7개는 불안에 관한 문항으로 불안 하부척도(HAD-A)이며, 짝수번호 7개는 우울에 관한 문항으로 우울 하부척도(HAD-D)로 구성되어 있다.

채점 및 평가지침

각각의 문항은 4점 척도로 평정하게 되어 있으며, 0에서 3점의 범위로 채점한다. 총점의 범위는 0점에서 42점까지이며 점수가 높을수록 불안과 우울 수준이 높음을 의미한다. 불안 척도와 우울 척도의 점수를 따로 산출하여 그 정도를 평가할 수도 있다.

HAD-D에서 우울 환자 집단과 정상 집단을 구분하는 절단점은 8점으로, 이때의 민감도와 특이도는 각각 89.2%, 82.5%였다.

HAD-A에서 불안 환자 집단과 정상 집단을 구분하는 절단점 역시 8점으로, 이때의 민감도와 특이도는 각각 78.8%, 82.5%였다.

신뢰도와 타당도

각 항목과 문항-총점 간의 상관관계는 .40에서 .69의 범위로 각 문항이 불안과 관련된 변인을 측정하는 것으로 나타났으며, HAD-D의 경우 .28에서 .66의 범위로 각 문항이 우울과 관련된 변인을 측정하는 것으로 나타났다. Cronbach's α는 HAD-A가 .89, HAD-D의 경우 .86으로 문항 간의 합치도가 높은 것으로 나타났다.

타당도와 관련하여, HAD-D의 평균 점수는 우울장애 환자에서 정상 집단보다 유의하게 높았으며($t = 16.76$, $df = 261$, $p<.01$). HAD-D와 우울 척도인 BDI와의 상관은 .80($p<.01$)이었다. HAD-A의 평균 점수는 불안장애 환자 집단에서 정상 집단보다

유의하게 높았으며(t = 13.31, df = 253, $p<.01$), HAD-A와 불안 척도인 Zung의 Self-Rating Anxiety Scale(SAS)과의 상관은 .79($p<.01$)였다. 그러므로 HAD-D와 HAD-A가 각각 타당하게 불안과 우울을 측정하는 것으로 볼 수 있다.

주요 참고문헌

오세만, 민경준, 박두병(1999). 병원 불안-우울 척도에 관한 표준화 연구 - 정상, 불안, 우울 집단 간의 비교 -. 대한신경정신의학회지, 38(2), 289-296.

Zigmond, A. S. (1988). *The Hospital Anxiety and Depression Scale.* Acta Psychiatr Scand 67, 361-370.

척 도

병원 불안 - 우울 척도

감정 상태는 당신의 질환이나 상태에 영향을 많이 줄 수 있습니다.

다음 글을 읽고 당신의 상태를 가장 잘 나타낸다고 생각되는 문항을 골라 ○표 해 주십시오.

1 나는 긴장감 또는 '정신적 고통'을 느낀다.

0 ························ 전혀 아니다.
1 ························ 가끔 그렇다.
2 ························ 자주 그렇다.
3 ························ 거의 그렇다.

2 나는 즐겨 오던 것들을 현재도 즐기고 있다.

0 ········ 똑같이 즐긴다.
1 ········ 많이 즐기지는 못한다.
2 ········ 단지 조금만 즐긴다.
3 ········ 거의 즐기지 못한다.

3 나는 무언가 무서운 일이 일어날 것 같은 느낌이 든다.

0 ········ 전혀 아니다.
1 ········ 조금 있지만 걱정하지 않는다.
2 ········ 있지만 그렇게 나쁘지는 않다.
3 ········ 매우 분명하고 기분이 나쁘다.

4 나는 사물을 긍정적으로 보고 잘 웃는다.

0 ········ 나는 항상 그렇다.
1 ········ 현재는 그다지 그렇지 않다.
2 ········ 거의 그렇지 않다.
3 ········ 전혀 아니다.

5 마음속에 걱정스러운 생각이 든다.

0 ········ 거의 그렇지 않다.
1 ········ 가끔 그렇다.
2 ········ 자주 그렇다.
3 ········ 항상 그렇다.

6 나는 기분이 좋다.

0 ········ 항상 그렇다.
1 ········ 자주 그렇다.
2 ········ 가끔 그렇다.
3 ········ 전혀 그렇지 않다.

7 나는 편하게 긴장을 풀 수 있다.

0 ········ 항상 그렇다.
1 ········ 대부분 그렇다.
2 ········ 대부분 그렇지 않다.
3 ········ 전혀 그렇지 않다.

8 나는 기력이 떨어진 것 같다.

0 ········ 전혀 아니다.
1 ········ 가끔 그렇다.
2 ········ 자주 그렇다.
3 ········ 거의 항상 그렇다.

9 나는 초조하고 두렵다.

0 ………………………… 전혀 아니다.
1 ………………………… 가끔 그렇다.
2 ………………………… 자주 그렇다.
3 ………………………… 매우 자주 그렇다.

10 나는 나의 외모에 관심을 잃었다.

0 ………………………… 여전히 관심이 있다.
1 ………………………… 전과 같지는 않다.
2 ………………………… 이전보다 확실히 관심이 적다.
3 ………………………… 확실히 잃었다.

11 나는 가만히 있지 못하고 안절부절못한다.

0 ………………………… 전혀 그렇지 않다.
1 ………………………… 가끔 그렇다.
2 ………………………… 자주 그렇다.
3 ………………………… 매우 그렇다.

12 나는 일들을 즐거운 마음으로 기대한다.

0 ………………………… 전혀 그렇지 않다.
1 ………………………… 전보다 조금 덜 그렇다.
2 ………………………… 전보다 확실히 덜 그렇다.
3 ………………………… 전혀 그렇지 않다.

13 나는 갑자기 당황스럽고 두려움을 느낀다.

0 ………………………… 전혀 그렇지 않다.
1 ………………………… 가끔 그렇다.
2 ………………………… 꽤 자주 그렇다.
3 ………………………… 거의 항상 그렇다.

14 나는 좋은 책 또는 라디오, 텔레비전을 즐길 수 있다.

0 ………………………… 자주 즐긴다.
1 ………………………… 가끔 즐긴다.
2 ………………………… 거의 못 즐긴다.
3 ………………………… 전혀 못 즐긴다.

14 보육교사의 직무스트레스 척도

척도개관

1960년대 이후 여러 직종에 걸쳐 직무스트레스에 대한 관심이 고조되었고, 교사들에 대한 직무스트레스도 1970년대 중반 이후 활발히 논의되어 교사직무스트레스 요인 설문지(Modified Teacher Occupational Stress Factor Questionnaire: MTOSFQ)와 같은 관련 척도가 개발되어 사용 중에 있다. 보육교사도 유치원이나 일반 교사와 마찬가지로 스트레스가 교사 자신에게 부정적 영향을 미칠 뿐 아니라 담당하는 영유아에게도 그 영향이 미친다는 점에서 그 중요도가 논의되고 있다. 보육교사 직무스트레스의 요인을 파악하고 개입하기 위해 일반 교사의 직무스트레스를 평가하는 동일 척도로 많은 연구가 이루어지고 있다.

그러나 보육교사는 일반 교사와 달리 영유아의 언어 및 감각 발달, 건강관리, 영양 공급, 적당한 성장기회의 제공 그리고 기초적인 생활습관 등을 보호, 감독해야 하는 대리모의 역할도 하기 때문에 일반 교사들과는 다른 환경에서 일을 수행한다. 따라서 특수한 환경에서 보육교사들이 받는 직무스트레스는 일반 교사들의 그것과 다르기 때문에 보육교사들의 직무스트레스를 측정하는 척도가 별도로 필요하다.

이 척도는 앞과 같은 필요에 따라 양안숙(2008)이 보육교사의 특수한 환경을 고려하여 보육교사의 직무스트레스를 측정하기 위해 만든 척도다.

문항구성

총 74개 문항으로 구성되어 있으며, 7개의 스트레스 하위요인이 있다.

하위요인을 영역별로 살펴보면 다음과 같다. '업무관련 스트레스'는 12개 문항으로 구성되어 있으며, 보육현장에서 보육교사에게 주어진 일과 관련된 스트레스로 교육적인 업무 외에도 청소 및 서류작성 등 기타업무에 관련된 내용이다. '원아관련 스트레스'는 19개 문항으로, 영유아들을 교육하고 보호하며 지도하거나 통제하는 활동과 관련하여 발생하는 스트레스다. '동료관련 스트레스'는 22개 문항으로, 보육교사(동료나 선, 후배 교사)나 원장과의 관계에서 발생하는 스트레스로 조직 내 동료교사들과의 상호작용 및 인간관계 등으로 인해 지각하는 교사의 스트레스를 의미한다. '학부모 관련 스트레스'는 11개 문항으로, 교사와 학부모 사이에서 발생할 수 있는 다양한 스트레스를 뜻한다. '행정관련 스트레스'는 4개 문항으로, 교사의 보육활동을 위한 행정적 지원의 부족에 의해 발생하는 스트레스를 의미한다. '환경관련 스트레스'는 4개 문항으로, 교사 자신이 거의 혹은 전혀 통제하지 못하는 사회적으로 잠재해 있는 스트레스 요인이다. 이는 외생적인 스트레스 요인으로도 볼 수 있는데 교사의 낮은 처우나 지위 그리고 교사에 대한 사회적 인식이 낮을 때 나타나는 현상을 반영한다. '개인관련 스트레스'는 2개 문항으로, 보육교사의 직업 특성상 하루 종일 아이들과 함께 있어야 하는 상황이기 때문에 시간의 유동성 부족 때문에 개인적인 용무를 볼 수 없는 데서 오는 스트레스를 뜻한다.

채점 및 평가지침

검사 대상 보육교사는 과거 경험하였거나, 현재 경험하고 있는 스트레스에 관하여 5점 리커트식 척도에 평정하도록 되어 있다. '전혀 받지 않는다'에 1점, '가끔 받는다'에 2점, '보통 받는다'에 3점, '비교적 많이 받는다'에 4점, '매우 많이 받는다'에 5점으로 채점한다.

총점의 범위는 74점에서 370점까지이며, 점수가 높을수록 보육교사가 받는 스트레스가 많은 것을 의미한다.

신뢰도와 타당도

총 74개 문항에 대하여 Cronbach's α는 .99로 매우 신뢰할 수 있는 수준이다. 하위척도별 Cronbach's α계수는 .83에서 .97의 범위로 아주 높게 나타났고, 2주 간격의 재검사 신뢰도도 .85에서 .97의 범위로 나타나 신뢰도와 안정성이 높은 것으로 평가되었다.

내용타당도를 검증하기 위해 보육전문가들이 문항의 적합성 여부, 이해도, 중요도 및 명료성과 간결성을 평가하였다. 안면타당도를 검증하기 위해 보육교사들을 대상으로 문항이 이해하기 쉬운지 또는 상황에 적절한지를 검증하였다. 구성타당도와 관련하여 직무스트레스 측정 모델에 대한 확인적 요인분석 결과, 모형의 전반적 합치도를 나타내는 지수들은 기준을 만족시키는 것으로 나타났다(GFI = .94, NFI = .92, CFI = .92, IFI Delta2 = .92).

주요 참고문헌

양안숙(2008). 보육교사의 직무스트레스 척도 개발. 조선대학교 대학원 박사학위 논문.

척 도

보육교사의 직무스트레스 척도

다음에 제시되는 문항들을 통해 보육교사의 직무스트레스 정도에 관하여 알아보고자 합니다. 각 문항들을 잘 읽어보시고 선생님이 경험하였거나 현재 경험하고 있는 스트레스 정도에 해당된다고 생각하는 곳에 ✓표 해 주십시오.

■ 업무관련 스트레스

문항내용	전혀 받지 않는다	가끔 받는다	보통 받는다	비교적 많이 받는다	매우 많이 받는다
1 보육 및 학급운영을 위하여 준비하는 것 외에 기타 잡무를 처리하기 위해 근무시간이 끝난 이후에도 어린이집에 관한 일을 볼 때					
2 일일 근무시간이 길 때(12시간 이상 근무)					
3 출근시간은 정확한데 퇴근시간이 불규칙할 때					
4 보육시간 외의 부수적인 일들(예, 각종 서류 작성, 교구제작, 청소 등)을 처리해야 할 때					
5 과다한 업무량(예, 상담일지, 관찰일지, 전화일지, 일일계획안 등)으로 심신이 피곤할 때					
6 현재의 내 업무를 감당하기 어려울 때					
7 보육 및 학급운영을 위하여 준비할 시간이 충분하지 않을 때					
8 필요 이상으로 행사가 많아 개별적으로 영유아들에게 신경 쓸 시간이 부족할 때					
9 근무시간 중에 화장실에 갈 여유조차 없을 때					
10 사소한 사고에도 모두 교사의 책임으로 돌릴 때					

11 보조교사 없이 혼자서 모든 것을 해야 할 때					
12 시간연장형 대체 교사가 따로 없을 때					

■ 개인관련 스트레스

문항내용	전혀 받지 않는다	가끔 받는다	보통 받는다	비교적 많이 받는다	매우 많이 받는다
13 개인적인 용무를 볼 수 없을 때					
14 급한 용무가 있어도 시간을 내기 어려울 때					

■ 동료관련 스트레스

문항내용	전혀 받지 않는다	가끔 받는다	보통 받는다	비교적 많이 받는다	매우 많이 받는다
15 교사들과 단합되지 않을 때					
16 원에 관련된 문제점들을 서로 얘기할 수 없을 때					
17 연령별로 상의해서 수업할 것을 정하지 않는 몇몇 교사들 때문에					
18 권위적인 어린이집 분위기 때문에					
19 서로에 대한 배려가 부족할 때					
20 원장이 함부로 교사들을 구박할 때					
21 내가 맡은 학급의 일에 대해 원장의 간섭이 심할 때					
22 다른 교사들과 회식자리에서 문제가 생겼을 때					
23 선배 교사들의 횡포 때문에					
24 교사와 교사 간의 마음이 맞지 않아 트러블이 생길 때					
25 가족끼리 하는 어린이집에서 근무할 때					
26 원장이 교사의 양해 없이 교실환경을 수정해 놓았을 때					

27 선배 교사가 무시할 때					
28 자기에게 부여된 업무를 적절히 수행하지 않는 교사들이 있을 때					
29 공휴일에 원장의 개인적인 업무로 인해 교사들에게 출근을 강요할 때					
30 원장이 원내에서 있었던 일을 여기저기 소문 내서 듣게 될 때					
31 마음에 들지 않는 동료와 근무할 때					
32 원장이 교사들을 존중하지 않을 때					
33 교사들 간에 서로 협조하는 정신보다는 경쟁이 심할 때					
34 교사들 간의 관계가 좋지 않다고 느낄 때					
35 교사들 간의 파벌이 존재한다고 생각할 때					
36 교사들 간에 의사소통이 잘 이루어지지 않을 때					

■ 행정관련 스트레스

문항내용	전혀 받지 않는다	가끔 받는다	보통 받는다	비교적 많이 받는다	매우 많이 받는다
37 교사를 위한 연수 및 교육의 기회가 부족할 때					
38 교구의 지원이 적을 때					
39 지원 부족으로 맛없는 식단이 제공될 때					
40 교사들을 위한 연수회나 체계적인 재교육 프로그램이 마련되지 않아 힘들 때					

■ 학부모 관련 스트레스

문항내용	전혀 받지 않는다	가끔 받는다	보통 받는다	비교적 많이 받는다	매우 많이 받는다
41 학부모들이 영유아들을 과잉보호할 때					
42 말없이 원을 바꾸는 학부모를 만났을 때					
43 별 일도 아니면서 큰 일인 듯 생각하는 소심한 학부모를 만났을 때					
44 학부모들이 교사가 자신의 아이에 대해 말하는 것에 지나치게 관심을 보일 때					
45 교사를 무시하는 학부모를 만났을 때					
46 차량 시간 및 장소를 학부모 편의대로 하려고 할 때					
47 예민하거나 예의 없는 학부모를 만났을 때					
48 학부모 상담 때 자신의 자녀만을 먼저 배려해 주라고 할 때					
49 다양한 유형의 학부모들을 상대할 때					
50 학부모들이 자신의 아이한테만 지나친 관심을 요구할 때					
51 학부모들이 보육시설의 문제에 지나치게 관여를 할 때					

■ 원아관련 스트레스

문항내용	전혀 받지 않는다	가끔 받는다	보통 받는다	비교적 많이 받는다	매우 많이 받는다
52 수업시간에 영유아들이 제대로 집중하지 않을 때					
53 영유아들 마음대로 수업시간에 뛰어다니거나 돌아다니려고 할 때					
54 영유아들끼리 서로 다툴 때					

55 다른 영유아들과 어울리는 데 어려워하는 아이에게 격려해 주는데도 계속 의기소침해 있을 때					
56 내가 맡은 반에 항상 말썽을 일으키는 영유아들이 있을 때					
57 영유아들이 교사의 말을 이해하지 못하고 다른 일에 집중하려고 할 때					
58 선생님께 말대꾸를 하거나 교사가 먼저 인사했는데도 모르는 척할 때					
59 선생님이 먼저 영유아에게 상냥하게 대했는데도 이상한 반응을 보일 때					
60 교사를 이상한 눈으로 쳐다보고 아무 이유 없이 피하며 웃을 때					
61 말을 잘 듣지 않는 영유아들이 있을 때					
62 분리불안에 우는 영유아가 있을 때					
63 영유아들을 적절히 통제하지 못할 때					
64 영유아들이 어린이집에서 잘 적응하지 못할 때					
65 영유아들이 엄마와 떨어져서 어린이집에 오기 싫다고 할 때					
66 교사가 차량을 나갈 경우 갔다 와서 영유아들을 통제하기 힘들 때					
67 영유아들의 대소변 훈련이나 식사습관 지도로 힘이 들 때					
68 영유아들이 아플 경우 적절한 대처 방법을 모를 때					
69 부적응 영유아를 어떻게 지도해야 할지 모를 때					
70 영유아들의 특성 파악이 힘들 때					

■ 환경관련 스트레스

문항내용	전혀 받지 않는다	가끔 받는다	보통 받는다	비교적 많이 받는다	매우 많이 받는다
71 초등학교 이상의 교사와 동일한 경제적 대우를 받지 못할 때					
72 자기개발을 위한 시간이 부족할 때					
73 낮은 사회적 인식 때문에					
74 같은 교사로서 초등학교 이상의 교사와 차별 대우를 할 때					

15 부모보고형 자아탄력성 척도

척도개관

이 척도는 윤현희 등(2001)의 연구자들이 아동의 자아탄력성을 객관적으로 측정하고 그 구성요인들을 알아보기 위해 개발한 부모보고형의 척도다. 이들은 아동이 자신을 객관적으로 표현하거나 기술하기 힘들기 때문에 아동의 심리상태를 평가할 때는 아동을 가장 잘 아는 부모나 보호자가 주요한 정보원이 된다고 판단하여 부모보고형의 척도를 개발하였다.

이 척도에서 자아탄력성이란 내적 긴장이나 충동을 상황에 적절하게 억제하거나 분출함으로써 상황에 효율적이고 융통성 있게 대처하는 아동의 능력을 의미한다. 즉, 자아탄력성을 집중력과 인내력 그리고 공감 능력과 자신감을 포함하는 성격특성으로 보고 이것을 측정하고자 하였다. 이러한 성격 특징들이 결여되어 행동적 증상으로 나타나는 것이 병리라고 본다면 자아탄력적인 아동들은 병리를 유발할 수도 있는 상황을 극복하고 잘 적응한다는 선행 연구들이 있다. 따라서 자아탄력성이 높은 아동은 스트레스에 영향을 적게 받고, 환경 변화에 잘 적응할 것이라고 예측할 수 있다.

연구자들은 이 척도와 관련된 신뢰도와 타당도를 밝혀 척도가 유용하게 사용될 수 있음을 증명하였으나 타당도를 밝힌 연구대상이 초등학교 5~6학년에 국한되었으므로 해석과 활용에 신중을 기할 것을 당부하였다.

문항구성

총 24개 문항으로, '또래관계와 낙천성' '공감과 자기수용' '과제에 대한 집중력과 자신감' '이해력' '리더십'의 5개 요인으로 구성되어 있다.

'또래관계와 낙천성' 요인은 문항번호 1, 2, 4, 9, 10, 11, 18번의 7개 문항이 해당된다. 자신감을 나타내는 문항이 포함되어 있고, 밝은 표정과 유머감각을 나타내는 문항내용은 아동의 낙천성이 외적으로 표출된 것으로 볼 수 있으며, 또래관계가 좋거나 인기 있음 등의 내용을 포함하고 있다.

'공감과 자기수용' 요인은 문항번호 6, 7, 8, 12, 15, 20번의 6개 문항이 해당된다. 타인의 감정에 대한 공감, 배려와 충고를 받아들이고 자신의 상황을 인정할 줄 아는 자기수용성 등을 포함한다.

'과제에 대한 집중력과 자신감' 요인은 문항번호 3, 16, 17, 23, 24번의 5개 문항이 해당된다. 이 요인은 자아탄력성이 충동조절 능력이라는 개념과 가장 밀접하며 척도에 부적으로 부하되는 요인이다.

'이해력' 요인은 문항번호 13, 14, 19, 21번의 4개 문항으로, 타인의 언어 이해, 과제에 대한 효율적인 대처 등 지적 자원과 관계된 것으로 보인다.

'리더십' 요인은 문항번호 5, 22번의 2개 문항이며, 전체 척도에 부적으로 부하되는 요인이다.

채점 및 평가지침

아동을 잘 기술하는 것에 대하여 부모나 보호자가 문항을 읽고 가부의 여부를 응답하게 되어 있다.

반대로 채점해야 하는 문항은 다음 제시된 척도의 문항번호를 기준으로 3, 5, 6, 8, 15, 16, 17, 22, 23, 24번이며, 척도의 점수 범위는 0점에서 24점이다.

절단점과 관련하여 개발 연구에서는 20점 이상을 받은 아동들을 상위 27%로 자아탄력적인 집단으로, 14점 이하를 받은 27%를 비탄력적인 집단으로 구분하였으므로 해석과 집단 구분에 참고할 수 있다.

신뢰도와 타당도

24개 문항 전체에 대하여 전체 집단에서는 Cronbach's α가 .77이었으며 구성표본과 교차 타당화 표본에서는 .78로 나타나 척도를 구성하고 있는 문항들은 비교적 동질적인 내용들로 이루어져 있다고 볼 수 있다.

예언타당도와 관련하여 정상 집단을 대상으로 교사 평정을 통해 자아탄력적인 집단과 비탄력적인 집단으로 구분하여 t검증과 판별분석을 실시하였다. 그 결과, $t = 4.65(p<.01)$이었고 절단점 19점을 기준으로 평균 판별률이 70%였다. 또 정상 집단과 환아 집단을 대응시켜 t검증과 판별분석을 한 결과 $t = 6.91(p<.01)$로 모두 유의하였고, 절단점 16점을 기준으로 정확판별률은 79%였다. 이는 자아탄력성 척도 점수가 아동에 대한 임상적 판단지표는 될 수 없고 다만 아동의 부적응 가능성을 가늠해 볼 수 있는 자료로 사용될 수 있음을 의미한다.

구성타당도와 관련하여 스트레스 경험을 통제하였을 때 자아탄력적 아동과 비탄력적 아동이 적응상 어떤 차이를 보이는지 알아보고자 자아탄력성 절단점 14점과 스트레스 점수에 따라 정상아동을 네 집단으로 선별하여 비교하였다. 이때 비탄력적 집단은 스트레스 정도가 심할수록 적응 곤란이 심하였으나, 탄력적 집단은 전반적으로 스트레스 강도에 의한 영향이 크게 나타나지 않았다. 이 결과는 이론적으로 자아탄력성이 스트레스에 영향받지 않고 잘 적응할 수 있는 능력이라는 개념을 지지한다.

주요 참고문헌

윤현희, 홍창희, 이진환(2001). 부모보고형 자아탄력성 척도의 개발. 심리과학, 10(1), 33-53.

척 도

다음의 척도는 저작권 존중을 위하여 전문의 일부만을 실었다. 척도 전문이 필요한 경우 참고문헌을 통해 확인이 가능하다.

부모보고형 자아탄력성 척도

문항내용	그렇다	아니다
1 친구가 많다.		
2 유머감각이 있다.		
⋮		
4 놀이나 여러 가지 일을 잘 이끌어 간다.		
⋮		
6 나는 우리 아이가 다른 사람의 기분을 생각해 주지 않아 걱정될 때가 있다.		
⋮		
8 다른 아이들에 비해 참고 기다리지 못하는 것 같다.		
9 누구와도 잘 지낸다.		
⋮		
11 항상 밝은 표정이다.		

12 야단치거나 나무랄 일이 거의 없다.		
13 사람들이 우리 아이의 말을 귀 기울여 듣는 편이다.		
⋮		
15 충고를 잘 받아들이지 못하는 편이다.		
16 주의가 산만하다.		
⋮		
18 자신감에 차 있다는 말을 자주 듣는다.		
19 다른 사람의 말을 잘 이해하는 것 같다.		
⋮		
21 나는 우리 아이와 매우 친밀하다.		
22 우리 아이는 학교나 모임에서 간부로 뽑힌 적이 한 번도 없다.		
23 집중력이 필요한 과제를 싫어하고 피하려고 한다.		
⋮		

16 북한이탈 청소년의 적응유연성 척도

척도개관

Radke-Yarrow와 Brown(1993)의 적응유연성 결과 모델에서는 적응유연성을 어떠한 병리적 진단도 받지 않고 진단의 기준에 달하는 경계선에도 있지 않는 특성, 즉 고위험에도 불구하고 정신병리를 지니고 있지 않는 것을 의미한다. 이 모델을 근거로 하여 김현아 등(2012)은 탈북 후 남한 사회에서 문화적응 스트레스와 정신병리를 경험하고 있지 않는 북한이탈 청소년의 적응유연한 특성이 무엇인지 밝히고, 보호요인을 이해하여 개입 방안을 마련하는 데 목적을 두며, 북한이탈 청소년의 적응유연성을 객관적으로 측정할 수 있는 척도를 개발하였다.

이 척도는 북한이탈 주민의 심리적 증상에 대해 긍정적으로 왜곡해서 보고하는 경향이 있다는 점을 고려하여 사회적 바람직성과 같은 수검태도를 반영하여 개발되었다. 이를 통해 북한이탈 청소년들의 적응유연성 정도를 객관적으로 측정해 봄으로써 정규학교 및 대안학교, 학교 밖 북한이탈 청소년들이 겪고 있는 심리적 문제에 대한 대처능력과 병리로부터의 회복 가능성을 판단하고 개입목표를 설정하는 데 도움을 줄 것으로 기대된다. 한편 척도 개발 시 설문에 협조적인 북한이탈 청소년들이 표본으로 선정되었을 가능성이 있으므로 일반화에는 무리가 있을 수 있다는 점을 인식할 필요가 있다. 또한 정신병리적 특성을 보완해 주는 척도로 개발하였고 자존감, 정신건강, 문화적응스트레스와 같은 심리적 적응지표를 사용하였기 때문에 정규학교 재학 및 학업적응에 일반화시킬 때는 제한이 있을 수 있다.

문항구성

총 13개 문항으로, '강인성' '친밀감' '목표의식'의 3개 요인으로 구성되어 있다.

첫 번째 요인은 '강인성'으로, 문항번호 7, 8, 12, 13, 15번에 해당되며, 도전이나 역경을 잘 극복하고 꿋꿋이 견뎌 내는 내용을 주로 설명하고 있다. 두 번째 요인은 '친밀감'으로, 문항번호 11, 14, 17, 18번이 해당되며 다른 사람들과 쉽게 사귀고 친밀감을 느끼는 특성을 반영하는 문항들로 구성되어 있다. 세 번째 요인은 '목표의식'으로, 문항번호 3, 5, 6, 10번이 해당되고 구체적인 목표 설정 및 목표를 실현하고자 하는 능력과 관련된 문항으로 구성되어 있다.

채점 및 평가지침

응답자는 각 문항에 대해 자신을 잘 기술하는 정도를 자기보고식으로 응답하도록 구성되어 있다.

각 문항당 부여된 점수를 합산하여 총점을 낼 수 있으며, 점수가 높을수록 북한이탈 청소년의 적응유연성 수준이 높은 것을 의미한다.

신뢰도와 타당도

13개 문항 전체에 대한 Cronbach's α는 .88로 매우 높게 나타났다. 3개 하위요인별 Cronbach's α는 .73에서 .85의 범위로 나타났다. 그리고 Spearman-Brown 공식으로 기우반분 신뢰도계수를 산출한 결과, 전체는 .86, 각 하위요인은 .72에서 .86의 범위로 나타났다. 이것은 적응유연성 척도 및 각 하위요인이 적절한 신뢰도를 갖추었다는 것을 의미한다.

확인적 요인분석 결과, 북한이탈 청소년의 적응유연성 척도의 3개 요인 구조가 타당한 것으로 나타났다. 적응유연성 전체와 각 하위요인 간 상관은 .803에서 .875로 각 하위요인이 전체 적응유연성과 관련이 높고, 하위요인 간 상관은 .483에서 .593으로 하위요인 간에는 변별력을 갖춘 양호한 척도로 해석할 수 있다.

적응유연성 척도와 자존감 척도와의 상관관계를 분석하여 수렴타당도를 알아본 결과, 유의한 정적 상관을 보였고($r = .57$, $p < .001$), 하위요인인 강인성, 친밀감, 목표의식(각각의 $r = .470$, $.455$, $.524$, $p < .001$)에서도 유의한 정적 상관을 나타냈다. 이는 자존감이 높을수록 적응유연성이 높게 나타나는 것으로 이 척도의 수렴타당도가 높음을 반영한다.

구인타당도 검증을 위해 북한이탈 청소년 적응유연성 척도와 문화적응스트레스, HSCL-37 척도 간의 상관관계를 분석하였다. 그 결과, 문화적응스트레스와 적응유연성 척도 전체 및 하위요인 중 친밀감, 목표의식 영역에서 통계적으로 유의한 정적 상관을 나타냈다. 적응유연성 전체와 내현화 전체 척도와는 -.285로 유의한 부적 상관을 나타내었고, 적응유연성 하위요인 간에도 -.194에서 -.265로 모두 유의한 부적 상관을 나타내었다.

또한 변별타당도와 관련하여 적응유연성 수준(고, 중, 저)에 따라 차이를 알아본 결과, 적응유연성과 정신건강(HSCL-37 우울, 불안, 위기)과는 부적 상관을 이루고 있고 문화적응스트레스와는 부적 상관을 보였다.

주요 참고문헌

김현아, 조영아, 김연희(2012). 북한이탈 청소년의 적응유연성 척도 개발을 위한 타당화 연구. 한국심리학회지: 학교, 9(1), 25-46.

척 도

다음은 척도 내용을 토대로 재구성한 것이므로 실제 문항 순서와 구성이 원척도와 다를 수 있으니 참고하시기 바랍니다.

북한이탈 청소년의 적응유연성 척도

문항내용	전혀 그렇지 않다	그렇지 않다	보통이다	그렇다	매우 그렇다
1 남한에서 꼭 이루고 싶은 꿈이 있다.					
2 나는 내가 꿈꾸는 목표를 이룰 수 있는 능력이 있다.					
3 나는 구체적인 목표의식을 갖고 있다.					
4 새로운 문제에 부딪혀도 나는 잘 처리해 나갈 수 있다.					
5 나는 역경과 고난을 잘 이겨 낸다.					
6 목표가 생기면 구체적인 방법을 찾아본다.					
7 나는 사람과 만나는 것이 편하다.					
8 나는 스스로 어려움을 잘 견디는 강한 사람이라고 생각한다.					
9 나는 어떤 위치에 있든지 꿋꿋이 딛고 일어서는 성격이다.					
10 나는 내 문제를 의논할 수 있는 친한 사람이 있다.					
11 다른 사람보다 의지력이 강하다.					
12 나는 친한 사람들이 많다.					
13 친한 사람과 마음속 이야기를 함께 나눈다.					

17 분노대응 척도

척도개관

분노는 핵심적인 스트레스 반응으로 알려져 있다. 사람들은 분노를 억압하거나 표출함으로 분노에 대응하는데, 이러한 개인의 대응능력은 건강과 질병과정에 영향을 미치는 중요한 변수로 강조되고 있다.

분노대응에 관한 평가 도구로는 외국에서 개발된 것으로 분노억압, 분노표출, 분노통제를 평가할 수 있는 상태특성 분노표출 척도(State Trait Anger Expression Inventory)가 있다. 이외에도 분노대응을 원망적 대응과 사고적 대응으로 구분한 경우도 있다. 국내에서는 외국의 분노 척도를 번안하여 타당도를 조사한 척도들이 이미 발표되어 있고, 문화적 차이에 따라 분노대응 방법이 다를 수 있다는 점을 고려하여 국내에서 개발된 척도도 있다. 여기서는 국내에서 직접 개발한 척도로서 고경봉, 박중규(2005)의 분노대응 척도(Anger Coping Scale)를 소개한다. 이 척도는 우리나라 정상인들의 감정적, 인지적 및 행동적인 분노대응 방법을 모두 포함하여 제작되었다.

문항구성

총 19개 문항으로, 자기보고식 5점 척도로 구성되어 있다. '행동적 공격성' '문제해결적 대응' '언어적 공격성' '긴장완화적 대응' '분노억압'의 5개 하위척도가 있다. '행동적 공격성'은 3개 문항으로, 문항번호 5, 10, 15번이 해당된다. '문제해결적 대응'은 5개 문항으로, 문항번호 1, 6, 11, 16, 19번이 해당된다. '언어적 공격성'은 4개 문항으로, 문항번호 2, 7, 12, 17번이 해당된다. '긴장완화적 대응'은 4개 문항으로, 3, 8, 13, 18번이며, '분노억압' 문항번호 4, 9, 14번의 3개 문항으로 이루어져 있다.

채점 및 평가지침

'전혀 그렇지 않다'에 0점, '약간 그렇다'에 1점, '웬만큼 그렇다'에 2점, '상당히 그렇다'에 3점, '아주 그렇다'에 4점을 부여한다.

각 문항은 0점에서 4점까지 점수 범위를 지닐 수 있으며, 하위척도별로 각 문항의 점수를 합산하여 분노에 어떠한 대응 방식을 사용하는지 그 수준을 파악할 수 있다.

신뢰도와 타당도

2주 간격으로 검사-재검사 신뢰도를 알아본 결과, 분노대응 척도의 5개 하위척도 점수 간 상관계수는 .39에서 .78로 모두 유의하게 높았다. 분노대응 척도의 5개 하위척도의 내적 일치도도 .58에서 .86으로 유의하게 높았다.

공존타당도와 관련하여, 분노대응 척도의 하위척도 점수와 공격성 질문지(Aggression Questionnaire), 상태특성 분노표현 척도(State Trait Anger Expression Inventory), 스트레스 반응(Stress Response Inventory)의 분노 및 공격성 하위척도, SCL-90-R의 적대감 하위척도 점수를 비교하였다. 그 결과, 분노대응 척도의 행동적 공격성, 언어적 공격성은 공격성 질문지의 4개 하위척도 및 척도 전체 점수, 상태특성 분노표출 척도의 분노표출 및 분노억압 하위척도, 스트레스 반응 척도의 분노 및 공격성 하위척도, SCL-90-R의 적대감 하위척도 점수와 각각 유의한 양상관성을 보였다. 그리고 분노억압은 상태특성 분노표출 척도의 분노억압 및 분노통제 하위척도 점수와 공격성 질문지의 언어적 공격성, 적대감 하위척도 및 전체 점수와 스트레스 반응 척도의 분노 하위척도 점수와 각각 유의한 양의 상관성을 보였다. 이 결과들은 분노대응 척도가 비교적 공존타당도가 높은 척도임을 시사한다.

변별타당도와 관련하여, 우울장애군과 정상군 간 분노대응 척도의 하위척도 점수를 비교한 결과, 우울장애군이 정상군보다 분노억압 하위척도 점수가 유의하게 높은 반면, 정상군은 행동적 공격성 및 긴장완화적 대응 하위척도 점수가 유의하게 높았다.

주요 참고문헌

고경봉, 박중규(2005). 분노대응 척도의 개발. 대한신경정신의학회지, 44(4), 477-488.

척 도

분노대응 척도

다음 문항들은 일반적으로 여러분이 화가 났을 때 나타낼 수 있는 것들입니다. 각 문항에서 자신의 대응 방법으로 가장 잘 나타내는 것을 한 가지 골라서 ○표를 하십시오. 문항을 하나도 빠뜨리지 말고 반드시 한 곳에만 표시하십시오.

문항내용	전혀 그렇지 않다	약간 그렇다	웬만큼 그렇다	상당히 그렇다	아주 그렇다
1 상대방의 행동이 옳았는지를 생각해 본다.					
2 상대방과 말다툼을 한다.					
3 유머로 웃어넘긴다.					
4 누구에게도 말하지 않고 참는다.					
5 상대방과 몸싸움을 한다.					
6 주변 사람들과 상의하고 조언을 구한다.					
7 상대방에게 화(짜증)를 낸다.					
8 운동을 한다.					
9 화나게 한 상대방을 피하려고 한다.					
10 물건을 던지거나 부순다.					
11 내 자신의 행동이 옳았는지를 생각해 본다.					
12 제삼자에게 화풀이(짜증)를 한다.					
13 목욕을 한다(사우나, 한증막, 찜질방 등).					
14 잊으려고 애쓴다.					
15 상대방을 때린다.					
16 문제의 원인을 찾아본 후에 당사자와 대화로 해결하려고 한다.					
17 소리를 지른다.					
18 명언(성경, 불경구절, 속담 등)을 떠올리며 화를 조절한다.					
19 상황을 긍정적으로 받아들이려고 노력한다.					

18 사회재적응 평가 척도

척도개관

Holmes 등(1967)은 '스트레스'라는 막연한 개념에 '생활변화(life change)'라는 개념을 도입시켰다. 이러한 관점에서 스트레스를 '생활변화에 의해 깨어진 정신생리적 안정을 되찾아 본래의 안정된 상태로 돌아가는 데 필요한 시간과 노력의 양'으로 정의했다. 생활변화에 대한 개인의 평균적 지각에 근거를 두고 이를 정량화한 척도인 사회재적응 평가 척도(Social Readjustment Rating Scale)를 만들어 질병발생과 생활변화의 관계를 규명하고자 시도하였다.

국내에서는 홍강의와 정도운(1982)이 사회재적응 평가 척도의 43개 생활변화 문항 중 '크리스마스' 관련 문항을 제외한 문항을 전부 포함시켜 한국 실정에 적합한 문항들을 확정하여 소개하였다.

문항구성

총 63개 문항으로, 6개의 범주인 '결혼생활' '건강생활' '직장생활' '가정과 가족생활' '경제생활' 그리고 '개인생활 및 사회생활'로 구분될 수 있다.

그 내용은 각 생활변화사건을 점수 순위로 배열한 것인데 '결혼'이라는 사건을 기준으로 각 문항들이 고유 평가치를 가지고 있다. 다음 척도에 고유 평가치를 함께 수록하였다.

채점 및 평가지침

생활사건들의 내용으로 구성된 각 문항들에 대해 응답자는 지난 1년간 경험한 문항별 경험 횟수를 표시하도록 되어 있다. 그 경험 횟수에 대응하는 평가치를 곱하여 각 문항별 점수를 낸 다음 합계를 산출한다. 이것이 그 사람의 연간생활변화량(Life Change Unit: LUC)이다.

신뢰도와 타당도

한국인을 대상으로 실시한 사회재적응 평가 척도와 Holmes 등(1967)의 사회재적응 평가 척도의 대응하는 문항들의 점수와 그 순위를 비교하였다. 나열 순위의 상관성은 .90이었고 유의도 수준은 $P<.001$이었다. 따라서 횡문화적 비교에서 점수와 순위에서 문화에 다른 차이가 있으나 어느 문화권에서나 생활변화 문항들의 중요성 및 대응하는 문항들의 순서는 극히 비슷하여 생활변화 연구방법이 보편적으로 통용될 수 있음을 시사한다.

주요 참고문헌

홍강의, 정도운(1982). 사회재적응 평가 척도의 제작. 대한신경정신의학회지, 21(1), 123-136.

Holmes, T. H., Rahe, R. H. (1967). *The Social Readjustment Rating Scale*. Res: J. Psychosomat.

척 도

다음 척도 내용은 사회재적응 평가치 표를 재구성한 것이므로 실제 문항 순서와 구성이 원척도와 다를 수 있으니 참고하시기 바랍니다. 평가치는 홍강의, 정도운(1982)의 연구에서 발표된 평균 값을 제시하였습니다.

사회재적응 평가 척도

다음은 일상생활에서 겪을 수 있는 생활변화사건에 대한 문항들입니다. 지난 1년 동안 경험한 사건들이 있으면 경험 횟수 란에 횟수를 표시해 주시길 바랍니다.

생활변화사건	경험 횟수	평가치 평균
1 자식의 죽음		74
2 남편이나 아내의 죽음		73
3 부모의 죽음		66
4 이혼		63
5 형제의 죽음		60
6 남편이나 부인 외의 사람과의 성관계		59
7 별거했다가 재결합		54
8 부모가 이혼이나 재혼		53
9 별거		51
10 해고나 파면을 당함		50
11 친한 친구의 죽음		50
12 결혼		50
13 감옥에 갇힘		49
14 결혼 약속이나 약혼		44

15 큰 병에 걸리거나 큰 부상을 당하는 것	44
16 사업상의 큰 재정비(예, 타 회사와의 합병, 재조직, 파산 등)	43
17 직업의 종류를 바꾸는 것	43
18 정년퇴직	41
19 해외취업	39
20 유산함	38
21 임신	37
22 입시나 취업의 실패	37
23 자신이 집을 떠남(예, 결혼이나 군대, 기숙사에 가기 위해)	36
24 새로운 가족이 생김(예, 타 회사와의 합병, 재조직, 파산 등)	36
25 식구 중 한 사람의 건강이나 행동의 큰 변화	35
26 어떤 일에서 훌륭한 성과를 거둠	35
27 주택이나 사업체나 부동산을 사는 것	35
28 정치적 신념의 변화	35
29 시집식구나 처가식구들 및 기타 친척과의 문제가 생김	34
30 학업의 시작이나 중단	34
31 부채를 짐	34
32 직책의 종류를 바꾸는 것	34
33 친밀한 사람과 거리가 멀어지는 것	34
34 금전상의 큰 손실(예, 담보물을 빼앗기거나 계가 깨지는 것, 사기, 도난당함)	34
35 성생활의 어려움	33
36 같은 일을 하는 다른 직장으로 옮기는 것	33
37 손자 · 손녀가 태어남	32
38 직장에서의 책임량이 크게 증가하거나 감소하는 것(예, 승진, 강등, 전근)	32
39 직장 내의 윗사람과의 말썽	31

40 부인이 직장에 새로 나가거나, 나가던 직장을 그만둠		31
41 체면이 손상되는 일이 생김		31
42 직장에서 일하는 시간이나 조건의 큰 변화		31
43 소득상의 큰 변화(예, 평소보다 돈을 덜 벌거나 더 벌게 되는 것)		30
44 종교나 믿음의 큰 변화(예, 평소보다 교회에 더 또는 덜 나가는 것)		29
45 주거환경의 큰 변화(예, 새 집을 지음, 집수리, 집이 낡게 되거나 집 동네의 환경이 나빠짐)		29
46 이사		29
47 부부싸움을 하는 횟수의 큰 변화(평소보다 더 또는 덜 싸우게 됨)		29
48 가까운 장래 문제에 대해 큰 결심을 하는 것		28
49 자가용 자동차나 비슷한 금액의 물품을 사는 것		28
50 새 친구를 사귀거나 모르던 사람과 밀접한 관계를 맺음		27
51 계나 정기적금에 투자하는 것		27
52 여가선용의 방법이나 여가선용 시간의 큰 변화		26
53 가족끼리 모이는 횟수의 큰 변화(예, 평소보다 더 또는 덜 만나는 것)		26
54 수면시간의 큰 변화(수면의 증가나 감소 또는 취침시간이 달라지는 것)		25
55 식사 습관의 큰 변화(식욕의 증가나 감소 또는 식사하는 장소나 시간이 바뀌는 것)		25
56 개인적 습관의 변화(옷차림, 생활양식, 친구관계 등)		25
57 전학		24
58 사회활동의 큰 변화(예, 클럽활동, 영화구경, 방문 등)		23
59 텔레비전이나 냉장고 기타 비슷한 금액의 물품을 사는 것		22
60 가벼운 위법행위(예, 교통규칙 위반, 벌금 등)		22
61 이성교제의 어려움(예, 연애실패 등)		22
62 휴가		21
63 군입대		19

19 사회심리적 건강 측정도구

척도개관

외국에서는 General Health Questionnaire-60(GHQ-60) 척도가 스트레스 수준을 측정함에 있어 필요한 내용들을 포괄적으로 포함하고 있고, 다양한 연구대상 집단을 대상으로 신뢰도와 타당도가 검증되어 측정도구로서 높이 평가받아 왔다. 이를 기초로 장세진(1993)은 우리나라 현실에 맞게 GHQ를 수정하여 45개 항목으로 축소된 집단용 스트레스 측정도구인 사회심리적 건강 측정도구(Psychosocial Well-being Index: PWI)를 제작하였고 신뢰도와 타당도를 검증하였다.

이 척도는 정상적으로 일상생활을 영위해 나가고 있는 사람들을 대상으로 스트레스 수준을 평가하고 스트레스 수준과 상관성을 갖는 요인들을 발견하며 조정 기전을 탐색할 수 있는 지표로서 개발되었다. 정신과적 증상이나 행동양식을 정상인과 구별하거나 진단하기 위해 만들어진 것은 아니므로 스트레스로 인한 생리적, 심리적 반응 증상뿐 아니라 일상적 생활을 수행해 나가는 데 필요한 사회적 수행능력이나 자기 신뢰 그리고 일반 건강의 측면이 포함되었다.

PWI는 스트레스 수준을 반영한 부정적 측면과 긍정적 측면을 동시에 포괄하는 도구로, 최근 몇 주간의 육체적, 심리적 상태를 묻는 항목으로 구성되어 있다. 또 45개 문항의 원척도를 기초로 18개 문항의 단축형인 SF-PWI(장세진, 2000)도 개발되어 활용되고 있다.

문항구성

스트레스를 평가하는 문항으로 총 45개 문항, 단축형은 18개 문항이다. 이 척도는 4개 요인으로 구성되어 있는데, 요인 1은 주로 우울증과 불안을 내타내는 문항들로 구성되었고, 요인 2는 사회적 역할 수행 및 자기 신뢰의 문항들이 포함되었으며, 요인 3은 수면장애 및 우울, 요인 4에는 일반 건강 및 활력 문항 등으로 구성되어 있다.

채점 및 평가지침

서술문의 형식으로 된 각 문항에 대해 응답자는 리커트식 4점 척도로 평정하도록 되어 있다. 응답에 따라 '전혀 그렇지 않다'에 0점, '약간(이따금) 그렇다'에 1점, '대부분 그렇다'에 2점, '항상 그렇다'에 3점을 부여한다.

총점을 합하여 스트레스 수준을 측정하며, 45개 문항형의 경우 0점에서 135점의 점수 범위를 지니고 단축형의 경우 0점에서 54점의 점수 범위를 지닌다. 점수가 높을수록 스트레스가 높음을 의미한다.

스트레스 지수의 기준점(cutting point)은 45개 문항일 경우 63점으로, 63점 이상은 고위험 스트레스 집단, 23~62점은 잠재적 스트레스 집단, 23점 미만은 건강한 집단으로 규정할 수 있다. 18개 문항일 경우 0~8점은 건강군, 9~26점은 잠재적 스트레스군, 27점 이상은 고위험 스트레스군으로 분류될 수 있다.

신뢰도와 타당도

개발 당시 60개 문항에 대한 전체 Chronbach's α는 .94였다. 또 반분법에 의한 Guttman 신뢰도 계수는 .88이었다. GHQ-60, GHQ-30, GHQ-28, GHQ-20, GHQ-12와의 상관관계는 .91에서 .99로 높은 신뢰도와 타당도를 보였다.

18개 문항에 대한 Chronbach's α는 .90이었다. PWI와 PWI-SF와 상관은 .95로 높은 상관을 보였고 4개 요인 간에도 비교적 높은 상관성이 나타났다.

주요 참고문헌

장세진(2000). 건강통계자료 수집 및 측정의 표준화, 제4장 스트레스. 서울: 계축문화사. 92-143.

김정희(2008). 사회심리적 건강 측정도구의 신뢰도 및 타당도 검정. 대한간호학회지, 29(3), 21-40.

척 도

사회심리적 건강 측정도구(기본형)

다음의 질문은 최근 몇 주 동안에 경험하셨거나 느끼셨던 육체적, 심리적 상태에 대해 물어본 것입니다. 해당되는 곳에 ✓표 해 주십시오.

문항내용	전혀 그렇지 않다	대부분 그렇다	약간 (이따금) 그렇다	항상 그렇다
1 현재 매우 편안하며 건강하다고 느낀다.				
2 기력이 떨어지고 건강이 나빠졌다고 느낀다.				
3 머리가 띵하고 통증을 느낀다.				
4 가슴이 죄이거나 압박감을 느낀다.				

5 하고 있는 일에 집중할 수 있다.				
6 사람이 보는 앞에서 내가 실패(좌절)하지 않을까 하는 두려움이 있다.				
7 정신 상태가 혼란스럽고 오락가락한다.				
8 잠자다 깨고 난 후 다시 잠을 자기가 어렵다.				
9 잠자고 난 후에도 개운한 감이 없다.				
10 매우 피곤하고 지쳐 있어 먹는 것조차도 힘들다고 느낀다.				
11 근심걱정 때문에 편안하게 잠을 자지 못한다.				
12 정신이 맑고 깨끗하다고 느낀다.				
13 기력(원기)이 왕성함을 느낀다.				
14 잠이 드는 데 어려움을 느낀다.				
15 밤이면 심란해지거나 불안해진다.				
16 신경이 너무 예민하여 일을 할 수 없음을 느낀다.				
17 평상시 일을 할 때 의욕이나 흥미를 잃고 있다.				
18 개인적인 취미 생활에 흥미가 떨어지고 있다.				
19 대다수의 사람들과 마찬가지로 나를 잘 관리해 나간다고 생각한다.				
20 전체적으로 현재 내가 하고 있는 일은 잘 되어 가고 있다고 느낀다.				
21 직장에서 일을 하거나 집안일을 시작할 때 일이 지체되거나 늦어진다고 생각된다.				
22 내가 행한 일의 방법이나 절차에 만족한다.				
23 내 주위에 있는 사람들에 대해 온정이나 정감을 느낄 수 있다.				
24 다른 사람들과 쉽게 잘 어울린다고 생각한다.				
25 내가 남에게 웃음거리가 되었을 경우 다른 사람들과 말하기가 두렵다.				
26 원하는 시간보다 잠에서 일찍 깨게 된다.				

27 나는 현재 쓸모 있는 역할을 하고 있다고 느낀다.				
28 어떤 일에 대해 결정할 수 있다고 느낀다.				
29 어떤 일에 바로 착수(시작)할 수 있다.				
30 해야 하는 일들에 대해 두려움을 느낀다.				
31 긴장 속에서 살고 있다고 느낀다.				
32 닥친 어려움을 극복할 수 없다고 느낀다.				
33 정상적인 일상생활을 즐길 수 있다.				
34 일하는 것이 힘들게 느껴진다.				
35 안절부절못하거나 성질이 심술궂게 된다.				
36 아무런 이유 없이 겁이 나고 공포감을 느낀다.				
37 나에게 닥친 문제를 해결해 나갈 수 있다.				
38 모든 것(사람)에 비해 뒤져 있다고 생각한다.				
39 불행하고 우울함을 느낀다.				
40 나 자신에 대한 신뢰감이 없어지고 있다.				
41 삶의 희망이 없다고 느낀다.				
42 나의 미래(장래)는 희망이 있다고 생각한다.				
43 모든 것을 고려해 볼 때 행복감을 느낀다.				
44 신경이 쓰이고 흥분됨을 느낀다.				
45 삶을 살아갈 만한 가치가 있다고 느낀다.				

사회심리적 건강 측정도구(단축형)

문항내용	전혀 그렇지 않다	대부분 그렇다	약간 (이따금) 그렇다	항상 그렇다
1 현재 매우 편안하며 건강하다고 느낀다.				
2 잠자고 난 후에도 개운한 감이 없다.				
3 매우 피곤하고 지쳐 있어 먹는 것조차도 힘들다고 느낀다.				
4 근심걱정 때문에 편안하게 잠을 자지 못한다.				
5 정신이 맑고 깨끗하다고 느낀다.				
6 기력(원기)이 왕성함을 느낀다.				
7 밤이면 심란해지거나 불안해진다.				
8 대다수의 사람들과 마찬가지로 나를 잘 관리해 나간다고 생각한다.				
9 전체적으로 현재 내가 하고 있는 일은 잘 되어가고 있다고 느낀다.				
10 내가 행한 일의 방법이나 절차에 만족한다.				
11 어떤 일에 바로 착수(시작)할 수 있다.				
12 정상적인 일상생활을 즐길 수 있다.				
13 안절부절못하거나 성질이 심술궂게 된다.				
14 나에게 닥친 문제를 해결해 나갈 수 있다.				
15 불행하고 우울함을 느낀다.				
16 나 자신에 대한 신뢰감이 없어지고 있다.				
17 모든 것을 고려해 볼 때 행복감을 느낀다.				
18 삶을 살아갈 만한 가치가 있다고 느낀다.				

20 사회적 지지 척도

척도개관

사회적 지지란 일반적으로 사회적 관계를 통해서 타인들로부터 얻을 수 있는 긍정적인 자원을 의미하는 것으로, House(1981)는 정서적 관심(호의, 사랑, 연민), 수단적 도움(물질, 서비스 제공), 주위환경에 대한 정보 그리고 자기 자신에 대한 긍정적 평가 등의 내용을 포함하는 대인적 행위로 규정하였다.

사회적 지지의 주효과로서는 스트레스의 원인과 결과와는 관계없이 개인에게 소속감, 존경, 사회적 인식, 애정, 부양에 대한 개인적 욕구를 충족시켜 줌으로써 심리를 안정시키는 직접적이고 긍정적인 영향력을 들 수 있다. 사회적 지지는 일상생활 속에서 겪게 되는 사건들로부터 나타나는 결과가 개개인의 심리적 상태에 미치는 영향, 즉 스트레스를 완화시켜 주거나 완충해 주는 역할을 한다.

여기서는 사회적 지지를 측정할 수 있는 척도로 House와 Wells(1978)가 개발한 사회적 지지 도구를 정홍채(2008)가 사회복지기관 종사자의 직무스트레스에 관한 연구에서 사용하기 위해 수정 보완한 것을 실었다. House는 사회적 지지를 정서적, 평가적, 정보적, 도구적 지지로 구분하였으나, 이 척도에서는 사회적 지지를 기능적인 측면에서 사람들이 사회적 관계를 통해 얻을 수 있는 정서적 지지로 보고, 김정인이(1997)이 사용한 8개 설문을 가족, 상사, 동료로 구분하여 문항을 구성하였다. 이 측정도구를 사용하여 기업 근로자의 환경자원이라 할 수 있는 상사, 회사 동료 및 가족이나 친구의 사회적 지지 정도를 측정할 수 있다.

문항구성

총 24개 문항으로 되어 있다. 어느 정도 지지를 받고 있다고 지각하고 있는지를 측정하기 위한 8개 항목의 설문 내용에 대해 상사, 동료, 가족/친구의 3개 문항으로 구성되어 있다.

문항내용은 어려운 문제 봉착 시 의지 여부, 업무관련 문제 경청, 자신의 문제에 관한 대화, 업무수행 시 도움, 칭찬, 지원, 관심, 위양으로 이루어져 있다.

채점 및 평가지침

응답자는 상사, 동료, 가족이나 친구로부터 받는 지지 정도를 5점의 리커트식 척도에 표시하게 되어 있다. 응답에 따라 각 문항에 '전혀 그렇지 않다'에 1점, '그렇지 않다'에 2점, '보통이다'에 3점, '약간 그렇다'에 4점, '매우 그렇다'에 5점으로 채점할 수 있다.

총점의 범위는 24점에서 120까지이며, 점수가 높을수록 상사, 동료, 가족/친구들로 부터 많은 지지를 받고 있는 상태를 의미한다.

신뢰도와 타당도

전체 문항에 대한 Cronbach' α는 .93이었고 상사 하위척도의 신뢰도 계수는 .93, 동료는 .90, 가족은 .88로 나타났다.

주요 참고문헌

정홍채(2008). 사회복지기관 종사자의 직무스트레스에 관한 연구. 강남대학교 사회복지전문대학원 석사학위 청구논문.

House, J. S., & Wells (1978). Occupational stress, social support, and health in A. Mclean, G. Black, & M. Colligan (eds.) Redusing Occupational Stress: Proceeding of a Conference. DHEW(NIOSH) Publication. 78-140.

척 도

사회적 지지 척도

다음은 귀하의 사회적 지지에 대한 질문입니다. 각 설문 내용을 읽고 각각의 사람들에 대하여 체크해 주세요.

문항내용		전혀 그렇지 않다	그렇지 않다	보통이다	약간 그렇다	매우 그렇다
1 어려운 문제에 직면했을 때 다음 사람들에게 얼마나 의지할 수 있습니까?	상사 동료 가족/친구					
2 다음 사람들은 업무수행과 관련된 문제에 대하여 얼마나 경청해 주나요?	상사 동료 가족/친구					
3 다음 사람들과 당신의 문제를 얼마나 터놓고 이야기할 수 있습니까?	상사 동료 가족/친구					

4 다음 사람들은 업무를 수행할 때 얼마나 많은 도움을 주나요?	상사 동료 가족/친구					
5 다음 사람들은 업무를 훌륭히 수행하였을 때 칭찬을 아끼지 않는다.	상사 동료 가족/친구					
6 다음 사람들은 내가 이용자들과 갈등이 있을 때 필요한 지원을 아끼지 않는다.	상사 동료 가족/친구					
7 다음 사람들은 업무문제에 관하여 지대한 관심을 보여 준다.	상사 동료 가족/친구					
8 다음 사람들은 내가 많은 일을 책임지고 할 수 있도록 권한을 직, 간접적으로 부여해 주고 있다.	상사 동료 가족/친구					

21 상담자 직무스트레스 척도

척도개관

상담자는 집중적인 인간관계 형성을 통해 무형의 서비스를 제공하는 사람이다. 따라서 직무스트레스로 인한 심리적 소진과 직무 만족도의 저하는 내담자와의 관계나 서비스의 효과에 결정적인 악영향을 미칠 수 있다. 상담자가 겪는 직무스트레스 요인과 직무 만족도, 심리적 소진과 같은 심리적 문제는 중요한 연구주제다. 이러한 연구목적에 부합하는 상담자의 직무스트레스를 신뢰성 있고 타당하게 측정하는 도구가 필요하다. 이에 이미숙(2011)은 청소년 관련 상담기관이나 대학상담기관 근무자들을 대상으로 상담자의 직무스트레스 유발 요인을 규명하고 이를 토대로 상담자 직무스트레스 척도를 개발하였다.

이 척도는 국내 상담자를 대상으로 한 현장 조사를 통해 상담자들이 실질적으로 경험하는 직업적 특성이 잘 반영된 직무스트레스 요인을 중심으로 문항이 구성되었다. 또 기존 척도에 경험적 자료를 더하여 상담자의 일반적 직무와 관련된 스트레스와 고유영역인 상담과 관련된 스트레스를 포괄적으로 측정하기에 적합하며 국내의 문화적 특성과 상담실정이 잘 반영된 도구로 개발되었다. 이 척도는 상담자가 자신의 직무스트레스를 정확히 측정하여 잘 관리하고 대처함으로써 소진에 이르지 않게 도우며, 상담자 직무 환경 개선에 뒷받침할 수 있는 기초자료 제공에 도움을 줄 것이다.

문항구성

총 48개 문항의 7개 요인으로 이루어져 있다. 7개 요인은 '조직 내 관계' '상담자에 대한 사회적 기대' '부적절한 대우' '어려운 내담자' '상담역량 부족' '업무과다' '근무환경' 요인들이다.

구체적으로 살펴보면, '조직 내 관계' 요인은 9개 문항으로, 문항번호 1, 8, 15, 22, 29, 35, 41, 46, 48번이 해당되며, 동료, 상급자, 하급자와의 조직 내 관계적인 내용을 담고 있는 문항들을 포함하고 있다. '상담자에 대한 사회적 기대' 요인은 7개 문항으로, 문항번호 2, 9, 16, 23, 30, 36, 42번이 해당되며, 상담자에 대한 직업적 특성으로 인하여 일반사람들의 기대를 담고 있는 문항들을 포함하고 있다. '부적절한 대우' 요인은 7개 문항으로, 문항번호 3, 10, 17, 24, 31, 37, 43번이 해당되며, 상담자들에 대한 대우가 부적절하고 가치를 인정받지 못하는 등의 내용을 포함하고 있다. '어려운 내담자' 요인은 8개 문항으로, 문항번호 4, 11, 18, 25, 32, 38, 44, 47번이 해당되며, 상담과정에서 내담자의 해결 불가능한 문제나 해결되어야만 하는 문제, 자원이 빈약하거나 동기가 약한 내담자로 인한 어려움, 문제의 심각성 등 내담자의 문제와 관련한 내용들이 포함되어 있다. '상담역량 부족'은 6개 문항으로, 문항번호 5, 12, 19, 26, 33, 39번이 해당되며, 전문성과 관련하여 상담과정에서 경험할 수 있는 역량 부족과 관련된 내용들을 포함하고 있다. '업무과다' 요인은 7개 문항으로, 문항번호 6, 13, 20, 27, 34, 40, 45번이 해당되며, 과다한 역할이나 업무와 관련된 문항을 포함하고 있다. '근무환경' 요인은 4개 문항으로, 7, 14, 21, 28번이 해당되며, 상담자들이 근무하는 환경과 관련된 문항들을 포함하고 있다.

채점 및 평가지침

리커트식 7점 평정 척도에 설문지형 자기보고식으로 응답하게 되어 있다. '전혀 그렇지 않다'에 1점, '거의 그렇지 않다'에 2점, '약간 그렇지 않다'에 3점, '보통이다'에

4점, '약간 그렇다'에 5점, '거의 그렇다'에 6점, '매우 그렇다'에 7점을 부여한다.

총점은 48점에서 336점까지의 범위를 지니며, 점수가 높을수록 상담자의 직무스트레스가 높은 것이다.

신뢰도와 타당도

48개 문항 전체에 대하여 Cronbach's α는 .93으로 매우 신뢰할 수 있는 수준이다. 각 하위요인의 내적 합치도는 .74에서 .93의 범위로 매우 양호한 것으로 나타났다.

확인적 요인분석을 실시한 결과, 요인 간 상관이 대부분 .35에서 .65 사이에 분포하여 요인 간 수렴과 변별이 어느 정도 이루어진다고 볼 수 있으며 7개 요인 구조의 전반적 부합지수는 RMSEA = .050, NNFI = .902, CFI = .912로 비교적 양호하게 나타났다.

동시 타당도를 검증하기 위하여 소혜정(2004)의 상담자 직무스트레스 척도와의 상관분석 결과, 두 척도 간 상관이 유의하게 나타났다($r = .43$, $p < .001$). 준거 관련 타당도 검증을 위해 박희현과 김광웅(2005)의 상담자 소진 척도와의 상관분석 결과, 통계적으로 유의한 상관이 관찰되었다($r = .42$, $p < .001$). 개발된 척도가 직무소진을 설명하는 데 있어서 기존의 상담자 직무스트레스 척도에 더하여 추가적 설명력을 지니고 있는지에 대한 위계적 회귀분석 결과, 9%의 유의한 증분적 설명력을 지니고 있는 것으로 나타났다.

주요 참고문헌

이미숙(2011). 상담자 직무스트레스 척도 개발 및 타당화. 대구대학교 대학원 철학박사 학위논문.

척 도

상담자 직무스트레스 척도

다음 문항들은 상담자들이 직무와 관련하여 스트레스를 경험할 수 있는 상황들입니다. 다음 상황에서 요즈음 귀하가 스트레스를 느끼는 정도와 일치하는 곳에 ✓표해 주십시오.

전혀 그렇지 않다	거의 그렇지 않다	약간 그렇지 않다	보통이다	약간 그렇다	거의 그렇다	전혀 그렇다
1	2	3	4	5	6	7

문항내용	전혀 ← 보통 → 매우
1 동료 또는 상/하급자와 업무처리 방식이 다르다.	1 2 3 4 5 6 7
2 상담자이기 때문에 항상 타인에 대한 이해를 요구받는다.	1 2 3 4 5 6 7
3 기관에서 주어지는 복지 혜택이 거의 없다.	1 2 3 4 5 6 7
4 내담자 또는 보호자가 너무 의존적이다.	1 2 3 4 5 6 7
5 정해진 상담회기 내에 문제를 해결해야 하는 압박을 느낀다.	1 2 3 4 5 6 7
6 상담업무보다 행사/사업 위주의 일이 많다.	1 2 3 4 5 6 7
7 접수면접을 위한 독립적인 공간이 확보되지 않는다.	1 2 3 4 5 6 7
8 의견이나 제안 등이 받아들여지지 않는다.	1 2 3 4 5 6 7
9 주위 사람들이 문제가 있을 때마다 상담을 요구한다.	1 2 3 4 5 6 7
10 상담자로서 진로가 안정적이지 않다.	1 2 3 4 5 6 7
11 내담자 또는 보호자가 상담에 대한 기대가 너무 크다.	1 2 3 4 5 6 7
12 상담사례에 대하여 슈퍼비전을 받아야 한다.	1 2 3 4 5 6 7
13 업무 과다로 인한 피로감이 상담에 영향을 미친다.	1 2 3 4 5 6 7
14 휴식공간이 부족하다.	1 2 3 4 5 6 7

15 직급 간 갈등으로 인해 편이 갈린다.	1	2	3	4	5	6	7
16 상담자로서 항상 대인관계가 원만해야 할 것 같다.	1	2	3	4	5	6	7
17 직급 체계가 단순하여 승진기회가 거의 없다.	1	2	3	4	5	6	7
18 내담자가 일방적으로 상담약속을 지키지 않는다.	1	2	3	4	5	6	7
19 상담이 잘 진행되고 있는지 확신이 서지 않는다.	1	2	3	4	5	6	7
20 갑작스럽게 배정되는 일이 많다.	1	2	3	4	5	6	7
21 상담실 내/외부의 소음으로 상담이 방해받는다.	1	2	3	4	5	6	7
22 동료관계가 사무적이고 경직되어 있다.	1	2	3	4	5	6	7
23 상담자로서 매사에 윤리적으로 처신해야 할 것 같다.	1	2	3	4	5	6	7
24 상급자와 하급자 간의 대우에서 차이가 없다.	1	2	3	4	5	6	7
25 상담동기가 없는 비자발적인 내담자를 상담한다.	1	2	3	4	5	6	7
26 심리검사 수행 또는 검사결과 해석능력이 부족하다.	1	2	3	4	5	6	7
27 근무시간 외 업무나 상담이 많다.	1	2	3	4	5	6	7
28 업무 기자재 또는 물품의 지원이 부족하다.	1	2	3	4	5	6	7
29 동료 또는 상/하급자 간에 배려가 부족하다.	1	2	3	4	5	6	7
30 상담자는 매사에 자기관리를 잘하는 것으로 기대한다.	1	2	3	4	5	6	7
31 상담자로서 직업적 가치를 인정받지 못한다.	1	2	3	4	5	6	7
32 수동적이고 소극적인 내담자를 상담한다.	1	2	3	4	5	6	7
33 스스로 공감능력이 부족하다고 느낀다.	1	2	3	4	5	6	7
34 행정업무 처리가 너무 많다.	1	2	3	4	5	6	7
35 상급자가 독단적으로 일을 진행한다.	1	2	3	4	5	6	7
36 상담자이기 때문에 항상 윤리적이기를 요구받는다.	1	2	3	4	5	6	7
37 전문가로서 지위가 보장되지 않는다.	1	2	3	4	5	6	7
38 증상이 병리적인 내담자를 상담한다.	1	2	3	4	5	6	7
39 내담자들의 다양한 문제에 적합한 상담기법을 잘 모른다.	1	2	3	4	5	6	7
40 업무에 대한 책임이 증가한다.	1	2	3	4	5	6	7

41 업무수행능력이 떨어지는 동료와 일한다.	1	2	3	4	5	6	7
42 주위 사람들이 상담자는 성숙한 인간일 것이라고 기대한다.	1	2	3	4	5	6	7
43 업무량에 비해 보수가 너무 적다.	1	2	3	4	5	6	7
44 자살 시도와 같은 위기상담을 해야 한다.	1	2	3	4	5	6	7
45 상담, 행정, 교육, 사업 등 다양한 역할 수행을 요구받는다.	1	2	3	4	5	6	7
46 상사가 자신의 업무 및 책임을 전가한다.	1	2	3	4	5	6	7
47 내담자가 상담 기간 동안에 문제행동을 일으킨다.	1	2	3	4	5	6	7
48 하급자가 지시에 따르지 않는다.	1	2	3	4	5	6	7

22 스트레스 강인성 척도

척도개관

동기상태 이론(Motivational States Theory: MOST)에서는 스트레스를 동기가 좌절되거나 좌절이 예상되는 상태로, 웰빙이란 동기가 충족되거나 충족이 예상되는 상태로 보고 있다. 동일한 자극이나 상황에서 어떤 이들은 스트레스를 경험하지만 어떤 이들은 웰빙을 경험한다. 이러한 개인차는 외적 환경뿐 아니라 선천적 특성, 후천적 동기와 인지 등 내적 특성 혹은 자원의 차이에서 기인한다고 볼 수 있다. 즉, 자기효능감, 낙관성, 목표추구, 강인성 등의 자원이 부족하면 외부자극에 대하여 스트레스를 경험하고 자원들이 충분하면 웰빙을 경험할 수 있다는 것이다.

특히 강인성(hardness)은 스트레스와 질병 발생의 중재요인으로 강조되고 있는데, Kobasa와 Maddi(1977)는 강인성을 스트레스 상황에서 자신을 통제할 수 있는 능력, 적극적으로 생활에 임하는 자기참여적 태도, 변화를 발전의 계기로 삼고 도전하는 태도의 합이라고 보았다. 관련 개념으로 취약성(vulnerability) 개념이 있으며, 강인성 혹은 저항성과는 반대 개념이다.

여러 국내 연구자들은 강인성 관련 연구에 외국 저자의 척도를 번안하여 사용하고 있으나 그 신뢰도 및 타당도가 비교적 높지 않은 실정이다. 대표적으로 사용되는 Kobasa(1982)나 Pollock(1984)의 척도는 구성개념에 내적 특성이 아닌 외부 환경을 포함하기도 하고 내적 특성 중에도 노력으로 변화시키기 어려운 부분을 포함하고 있다. 이에 반해 Cranwell-Ward(1990)의 취약성 척도는 개인의 평소 행동으로 스트레스 강인성을 측정함으로써 척도 문항에 답하는 것만으로도 웰빙 증진에 긍정적 영향을 미칠 수 있다. 그러나 이 척도는 동기상태에 영향을 주는 행동이라기보다 동기상태를 포함하고 있어 수정이 필요하다.

김정호 등(2009)은 Cranwell-Ward(1990)의 취약성 척도에 바탕을 두고 우리나라 대학생에게 적합하고 능동적 행동 실천이 가능한 문항들로 스트레스 강인성 척도를 새로 구성하였다. Cranwell-Ward의 척도가 스트레스에 대한 자신의 취약한 부분을 파악하여 건강한 생활습관으로 바꾸어야 할 필요성을 강조하였다면, 소개된 척도는 강점을 더욱 강화하고 유지할 수 있는 데 중점을 두었다. 따라서 설문지를 작성하는 것만으로도 스스로 취약한 부분과 강인한 부분을 파악할 수 있어 웰빙 상태의 경험에 도움이 될 것이다.

문항구성

총 56개 문항으로, 하위 9개 요인-상위 3개 요인으로 구성되어 있다.

상위 3개 요인 중 첫 번째 요인은 25개 문항의 '건강 생활습관' 요인으로, '건강식' 4개 문항, '금연' 8개 문항, '금주' 6개 문항, '운동실천' 7개 문항으로 이루어져 있다.

상위 3개 요인 중 두 번째 요인은 15개 문항의 '관계에서의 유능성' 요인으로, '가족관계에서의 유능성' 8개 문항, '대인관계에서의 유능성' 7개 문항으로 이루어져 있다.

상위 3개 요인 중 세 번째 요인은 16개 문항의 '전반적인 태도' 요인으로, '여가생활' 3개 문항, '삶의 자세' 5개 문항, '학업에서의 유능성'은 8개 문항으로 이루어져 있다.

채점 및 평가지침

척도는 5점 척도로, '전혀 그렇지 않다'에 0점, '그렇지 않다'에 1점, '중간이다'에

2점, '그렇다'에 3점, '아주 그렇다'에 4점으로 평정하도록 되어 있다.

총점의 범위는 0점에서 224점으로, 점수가 높을수록 스트레스 강인성 수준이 높은 것을 나타낸다.

신뢰도와 타당도

강인성 전체 문항의 Cronbach's α는 .89로 매우 높게 나타났으며 3개의 상위 구조 및 하위 구조의 내적 일치도도 .77에서 .99 범위로 통계적으로 유의하였다. 다만 여가 생활과 건강식이 각각 .47, .57로 상대적으로 저하되어 있는데 문항 수가 적고 내용상 범위가 넓고 다양하여 이질적이라는 점이 영향을 미쳤을 것으로 생각된다.

공존타당도와 관련하여, 스트레스 강인성과 정신건강을 측정하는 SCL-90-R과의 상관을 살펴보면 상위 구조인 '건강 생활습관' '관계에서의 유능성' '전반적인 태도' 모두 유의하였으나 하위 구조에서는 '금연' 외에서는 유의한 상관을 보이지 않았다. 주관적 웰빙을 측정하는 Campbell의 웰빙 척도와 상관은 강인성 척도의 상위 구조와 '금주'를 제외한 하위 구조 모두 유의한 상관을 나타냈다. Maslow의 동기 충족도 척도와도 모든 변인이 유의한 정적 상관을 보였다.

주요 참고문헌

김정호, 강태영, 유제민(2009). 스트레스 강인성 척도의 개발. 한국심리학회지: 건강, 14(1), 175-191.

Cranwell-Ward, J. (1998). 현대인의 스트레스 관리(*Thriving on stress*). (장현갑, 강성군 공역). 서울: 학지사. (원전은 1990에 출판).

스트레스 강인성 척도

척 도

다음 척도 내용은 요인분석표의 내용을 토대로 재구성한 것이므로 실제 문항 순서와 구성이 원척도와 다를 수 있으니 참고하시기 바랍니다.

스트레스 강인성 척도

문항내용	전혀 그렇지 않다	그렇지 않다	중간이다	그렇다	아주 그렇다
1 매일 담배를 피운다.					
2 식사 후에는 담배를 피운다.					
3 빈속일 때도 담배를 피운다.					
4 담배를 많이 피운다.					
5 스트레스를 받으면 담배를 피운다.					
6 걷거나 움직이면서도 담배를 피운다.					
7 술을 마실 때는 담배를 피운다.					
8 담배를 피울 때는 깊이 들이 마시는 습관이 있다.					
9 집에 들어가면 가족에게 그날 있었던 일을 이야기한다.					
10 부모님과 충분한 대화를 갖는다.					
11 집에서는 말수가 적다.					
12 나의 행선지를 가족에게 알린다.					
13 가족에게 재미있는 농담이나 이야기를 잘한다.					
14 가족과 따뜻한 관계를 갖는다.					
15 하루에 한 번 이상 가족에게 전화를 하거나 e-mail을 보낸다.					

16 가족의 행복에 관심을 가지고 있다.					
17 매주 한 가지 이상의 운동을 한다.					
18 운동을 규칙적으로 한다.					
19 일주일에 적어도 2회 정도는 땀이 날 정도로 운동을 한다.					
20 공부를 하다가 틈을 내어 가벼운 운동을 한다.					
21 운동하기를 좋아한다.					
22 유산소 운동(걷기, 등산, 수영, 줄넘기 등)을 좋아한다.					
23 근력 운동(아령, 덤벨 등)을 좋아한다.					
24 공부를 열심히 한다.					
25 과제물을 충실히 작성한다.					
26 수업시간에 다른 짓을 하지 않고 집중한다.					
27 일을 할 때는 최선을 다하려고 한다.					
28 수업 전에 예습을 한다.					
29 공부를 할 때는 몰두해서 한다.					
30 기한 내에 리포트를 제출한다.					
31 공부를 할 때는 즐겁게 하려고 한다.					
32 술 마시기를 좋아한다.					
33 술을 많이 마신다는 말을 듣는다.					
34 술을 마실 때는 과음을 한다.					
35 일주일에 2일 이상 술을 마신다.					
36 잠자기 직전에도 술을 마신다.					
37 기분이 나쁠 때 술을 마신다.					
38 친구들과 잘 어울린다.					
39 친구와 이야기하기를 좋아한다.					
40 선배 또는 후배와 잘 어울린다.					

41 하루에 한 번 이상 친구나 선후배에게 전화를 하거나 e-mail을 보낸다.					
42 새로운 사람을 만나고 그들을 알게 되는 것이 즐겁다.					
43 친구나 선후배에게 농담이나 재미있는 이야기를 잘 한다.					
44 친구나 선후배의 고민을 잘 들어 준다.					
45 나의 삶에서 나에게 중요한 것이 무엇인지 안다.					
46 삶에 있어서 뚜렷한 가치관을 가지고 있다.					
47 나의 발전에 관심을 갖고 노력한다.					
48 나의 장점과 약점을 알고 있다.					
49 졸업 후의 진로에 대비하고 있다.					
50 자극적인 음식을 즐겨 먹는다.					
51 매일 규칙적으로 식사를 한다.					
52 아침을 꼭 먹는다.					
53 음식을 적당량 먹는다.					
54 아무리 바빠도 짬짬이 휴식을 취한다.					
55 만화나 소설을 즐겨 본다.					
56 책읽기를 좋아한다.					

23 스트레스 대처반응 질문지

척도개관

청소년들은 스트레스 사건에 대해 다양한 방식으로 대처할 수 있으며 이와 같은 대처반응을 통해 개인마다 스트레스 경험 후의 증상이 다르게 나타난다. 스트레스 사건의 경험에 대한 대처능력과 대처노력은 청소년기 심리적 적응 및 내재화, 외재화 문제행동을 이해하는 데 중요한 역할을 한다. 따라서 청소년을 대상으로 대처방식과 적응 간의 관계를 밝히기 위한 신뢰성 있고 민감한 스트레스 대처 척도가 필요하다. 그러나 몇몇 스트레스 대처 척도는 확고한 이론적 배경에 기초하지 않으며 세분화된 다차원적인 대처유형을 포함하지 못하고 있다. 또 일부 하위척도들이 신뢰도의 문제점을 갖고 있다.

이러한 한계를 보완한 척도로 Cornnor 등(2000)이 청소년을 대상으로 개발한 스트레스 대처반응 질문지(Response to Stress Questionnaire: RSQ)가 있다. 이 척도에서는 스트레스 대처방식을 '스트레스 상황에서 이를 극복하기 위한 인지적, 정서적, 행동적 수준의 반응'으로 정의하고, 사회적 스트레스 상황에서 청소년의 대처반응을 측정한다. 이 척도는 스트레스에 대한 청소년의 의식적 대처반응과 무의식적 대처반응을 모두 측정하며 이론적 모형에 근거하여 신뢰성이 검증되어 있다.

국내에서는 이연주(2006)가 이 척도의 자기보고형 스트레스 반응질문지를 우리나라 청소년들의 실정에 맞도록 수정 보완하여 타당도를 검증하였다.

문항구성

총 57개 문항으로, 반응의 유형에 따라 19개 하위척도로 구성되어 있으며 하위척도는 각각 3개 문항씩을 포함하고 있다. 대처유형에 따른 하위척도는 문제해결(problem solving, 문항번호 3, 17, 24번), 정서조절(emotion regulation, 문항번호 21, 45, 48번), 정서표현(emotion expression, 문항번호 7, 20, 32번), 긍정적 사고(positive thinking, 문항번호 19, 50, 52번), 인지재구조화(cognitive restructuring, 문항번호 34, 36, 39번), 수용(acceptance, 문항번호 8, 13, 29번), 주의전환(distraction, 문항번호 30, 43, 54번), 부인(denial, 문항번호 9, 41, 56번), 소망적 사고(wishful thinking, 문항번호 5, 11, 23번), 회피(avoidance 문항번호 1, 15, 27번), 반추(rumination, 문항번호 31, 40, 51번), 침투적 사고(intrusive thoughts, 문항번호 6, 18, 25번), 신체적 각성(physiological arousal, 문항번호 2, 12, 26번), 정서적 각성(emotional arousal, 문항번호 37, 44, 53번), 충동적 행동(impulsive action, 문항번호 33, 47, 57번), 정서적 마비(emotional numbing, 문항번호 4, 16, 28번), 인지적 방해(cognitive interference, 문항번호 35, 38, 55번), 무활동(inaction, 문항번호 42, 46, 49번), 도피(escape, 문항번호 10, 14, 22번)다.

19개 하위척도는 스트레스 대처반응 요인 모형에 따라 세 가지 차원(의도적-비의도적, 접근-회피, 일차통제-이차통제)으로 나누어진다. 구체적인 내용은 다음과 같다.

첫 번째 차원으로 10개의 의도적 대처(voluntary reponse to stress)와 9개의 비의도적 대처(involuntary response to stress) 영역으로 나누었다. 의도적 대처란 의식적 자각이 있고 스트레스 상황 혹은 스트레스 인자 자체에 대해 인지적, 행동적, 정서적, 생리적 반응을 통제하려는 시도다. 비의도적 대처는 의식적 자각이 없고 스트레스 상황 혹은 스트레스 인자에 대한 조건적, 기질적 반응을 포함하며 이는 의식적 통제하에 있지 않는 것을 말한다.

두 번째 차원은 접근(engagement)과 회피(disengagement)의 2개 영역으로 나누어진다. 접근반응은 스트레스 인자에 대한 접근을 포함한 행동적 시도와 스트레스 인자에 대한 생각을 변화시키는 인지적 시도를 포함한 대처반응이다. 회피반응은 스트레스 상황이나 스트레스 인자를 피하려는 행동적 시도와 당면한 문제를 부인하는 인지적 시도다.

세 번째 차원으로 의도적 접근 대처 척도의 경우 일차통제(primary control) 전략과 이차통제(secondary control) 전략 두 하위영역으로 나누어진다. 일차통제 전략은 직접적으로 스트레스 상황에 정서적으로 반응하거나 혹은 스트레스 상황에 대응하는 데 목적을 두는 대처반응(예, 문제해결, 정서조절)이다. 이차통제 대처 전략은 수용이나 인지재구조화와 같이 스트레스 상황에 대한 적응에 목적을 두는 대처반응으로 정의된다.

스트레스 대처반응 질문지는 설문에 들어가기 전, 청소년들이 최근 경험한 사회적 스트레스를 제시된 문항에 표기하도록 하고 이 상황에서 경험한 스트레스 정도를 보고하도록 되어 있다. 이는 실제 스트레스 상황에서 피험자들이 취했던 대처반응을 보고하게 함으로써 이상적으로 정형화되었거나 기대되는 대처반응이 아닌 실질적 대처반응을 측정하도록 돕는다.

스트레스 대처반응 질문지 내 몇몇 문항들은 특정 반응의 예를 제시하여 자신이 사회적 스트레스 상황에서 취했던 특정 반응에 표시하도록 하고 있는데, 이러한 구성을 통해 연구자는 피험자의 다양한 대처반응 및 피험자의 구체적이지 않은 대처반응 특성을 보다 상세히 알 수 있게 된다.

채점 및 평가지침

응답자는 최근 질문지에 제시된 1개 이상의 사회적 스트레스 상황 중 경험했던 모든 상황에 표기하고 이후 표기한 스트레스 상황에서 자신이 취했던 대처반응을 4점 척도상에 표시하게 되어 있다. '전혀 없음'에 1점, '약간'에 2점, '어느 정도'에 3점, '많음'에 4점으로 채점한다.

각 문항마다 1점에서 4점까지의 점수 범위를 지닐 수 있으며 각 하위척도별 합산을 통해 사회적 스트레스 상황에서 어떤 대처방식을 어느 수준으로 사용하는지를 파악할 수 있다.

신뢰도와 타당도

문항 전체에 대하여 Cronbach's α는 .94였으며, 4주 간격의 검사-재검사 신뢰도는 .92로 매우 높고 안정적인 것으로 나타났다.

확인적 요인분석을 통해 RSQ의 요인 모형을 검증한 결과, CFI와 CFI 지수에서 .903과 .923의 값을 보였고, NNFI와 RMSEA 지수도 각각 .909, .071로 좋은 적합도를 보였다. 따라서 Cornnor 등(2000)이 제시한 요인 모형이 국내 중 · 고등학생의 자료에도 잘 부합되는 것으로 나타났다.

유사한 대처 개념을 측정하는 전겸구와 김교헌(1994)이 개발한 다차원적 대처 척도와의 상관분석 결과, 두 척도의 하위유형이 높은 정적 상관을 보여 RSQ와의 공존타당도가 입증되었다.

주요 참고문헌

이연주(2006). 스트레스 대처반응 질문지(RSQ)의 타당화 연구: 청소년 집단을 중심으로. 가톨릭대학교 대학원 석사학위논문.

Cornnor, J., Compas, B. E., & Wadsworth, M. E. (2000) Responses to Stress in adolescence: Measurement of Coping and Involuntary Stress Responses. *Journal of Consulting and Clinical Psychology, 68*, 976-992.

척 도

저자의 의사를 존중하여 척도 전문을 수록하지 않았다. 척도의 전문이 필요한 경우 주요 참고문헌을 통해 확인이 가능하다.

24 스트레스 대처방식 척도

척도개관

대처방식이란 스트레스의 원인을 제거하거나 그 부정적 영향을 최소화할 수 있는 기술을 의미하며 자신의 스트레스를 관리할 수 있도록 도와주는 사회 기술의 일부다. Lazarus와 Folkman(1984)은 대처를 한 개인이 자원을 요청하는 것으로 평가되는 외적 혹은 내적 요구를 다루어 가는 과정으로 정의하였다. 대처자원에는 신체적 자원(건강/에너지/사기), 환경적 자원(사회적 조직망), 물질적 자원 및 심리적 자원(자기 및 타인에 대한 신념, 능력) 등이 포함된다.

여기서는 Folkman과 Lazarus(1985)가 대처자원을 평가하기 위해 개발한 68개 문항으로 구성한 척도(The Ways of Coping Checklist)를 요인분석을 통해 66개 문항의 척도로 수정한 것을 김정희(1987)가 번안하여 62개 문항으로 수정 보완한 척도를 소개한다. 원래의 대처방식 척도는 문제중심적 대처, 분리, 소망적 사고, 사회적 지지의 추구, 기분 전환, 타협, 모험시도, 분노의 표출 등 8개 하위영역으로 구성되어 있으나 이 척도는 한국 대학생을 대상으로 한 요인분석 결과에 따라 4개 요인으로 구성되어 있다.

문항구성

총 62개 문항으로 구성되어 있으며, '문제 집중적 대처' '정서 완화적 대처' '소망적 사고' '사회적 지지의 추구'의 4개 요인으로 이루어져 있다. '문제 집중적 대처'와 '사회적 지지의 추구' 요인을 합하여 '적극적 대처'로, '정서 완화적 대처'와 '소망적 사고' 요인을 묶어서 '소극적 대처'로도 구분할 수 있다.

'문제 집중적 대처'는 21개 문항으로, 문항번호 1, 2, 5, 6, 9, 19, 22, 25, 28, 29, 33, 34, 35, 37, 39, 46, 48, 50, 53, 59, 62번이 해당되며, 스트레스를 유발한다고 생각되는 개인, 환경 관련 문제에 직면하고 그것을 변화시켜 스트레스 원인을 해결하려는 노력을 의미한다. '정서 완화적 대처'는 23개 문항으로, 문항번호 3, 4, 7, 10, 11, 12, 13, 14, 15, 16, 18, 20, 23, 24, 27, 31, 32, 36, 40, 41, 43, 44, 47번이 해당되며, 스트레스와 관련된 혹은 그로 인해 초래되는 감정 상태를 통제하려는 노력을 의미한다. '소망적 사고'는 12개 문항으로, 문항번호 26, 38, 49, 51, 52, 54, 55, 56, 57, 58, 60, 61번이 해당되며, 스트레스나 이를 유발하는 상황, 사건에 거리를 두고 바람직한 상황을 생각하거나 상상만으로 대처하는 방식을 말한다. '사회적 지지의 추구'는 6개 문항으로, 문항번호 8, 17, 21, 30, 42, 45번이 해당되며, 스트레스 사건이나 상황을 해결하기 위해 누군가의 도움을 요청하는 것을 의미한다.

채점 및 평가지침

응답자는 스트레스 사건에 대한 대처방식을 4점 척도상에 평정하도록 되어 있다. 각 문항에 대하여 '사용하지 않음/해당되지 않음'에 0점, '약간 사용'에 1점, '어느 정도 사용'에 2점, '아주 많이 사용'에 3점으로 채점한다.

각 하위척도의 점수를 합산하여 하위척도별 총점을 내며, 총점이 높을수록 그 유형의 대처 수준이 높다는 것을 의미한다.

신뢰도와 타당도

대학생을 대상으로 요인분석을 한 결과, Cronbach's α는 .87에서 .95 범위로 나타났다.

대처방식을 크게 두 가지 유형인 적극적 대처와 소극적 대처로 분류하여 우울 증상(BDI)과의 상관성을 알아보았을 때, 적극적 대처를 적게 사용할수록, 소극적 대처를 많이 사용할수록 우울 증상과 관련되는 것으로 나타났다.

주요 참고문헌

김정희(1987). 지각된 스트레스, 인지세트 및 대처방식의 우울에 대한 작용: 대학 신입생의 스트레스 경험을 중심으로. 서울대학교 대학원 심리학과 박사학위논문.

정다희(2009). 인지 행동 미술치료가 정신질환자들의 스트레스 지각과 대처방식에 미치는 영향. 건국대학교 대학원 석사학위논문.

Folkman, S. K., & Lazarus, R. S. (1985). If it changes it must be a process: Study of emotion and coping during three stages of a college examination. *Journal of Personality and Society Psychology*, 48, 150-170.

척 도

스트레스 대처방식 척도

가장 스트레스를 받은 사건을 계속 생각하시면서 이 일을 다루어 나가기 위하여 어떤 방법을 사용했는지를 각 항목에서 적당한 번호에 ○표를 하여 주십시오.

가장 스트레스 받은 사건: ______________________________

이에 대처하기 위해서 나는

문항내용	사용 하지 않음	약간 사용	어느 정도 사용	아주 많이 사용
1 다음에는 어떻게 해야 할 것인지에 대하여 전념한다 –다음 단계의 준비				
2 그 문제를 더 잘 이해하기 위하여 그것을 자세히 분석해 본다.				
3 그 일을 잊기 위하여 다른 일을 하거나 다른 활동을 한다.				
4 시간이 지나면 달라질 것이라고 생각한다.				
5 그 일(또는 상황)에서 무엇인가 바람직한 것을 얻어내려고 협상하거나 타협한다.				
6 잘 안되리라 생각하지만, 적어도 무엇인가 해보기로 한다.				
7 상대방이 마음을 바꾸도록 시도해 본다.				
8 그 일에 대해 좀 더 알아보려고 누군가와 이야기한다.				
9 자신을 반성하거나 교훈을 얻는다.				
10 최후 수단을 쓰기보다는 어느 정도 여지를 남겨둔다.				
11 기적이 일어나기를 바란다.				
12 운으로 돌린다: 때로는 운이 나쁠 때도 있으니까.				
13 아무 일도 안 일어난 것처럼 군다.				
14 내 감정을 아무에게도 알리지 않으려고 노력한다.				
15 보통 때 보다 더 오래 잔다.				
16 그 문제를 일으킨 사람이나 물건에 대하여 화를 낸다.				
17 다른 사람들의 동정과 이해를 받아들인다.				
18 기분전환이 될 수 있을 만한 말을 자신에게 한다.				
19 그 일에서 무엇인가 창조적인 일을 할 수 있는 단서를 얻는다.				
20 모든 것을 잊어버리려고 노력한다.				

21 전문적인 도움을 청한다.

22 인간적으로 꽤 변모하거나 성장하게 된다.

23 어떤 대책을 시도해 보기 전에 우선 무슨 일이 일어날 것인지를 기다려 본다.

24 사과를 하거나 보상을 하기 위해 어떤 일을 한다.

25 활동계획을 세우고 그것에 따른다.

26 그 일이 지금보다 더 나쁠 수도 있었음을 스스로 일깨운다.

27 어떻게든 기분을 풀어버린다.

28 내 스스로 문제를 일으켰음을 깨닫는다.

29 시작 때보다 좋은 경험을 얻고 끝낸다.

30 문제를 구체화시킬 수 있는 사람과 이야기를 한다.

31 잠시 거기에서 물러나 있는다.

32 무엇을 먹거나, 담배를 피우거나 약을 복용하는 등으로 기분을 전환한다.

33 되든 안 되든 한 번 시도해 보거나 매우 위험부담이 큰 일을 한다.

34 조급히 굴거나 육감에 따르지 않으려고 노력한다.

35 새로운 신념을 얻는다.

36 술을 마신다.

37 긍지를 가지고 꿋꿋이 버티어 나간다.

38 일어난 일(또는 상황)이나 나의 느낌을 바꿀 수 있기를 바란다.

39 일이 잘 되어 나갈 수 있도록 무엇인가를 변화시킨다.

40 대체로 사람들과 어울리기를 피하고 혼자 있으려 한다.

41 그 일에 사로잡히지 않는다: 그것에 대하여 너무 깊이 생각하지 않으려고 한다.

42 존경하는 친척이나 친구에게 조언을 구한다.

43 이 일이 얼마나 잘못되었는지를 사람들이 눈치채지 못하도록 한다.

44 그 일을 무시해 버린다: 그것을 너무 심각하게 받아들이지 않는다.				
45 자신이 느끼고 있는 바를 누구에게 말한다.				
46 내 입장을 지키면서, 바라는 바를 말한다.				
47 다른 사람에게 분풀이를 한다.				
48 과거의 경험에 의존한다: 전에도 비슷한 일이 있었다.				
49 다음에는 일이 좀 다를 것이라고 자신에게 다짐한다.				
50 문제해결을 위해 몇 가지 대책을 세운다.				
51 내가 한 말이나 생각을 속으로 되풀이한다.				
52 내 감정 때문에, 다른 일들이 너무 방해받지 않도록 애쓴다.				
53 인생에 있어서 중요한 것이 무엇인가 재발견한다.				
54 자신이 처한 지금의 상황보다 더 좋은 경우를 상상하거나 공상한다.				
55 그 일이 사라지거나 끝나 버리기를 바란다.				
56 일이 어떻게 되었으면 좋겠다는 공상이나 소망을 한다.				
57 그 일이 잘 되게 해달라고 기도를 한다.				
58 최악의 경우를 각오한다.				
59 무엇을 해야 할지를 알기 때문에 일이 잘 되도록 더 열심히 노력한다.				
60 내가 존경하는 사람은 이런 때 어떻게 했을까 생각해 보고 그대로 따른다.				
61 다른 사람의 입장에서 그 문제를 생각해 보려고 노력한다.				
62 내가 가장 바라던 것이 안 되면 그 다음 차선책이라도 받아들인다.				

25 스트레스 반응 척도 수정판

척도개관

스트레스에 대한 평가는 스트레스 인자(stressor), 스트레스 반응(response), 개인적 특성의 세 가지 면에서 이루어져 왔다. 인자나 개인의 특성과 관련된 영역에서의 연구가 임상적 유용성 및 측정상의 제한으로 연구의 폭이 넓지 않았던 것에 비해 스트레스 반응에 대한 연구는 다양한 차원에서 이루어졌다. 이를 바탕으로 스트레스 반응을 측정할 수 있는 심박동수 변이나 신경내분비적 지표와 같은 정량적 평가치가 질병 진단 및 치료 과정에서 적극 활용되기도 하고 자기 보고식으로 반응을 측정할 수 있는 척도들도 개발되었다.

스트레스 평가와 관련된 자기 보고식 설문 척도와 관련하여, 국내 스트레스 연구 분야에서도 외국 척도를 번안하거나 한국형 척도를 개발하려는 시도가 많이 있었다. 그러나 기존 외국 척도의 경우 국내 실정에 맞지 않는 문항내용과 관련된 한계와 정신질환을 선별할 목적으로 제작되어 일반인의 거부감을 일으키는 점 등의 문제점을 지니고 있었다.

이러한 문제점을 개선하여 고경봉 등(2000)은 스트레스 반응 척도(Stress Response Inventory: SRI)를 개발하였다. 이 척도는 문항내용이 간결하고 쉬우며, 우리나라 일반 성인을 대상으로 제작되어 거부감이 없다. 또 그간 스트레스 반응 평가 과정에서 포함되지 못했던 인지적 요소들을 세분화하여 스트레스 반응의 주요 항목으로 포함시켰다. 그러나 SRI는 최초 문항 수(39개 문항)와 요인 수(7개 요인)가 다소 많은 편이라 바쁜 직장인의 특성에 맞지 않아 보다 짧고 간단한 측정도구의 필요성이 대두되었다. 또한 SRI의 문항 수와 요인 수에 비해 표본 수가 적고 제한적이라는 한계도 있다.

이를 보완하여 최승미 등(2006)이 다양하고 광범위한 표본을 대상으로 요인구조의 신뢰도 및 타당도를 재검토하여 스트레스 반응 척도 수정판(Stress Response Inventory-Modified Form: SRI-MF)을 개발하였다. 이 척도는 한국인의 언어와 심리적 특징이 잘 반영되어 있고 주요한 스트레스 주요 반응을 인지, 정서, 행동, 신체적 반응의 틀에서 다각도로 측정한 기존 척도의 장점을 살리면서도 대표성 및 설명력을 갖는 문장들을 선정하여 단축형으로 제작하였고, 적절한 신뢰도와 타당도를 보여 주어 임상 장면에서 활용도를 높였다.

문항구성

감정, 인지, 신체, 행동의 네 가지 스트레스 반응 영역에 해당되는 내용의 22개 문항으로, '신체화' '우울' '분노'의 3개 요인이 있다.

9개 문항의 신체화(somatization) 요인은 스트레스에 대한 부정적 반응으로서 간접적, 소극적 대응인 신체적 반응을 의미한다. 문항번호 1, 2, 3, 4, 6, 7, 9, 17, 18번이 해당된다. 8개 문항의 우울(depression) 요인은 우울과 관련된 행동, 정서 상태, 자기개념 등의 내용이며, 문항번호 8, 10, 11, 12, 13, 19, 21, 22번이 해당된다. 5개 문항의 분노(anger) 요인은 다양한 정도의 부정적 느낌 혹은 자율신경계의 각성을 동반하는 정서상태와 그로 인해 유발된 공격적인 행동 등의 내용이 속해 있다. 문항번호 5, 14, 15, 16, 20번이 해당된다.

채점 및 평가지침

각 문항에 대해 응답자는 리커트식 5점 척도로 평가하도록 되어 있다. '전혀 그렇지 않다'를 0점으로 해서 '약간 그렇다'를 1점, '웬만큼 그렇다'를 2점, '상당히 그렇다'를 3점, '아주 그렇다'를 4점으로 평가한다.

총점은 0점에서 88점의 범위를 지니며, 점수가 높을수록 스트레스 반응 수준이 높은 것을 의미한다.

신뢰도와 타당도

22개 문항 전체에 대한 Cronbach's α는 .93이고, 하위척도들의 내적 일치도도 .839에서 .856으로 매우 신뢰할 수 있는 수준이다. 2주 간격의 검사-재검사 신뢰도는 .712($p<.000$)였다.

공존타당도와 관련하여, 이 척도의 전체 점수와 GARS(Global Assessment of Recent Stress) 총점의 상관은 .37, PSQ(Perceived Stress Questionnaire) 총점과는 .61, SCL-90-R 척도의 Global Severity Index(GSI)와는 .71, Positivie Symptom Distress Index(PSDI)와는 .67, Positive Symptom Total(PST)과의 상관은 .62였다.

변별타당도를 살펴보기 위하여 환자국과 정상군 간 단축형 SRI의 하위척도 점수 및 전체 점수를 비교한 결과, 환자군의 경우 전체 점수를 비롯한 모든 하위척도에서 정상군에 비해 유의하게 높은 점수를 획득하였다.

주요 참고문헌

최승미, 강태영, 우종민(2006). 스트레스 반응 척도의 수정판 개발 및 타당화 연구: 근로자 대상. 대한신경정신의학회지, 45(6), 541-553.

고경봉, 박중규, 김찬형(2000). 스트레스 반응 척도의 개발. 대한신경정신의학회지, 39(4), 707-719.

척 도

스트레스 반응 척도 수정판

다음 문항들은 여러분이 일상생활에서 스트레스를 받았을 때 경험할 수 있는 것들입니다. 각 문항을 주의 깊게 읽으면서 오늘을 포함하여 지난 일주일(7일) 동안에 어느 정도로 경험했는지를 해당되는 빈칸에 ○표를 하십시오.

너무 오랫동안 생각하지 마시고 될 수 있으면 빨리 응답하시기 바랍니다. 그리고 문항을 하나도 빠뜨리지 말고 반드시 한 곳에만 표시하십시오.

다음의 예를 참조하시기 바랍니다.

예)

문항내용	전혀 그렇지 않다	약간 그렇다	웬만큼 그렇다	상당히 그렇다	아주 그렇다
입맛이 없다			○		

문항내용	전혀 그렇지 않다	약간 그렇다	웬만큼 그렇다	상당히 그렇다	아주 그렇다
1 가슴이 답답하다.					
2 소화가 안 된다.					
3 배가 아프다.					
4 어지럽다.					
5 신경이 날카로워졌다.					

6 쉽게 피로를 느낀다.					
7 온몸에 힘이 빠진다.					
8 자신감을 잃었다.					
9 몸이 떨린다.					
10 의욕이 떨어졌다.					
11 만사가 귀찮다.					
12 내가 하는 일에 전망이 없다.					
13 멍하게 있다.					
14 목소리가 커진다.					
15 마음이 급해지거나 일에 쫓기는 느낌이다.					
16 행동이 거칠어졌다.					
17 머리가 무겁거나 아프다.					
18 가슴이 두근거린다.					
19 지루하다.					
20 참을성이 없다.					
21 나는 아무 쓸모가 없는 사람이다.					
22 움직이기 싫다.					

26 스트레스 지각 질문지

척도개관

이 척도는 한건환 등(2004)이 청소년들의 스트레스 경험, 대처방식 및 문제행동에서 자기 존중감의 역할을 알아보기 위해 수행한 연구에서 스트레스 경험을 측정하고자 청소년의 스트레스 관련 선행연구들의 질문지들을 바탕으로 수정 보완하여 개발한 것이다. 이 척도에서는 청소년들의 주된 스트레스원으로 언급되는 학교생활, 가족관계, 친구/대인관계 영역에서 청소년들이 경험하는 스트레스 정도를 파악할 수 있다.

문항구성

총 15개 문항으로, '학교생활 영역' '가족관계 영역' '친구/대인관계 영역'의 3개 요인으로 구성되어 있다. '학교생활 영역'은 6개 문항으로, 문항번호 1~6번까지가 해당된다. '가족관계 영역'은 4개 문항으로, 문항번호 7~10번이 해당된다. '친구/대인관계 영역'은 5개 문항으로, 문항번호 11~15번으로 이루어져 있다.

채점 및 평가지침

리커트식 5점 척도로 측정하도록 되어 있다.

총점은 15점에서 75점까지의 범위이며, 점수가 높을수록 지각한 스트레스가 높은 것을 의미한다.

신뢰도와 타당도

각 하위요인별 Cronbach's α는 학교생활 영역이 .75, 가족관계 영역이 .80, 친구/대인관계 영역이 .81로 나타났다.

주요 참고문헌

한건환, 장휘숙, 안권순(2004). 청소년들의 스트레스 경험, 대처방식 및 문제행동에서 자기 존중감의 역할. 청소년학연구, 11(3), 385-402.

척 도

다음의 척도는 저작권 존중을 위하여 전문의 일부만을 실었다. 척도 전문이 필요한 경우 참고문헌을 통해 확인이 가능하다.

스트레스 지각 질문지

문항내용	전혀 그렇지 않다	거의 그렇지 않다	가끔 그렇다	자주 그렇다	항상 그렇다
1 과중한 숙제와 시험을 위해 공부하는 것이 지겹다.					
⋮					
3 수업시간은 재미없고 따분하다.					
⋮					
5 선생님과 대화도 없고 인간적인 관계를 가질 기회도 없다.					
6 현재 소속되어 있는 계열(인문, 자연, 예체능 계열)이 마음에 안 든다.					
7 부모의 지나친 간섭으로 부모와 갈등이 있다.					
⋮					
9 형제(자매)간에 갈등이 있다.					
10 가족문제로 가족 전체 분위기가 어둡다.					
11 마음을 터놓고 이야기할 친구가 없다.					
⋮					
13 친구와의 불화, 선후배 관계, 특별활동에서 인간관계가 힘들다.					
⋮					
15 나는 남들에게 무시당하거나 오해받는다.					

27 스트레스 지각 척도

척도개관

스트레스의 정도는 생활사건 자체의 영향을 받기보다 생활사건에 대한 개인의 주관적 해석과 대처에 따라 좌우되는 것으로 보고되고 있다. 스트레스 지각이란, 생활스트레스에 대한 지각으로 개인이 어떤 상황에 당면하게 되면 그 상황이 자신과 관계가 있는지 없는지를 결정하고 자신에게 상실, 도전, 위협을 주는 상황인지를 판단하는 것을 의미한다. 따라서 스트레스를 일으키는 생활사건 자체보다 스트레스 지각이 스트레스 정도에 더 많은 영향을 준다.

이 척도는 최근 1주간의 스트레스 지각을 평가할 수 있는 도구다. Levenstein 등(1993)이 정신신체질환자의 스트레스 지각을 평가하기 위해 개발한 측정도구를 이평숙, 한금선(1996)이 소화성 궤양 환자의 스트레스 지각 수준을 측정하기 위해 번안하여 수정 보완한 것이다.

문항구성

총 30개 문항으로 구성되어 있으며, 스트레스 사건에 대해 느끼는 상태를 그 내용으로 한다.

채점 및 평가지침

최근 1주간의 스트레스 사건을 응답하는 동안 생각하면서 그에 대해 느끼는 상태를 5점 척도상에 표시한다. '전혀 그렇지 않다'에 1점, '거의 그렇지 않다'에 2점, '가끔 그렇다'에 3점, '자주 그렇다'에 4점, '항상 그렇다'에 5점으로 채점한다.

역채점 문항은 문항번호 1, 7, 10, 13, 17, 21, 25, 29번이다.

총점의 점수 범위는 30점에서 150점까지이며, 점수가 높을수록 스트레스 지각 정도가 높은 것을 의미한다.

신뢰도와 타당도

Cronbach's α는 96으로, 내적 일관도가 높은 것으로 나타났다.

주요 참고문헌

이평숙, 한금선(1996). 소화성 궤양 환자와 건강인의 스트레스 지각, 대처유형, 스트레스 증상 간의 비교 연구. 정신간호학회지, 5(1), 39-50.

정다희(2009). 인지행동 미술치료가 정신질환자들의 스트레스 지각과 대처방식에 미치는 영향. 건국대학교 대학원 석사학위논문.

Levenstein, S., Prantera, C., Varvo, V., Scribano, E., Berto, E., Luzi, C., et al. (1993). Development of the perceived stress questionnaire: A new tool for psychosomatic research. *Journal of Psychosomatic Research, 37,* 19-32.

스트레스 지각 척도

지난 1주일 동안 귀하께 발생한 스트레스 사건을 계속 생각하면서, 그 사건에 대하여 느끼신 점을 망설이지 마시고 해당란에 신속하게 표시해 주시기 바랍니다.

문항내용	전혀 그렇지 않다	거의 그렇지 않다	가끔 그렇다	자주 그렇다	항상 그렇다
1 마음이 편하다고 느낀다.					
2 나에 대한 기대가 너무 많다고 느낀다.					
3 신경질적이고 까다롭다.					
4 처리해야 할 일이 너무도 많다.					
5 외로움이나 소외감을 느낀다.					
6 내가 갈등상황에 놓여 있다고 느낀다.					
7 내가 진정 좋아하는 일들을 하고 있다고 느낀다.					
8 피곤하다.					
9 스스로 목적을 달성하지 못할까 봐 두렵다.					
10 평온함을 느낀다.					
11 결정해야 할 일들이 너무 많다.					
12 좌절감을 느낀다.					
13 원기 왕성하다.					
14 항상 긴장하고 있다.					
15 해결해야 할 문제가 쌓여 있다.					
16 매사에 서두르고 있다고 여겨진다.					
17 안전하고 보호받고 있다고 느낀다.					

18 걱정거리가 너무 많다.					
19 다른 사람들로부터 압박을 받고 있다고 생각이 든다.					
20 낙담하고 있다.					
21 즐겁게 지내고 있다.					
22 다가올 장래의 일들이 두렵다.					
23 내가 원해서가 아니라 어쩔 수 없어서 일하고 있다고 느낀다.					
24 나를 비난하는 사람들이 많다고 여겨진다.					
25 내 성격은 낙천적이다.					
26 정신적으로 지쳐 있음을 느낀다.					
27 긴장감이 잘 해소되지 않는다.					
28 책임감으로 인해 부담스럽다.					
29 나만의 시간을 충분히 갖고 있다.					
30 시간에 쫓기고 있음을 느낀다.					

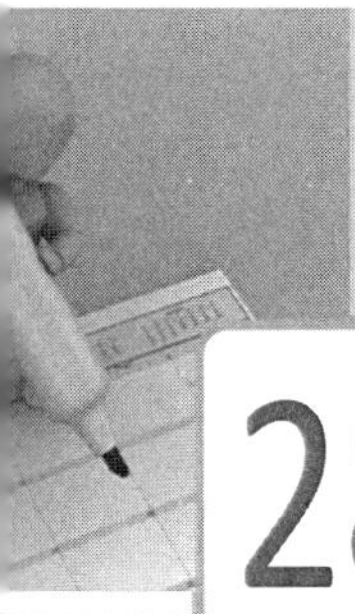

28 스트레스상황 대처검사

척도개관

이 척도는 북미에서 Endler 등(1990)이 기질에 따른 스트레스 대처방식을 조사하기 위하여 만든 스트레스상황 대처검사(Coping Inventory for Stressful Situation: CISS)다. Lazarus와 Folkman의 교류이론에 바탕을 둔 대처방식의 개념을 중심으로, 문제중심 대처방식과 정서중심 대처방식의 두 가지 차원으로 구분하여 제작되었다.

이 척도의 장점은 이론을 바탕으로 항목을 선택하고 경험적 관찰작업을 통하여 명료화하는 식의 균형 잡힌 접근을 하였다는 데 있다. 그리고 다양한 대상에서 안정된 요인으로 나오는 세 가지 차원의 대처를 내용으로 한 검사로 유용하다고 평가받고 있다. 또한 대처방식에 대한 심리 평가도구라는 그 자체로서의 가치도 있지만 전반적인 사회심리경험을 파악할 때 다른 측정도구들과 결합하여 사용하기에 편리하다는 장점도 있다.

국내에서는 박용천 등(2000)의 연구자들이 번안하여 한국에서 적용될 수 있는지 알아보기 위해 타당도 평가를 하였다.

문항구성

총 48개 문항으로 구성된 도구로, '과업중심' '정서중심' '회피중심'의 세 가지 하위척도로 이루어졌다. 하위척도는 각각 16개의 항목으로 되어 있다.

'과업중심' 하위척도에는 스트레스 상황이나 문제를 직접 관리하고 조정하려는 시도를 통해 직접적으로 해결하려는 전략에 관한 내용이 포함된다. 문항번호 1, 2, 6, 10, 15, 21, 24, 26, 27, 36, 39, 41, 42, 43, 46, 47번이 해당된다.

'정서중심' 하위척도는 문제나 정서지향 반응에 대한 반추와 공상을 통해 문제에 몰두하는 내용으로 구성되어 있다. 문항번호 5, 7, 8, 13, 14, 16, 17, 19, 22, 25, 28, 30, 33, 34, 38, 45번이 해당된다.

'회피중심' 하위척도는 사회적 상호작용에 전념하거나 다른 데 마음을 돌림으로써 당장의 문제로부터 개인의 관심을 전환시키는 행위와 관련된 내용을 포함한다. 문항번호 3, 4, 9, 11, 12, 18, 20, 23, 29, 31, 32, 35, 37, 40, 44, 48번이 해당된다.

채점 및 평가지침

각 항목에 대해 응답자는 스트레스 상황에 특이하게 반응하는 빈도를 리커트식 5점 척도에 보고하도록 되어 있다. 각 항목은 '전혀 없다'에 1점, '약간 그렇다'에 2점, '그렇다'에 3점, '상당히 그렇다'에 4점, '매우 그렇다'에 5점으로 채점된다. 각 항목의 반응 점수들을 합산하여 하위척도별 점수를 산출한다.

하위척도별 점수 범위는 16점에서 80점까지이며, 점수가 높을수록 특정 대처 전략을 많이 사용한다고 평가할 수 있다.

신뢰도와 타당도

하위척도별 Cronbach's α는 .82에서 .85 사이로 높은 내적 일치도를 나타내었다. 타당도와 관련하여 탐색적 요인분석을 한 결과, 기존 북미의 요인부하와 같이 과업중심, 정서중심, 회피중심의 대처구조가 발견되었다. 그러나 문항 간 교차부하가 있었던 점, 각 요인 간 상관관계가 있었던 점은 이들 구성이 상호 독립적인 측정법을 만족시키지 않을 수 있다는 것을 시사한다. 감별타당도가 낮은 것으로 평가되며, 횡문화적으로도 안정성을 확실히 말할 수 없다.

주요 참고문헌

박용천, 김광일, Samuel Noh(2000). 한국 고등학생에 대한 스트레스상황 대처검사 (Coping Inventory for Stressful Situation: CISS). 대한신경정신의학회지, 39(1), 21-40.

Endler, N. S., Parker, J. D. A. (1990). Multidimensional assessment of coping: A critical evaluation. *Journal of Personality and Social Psychology*, 58, 844-854.

척 도

다음의 척도는 저작권 존중을 위하여 전문의 일부만을 실었다. 척도 전문이 필요한 경우 참고문헌을 통해 확인이 가능하다.

스트레스상황 대처검사

문항내용	전혀 없다	약간 그렇다	그렇다	상당히 그렇다	매우 그렇다
⋮					
2 문제에 집중하고 내가 어떻게 해결할 수 있을지 알아본다.					
3 과거의 좋았던 시절을 생각한다.					
⋮					
5 일을 미룬 나 자신을 비난한다.					
6 내가 최선이라고 생각한 것을 한다.					
⋮					
8 이런 상황에 빠진 것에 대해 나 자신을 비난한다.					
9 상점이나 백화점을 돌아다니며 구경한다.					
10 무엇을 할 것인가 우선순위를 생각해 본다.					
⋮					
12 좋아하는 음식이나 간식으로 나 자신을 대접한다.					
13 잘 대처하지 못하는 점에 대하여 불안해 한다.					
⋮					
15 내가 과거에는 비슷한 문제를 어떻게 해결하였던가를 생각한다.					
16 실제로 나에게 일어난 일이 아니라고 스스로 달랜다.					
⋮					
18 간식이나 음식을 먹으러 나간다.					
19 매우 언짢아한다.					

⋮					
21 행동을 계획하고 그대로 실행한다.					
22 무엇을 해야할 지 모르는 나 자신을 나무란다.					
⋮					
24 그 상황을 이해하기 위해 노력한다.					
25 등골이 오싹하여 어찌할 바를 모른다.					
⋮					
27 일어난 사건을 생각해 보고 나의 실수로부터 교훈을 얻는다.					
28 일어난 사건이나, 아니면 사건에 대한 나의 감정을 바꿀 수 있다면 하는 바람을 갖는다.					
⋮					
30 내가 해야 할 일에 대해 걱정한다.					
31 특별한 사람과 같이 시간을 보낸다.					
⋮					
33 다시는 그런 일이 생기지 않을 거라고 나 자신을 타이른다.					
34 나의 전반적으로 부족한 점에 초점을 맞춘다.					
⋮					
36 반응하기 전에 나의 문제를 분석한다.					
37 친구에게 전화를 건다.					
38 화를 낸다.					
39 행동의 우선순위를 교정한다.					
⋮					
41 내가 처한 상황을 다스릴 수 있는 위치를 취한다.					
42 과제나 업무를 하기 위하여 추가로 노력을 더 한다.					
⋮					

⋮					
45 다른 사람에게 화풀이를 한다.					
46 처한 상황이나 문제를 나의 능력을 확인하는 기회로 이용한다.					
47 다음에 같은 상황에 처했을 경우를 대비해서 대책을 세워 둔다.					
48 TV를 본다.					

29 외래용 스트레스량 측정도구 수정판

척도개관

스트레스는 심리학적 장애를 유발시킬 뿐 아니라 신체적인 질병에 직접적으로 영향을 주기도 한다. 외래에서 다루는 질환의 상당수가 정신사회적 스트레스와 관련 있는 것으로 알려졌다. 따라서 일차의료기관 및 임상 진료의들은 스트레스의 개념을 이해하고 스트레스가 건강에 미치는 영향과 스트레스의 정도를 파악하여 활용할 필요가 있다. 그러나 실제 외래에서는 면담시간이 한정되어 있으므로 짧은 시간에 간단하게 스트레스를 측정할 방법이 필요하다.

Frank와 Zyznaski(1988)는 스트레스 작용을 환경적 자극과 반응 간의 매개체로서 능동적인 개인의 특성을 강조한 역동적인 상호작용으로 보고 이를 바탕으로 바쁜 외래에서 스트레스를 간편하게 평가할 수 있는 측정도구로 외래용 스트레스량 측정도구(Brief Encounter Psychosocial Instrument: BEPSI)를 개발하였다. 이를 번안하여 배종면 등(1992)이 한국어판 BEPSI 측정도구를 개발하였으며, 후에 임지혁 등(1996)이 타당도 검증과 일부 문항을 수정 보완하여 수정판 BEPSI-K를 개발하였다. 이 책에서는 수정판 BEPSI-K를 소개한다.

문항구성

총 5개의 문항에 대해 지난 한 달 동안 생활에서 스트레스를 느끼는 정도에 따라 리커트식 척도로 응답하게 되어 있다. 각 문항은 외적인 요구, 내적인 요구, 외적인 요구와 내적인 요구의 차이, 불확실성 등을 반영하도록 고안되었다.

채점 및 평가지침

각 문항에 대한 응답에 '전혀 없다'에 1점, '간혹 있다'에 2점, '종종 여러 번'에 3점, '거의 매번'에 4점, '언제나 항상'에 5점으로 채점한다. 총점의 범위는 5점에서 25점까지 나올 수 있으며, 이 합산된 점수를 응답한 항목 수로 나눈 것이 스트레스량(BEPSI량)이다.

평균중심으로 표준편차 1을 기준으로 하여 BEPSI량 2.4 이상을 상, 1.3~2.4를 중, 1.3 이하를 하로 분할점을 설정할 수 있고, 사분위점에 따라서는 2.2 이상을 상, 1.6~2.2를 중, 1.6 이하를 하로 설정할 수 있다. 따라서 BEPSI량의 정규분포곡선 표준편차에 의한 분할점에 따라 2.4 이상을 고위험 스트레스 집단으로 정할 수 있다.

신뢰도와 타당도

문항 간 Cronbach's α는 .80으로 비교적 신뢰도가 높았다. 2주 간격으로 시행-재시행을 하여 측정한 신뢰도는 .68이었다.

타당도와 관련하여, 기존의 생활사건과 관련된 스트레스를 측정하는 도구인 이평숙(1984)의 98개 문항의 점수와 BEPSI량과 스트레스 척도 점수와의 상관은 .235이었다.

주요 참고문헌

임지혁, 배종면, 최순식, 김성원, 황환식, 허봉렬(1996). 외래용 스트레스량 측정도구로서 한국어판 BEPSI 설문서(수정판)의 타당성. 가정의학회지, 17(1), 42-53.

Frank, S. H., Zyznashki, S. J. (1988). *Stress in clinical setting: The Brief Encounter Psychosocial Instrument*. J Fam Pract.

척 도

다음의 질문들은 자신이 스트레스를 느끼는 정도를 측정할 수 있도록 고안되었습니다. 지난 한 달 동안의 생활에서 자신의 감정 상태를 가장 잘 표현한다고 생각되는 문항에 ✓표 해 주십시오. 너무 오래 생각하지 마시고 솔직하게 응답해 주시면 감사하겠습니다.

문항내용	전혀 없다	간혹 있다	종종 여러번	거의 매번	언제나 항상
1 정신적으로나 육체적으로 감당하기 힘든 어려움들을 느낀 적이 있습니까?					
2 자신의 생활신념에 따라 살아가려고 애쓰다가 좌절을 느낀 적이 있습니까?					
3 처한 환경이 인간답게 살아가는 데 부족하다고 느낀 적이 있습니까?					
4 미래에 대해 불확실하게 느끼거나 불안해 한 적이 있습니까?					
5 할 일들이 너무 많아 정말 중요한 일들을 잊은 적이 있습니까?					

30 운전스트레스 척도

척도개관

운전스트레스 척도(Driving Stress Scale: DSS)는 운전 중 발생하는 스트레스를 포괄적이고 정밀하게 측정할 수 있는 척도다. 이 척도를 활용하여 운전 중 발생하는 스트레스 요인을 밝혀내고, 운전 중 발생한 스트레스로 인해 발생하는 위험한 운전행동을 시도하는 운전자를 적절하게 변별해 낼 수 있다.

운전 중 발생하는 스트레스 요인에는 물리 · 환경적 스트레스, 차량 운전 작업과 관련된 스트레스, 운전자 개인의 상황적 특성, 교통 참여자들과의 관계에서 발생하는 스트레스, 교통법규나 시스템에 대한 평가 등이 있다. 이러한 스트레스는 교통사고, 음주운전, 과속운전, 법규위반, 피해사고, 가해사고와 같은 위험한 운전행동과 상관이 있으며 교통안전에 직 · 간접적인 영향을 줄 수 있다. 따라서 운전 중 발생하는 스트레스를 줄이기 위한 방법을 찾는 연구가 필요하며, 이 운전스트레스 척도가 유용하게 사용될 수 있을 것이다.

기존에 Gulian 등(1989)이 제작한 운전자 스트레스 척도(Driving Behavior Inventory-General Driver Stress: DBI-GEN)는 여러 가지 운전 중 발생하는 스트레스 요인들 중 교통 구성원들과의 운전 상황에서 발생하는 요인들에만 집중하고 있고, 운전 중 발생하는 스트레스 반응의 강도만 주관적으로 측정한다는 제한점을 지니고 있다. 이 점을 보완하여 이 척도에서는 포괄적이고 다양한 운전스트레스 요인을 포함하고,

스트레스의 강도와 함께 발생 빈도도 함께 측정하도록 고려하였다.

문항구성

총 38개 문항으로 진행장애, 운전환경, 사고단속, 법규준수, 시간압력의 5개 요인이 있다.

진행장애(Progress Obstacle) 요인은 운전자가 차량 진행에 방해를 받거나 장애를 경험할 때 발생하는 스트레스 요인으로 11개 문항으로 구성되어 있다. 운전환경(Traffic Circumstance) 요인은 운전 중 도로상태, 기상환경과 같은 물리 · 환경적 스트레스 요인으로 9개 문항으로 구성되어 있다. 사고단속(Accident & Regulation) 요인은 교통사고나 경찰관 단속과 같은 부적 결과물들에 대한 스트레스를 말하며 9개 문항으로 구성되어 있다. 법규준수(Regulation Obedience) 요인은 운전 중 교통법규의 합리성, 적절성 등에 대한 운전자 평가와 관련된 요인으로 4개 문항으로 구성되어 있다. 시간압력(Time Pressure) 요인은 정해진 시간에 도착해야 하거나 피곤하지만 무리하게 운전해야 하는 상황 속에서 경험하는 스트레스로 5개 문항으로 구성되어 있다.

채점 및 평가지침

운전스트레스와 관련된 각 문항에 대해 응답자는 빈도와 강도에 대한 평가를 따로 하도록 되어 있다. 운전스트레스 빈도(Driving Stress Frequency: DSF)는 지난 1년간의 운전 중 경험에 대한 평가로 '이런 상황을 경험한 적이 없다'에 0점, '가끔 이런 상황을 경험한다'에 1점, '보통이다'에 2점, '자주 이런 상황을 경험한다'에 3점, '아주 자주 이런 상황을 경험한다'에 4점으로 평가하도록 되어 있다. 운전스트레스 강도 평가(Driving Stress Intensity: DSI)는 '전혀 스트레스라고 느끼지 않는다'에 0점, '조금 스트레스라고 느낀다'에 1점, '보통이다'에 2점, '많이 스트레스라고 느낀다'에 3점,

'아주 많이 스트레스라고 느낀다'에 4점으로 평가하도록 되어 있다.

각 문항의 운전스트레스 점수(Driving Stress Quality: DSQ)는 각 문항의 DSF와 DSI의 점수를 곱한 값이다. 따라서 각 문항의 DSQ 최소 점수는 0점이고 최고 점수는 16점이다. 운전스트레스 척도의 전체 점수(DSS)는 각 문항 DSQ값의 합을 전체 문항 수로 나눈 점수다.

운전스트레스 척도의 전체 점수의 상위 25% 기준은 4.75점 이상이며 하위 25% 기준은 2.06점 이하로 나타났다.

신뢰도와 타당도

38개 문항 전체에 대하여 Cronbach's α는 .95로 매우 신뢰할 수 있는 수준이다.

타당도와 관련하여, 이 척도의 DSS 전체 점수와 기존의 Gulina 등(1989)이 개발한 운전사 스트레스 척도(DBI-GEN)는 정적인 상관관계(r = .41)를 나타냈으며 하부 5개 요인 모두에서 유의미한 정적 상관관계를 나타냈다. 운전자의 위험한 운전행동(음주운전 r = .18, 법규위반 r = .35, 과속운전 r = .51 , 피해사고 r = .36 , 가해사고 r = .49)들과의 상관관계도 유의한 정적 상관을 나타냈으며, 운전스트레스의 수준도 운전자의 위험한 운전행동에 유의한 영향을 미치는 것으로 나타났다.

주요 참고문헌

이순열, 이순철(2008). 운전스트레스 척도(Driving Stress Scale: DSS)의 개발과 타당화 연구. 한국심리학회지: 사회문제, 14(3), 21-40.

이순열(2011). 운전스트레스가 교통사고 위험에 미치는 영향: 대처행동의 매개효과와 속도욕구 좌절의 조절 효과. 충북대학교 대학원 석사학위논문.

척 도

운전스트레스 척도

설문지 작성 요령은 다음과 같습니다. 각각의 문항을 읽고 본인이 지난 1년(12개월) 동안 문항의 스트레스 상황을 경험했던 횟수와 문항의 상황에 대해서 본인이 느끼는 스트레스의 정도를 〈스트레스 채점판〉을 참고하여 1점에서 5점 사이의 숫자로 〈보기〉와 같이 해당 칸에 빠짐없이 기입해 주십시오.

〈보기〉

	문항내용	스트레스 횟수	스트레스 정도
XX	지갑을 잃어버렸을 때	2	4

〈스트레스 채점판〉

스트레스 횟수 (지난 1년 동안 문항의 상황을 경험한 횟수)				
이런 상황을 경험한 적이 없다	가끔 이런 상황을 경험한다	보통이다	자주 이런 상황을 경험한다	아주 자주 이런 상황을 경험한다
0	1	2	3	4

스트레스 정도 (문항의 상황을 스트레스라고 느끼는 정도)				
전혀 스트레스라고 느끼지 않는다	조금 스트레스라고 느낀다	보통이다	많이 스트레스라고 느낀다	아주 많이 스트레스라고 느낀다
0	1	2	3	4

문항내용	스트레스 횟수	스트레스 정도
1 시간에 쫓기는데 정체되는 도로에 진입하게 될 때		
2 운전 중 신호등마다 정지신호에 계속 정지하게 될 때		
3 시간에 쫓기면서 운전하게 될 때		
4 피곤해서 쉬고 싶지만 계속 운전해야 할 때		
5 밤에 운전하게 될 때		
6 꼬불꼬불한 길을 주행하게 될 때		
7 비가 오는 날 운전하게 될 때		
8 다른 차량이 내 차량의 진로를 방해할 때		
9 익숙하지 않은 도로에서 운전하게 될 때		
10 눈이 오는 날 운전하게 될 때		
11 운행 중 차선이 잘 보이지 않을 때		
12 미끄러운 도로를 주행하게 될 때		
13 운행 중 교통사고를 냈을 때		
14 눈이 쌓인 도로를 주행하게 될 때		
15 주행 중 단속 카메라에 적발되었을 때		
16 버스가 갑자기 끼어들 때		
17 앞지르기 할 수 없는 도로에서 천천히 가는 차를 뒤따라야 할 때		
18 앞차가 진행신호로 바뀌었는데도 출발하지 않을 때		
19 운전이 서툰 운전자가 내 차량의 진로를 방해할 때		
20 다른 차량이 내 차량 앞으로 갑자기 끼어들 때		
21 다른 차량이 교차로 꼬리 물기를 해서 내 차량이 진행신호에 통과하지 못할 때		
22 내 차량이 끼어들려는데 다른 차량이 양보해 주지 않을 때		
23 운전이 서툰 사람 때문에 내 차량까지 서행하게 될 때		
24 정해진 시간까지 도착하기 힘들 때		

25 앞 차량이 주행 중 갑자기 정지할 때		
26 밤에 어두운 색 옷을 입고 지나가는 보행자를 만날 때		
27 도로에 불법 주차된 차량들 때문에 진행하기가 힘들 때		
28 폭주하는 오토바이가 내 차량 주위에서 위협적으로 운전할 때		
29 다른 차량이 통행우선순위를 어겨서 내 차량보다 먼저 가려고 할 때		
30 숨겨놓은 카메라에 단속당했을 때		
31 주차된 차량 사이에서 사람이 갑자기 나올 때		
32 보행자가 없는 횡단보도 정지신호에 정지하고 있어야 할 때		
33 법정 제한속도가 낮은 구간을 속도에 맞춰 주행해야 할 때		
34 사리에 맞지 않는다고 생각되는 교통법규를 지켜야 할 때		
35 교통량이 없는 도로에서 신호대기를 하고 있어야 할 때		
36 교통법규위반으로 단속당했을 때		
37 숨어서 단속하는 경찰관에게 적발당했을 때		
38 어두운 터널 안에서 주행하게 될 때		

31 유아의 탄력성 척도

척도개관

탄력성과 관련된 쟁점이 이슈화되면서 이를 측정하기 위한 다양한 척도들이 개발되었다. 그러나 이러한 척도들은 주로 학령기 아동이나 청소년들을 대상으로 하는 척도들이다. 유아를 대상으로 국내에서 개발된 신뢰성 있고 타당한 유아의 탄력성 측정도구가 거의 없다. 이에 이연실(2011)은 발달과정상 중요한 단계이며 필수적인 과업을 성취해야 하는 유아기 탄력성 척도를 개발하였다.

이 척도는 탄력성의 다차원적 특성을 반영하여 제작된 도구로, 보호자나 교사 등이 간단하게 사용할 수 있는 임상적 도구다. 또 유아교육 현장이나 각 가정에서 탄력성이 높은 유아를 성장발달시키기 위한 준거로써 활용될 수 있으며, 유아의 긍정적인 면을 부각시키고 스트레스나 위기 상황에 적응하도록 하기 위한 임상 프로그램이나 객관적인 도구로 활용될 수 있다.

문항구성

총 64개 문항으로, 크게 26개 문항의 '정서적 탄력성', 16개 문항의 '관계적 탄력성', 22개 문항의 '능력적 탄력성'의 세 가지 차원으로 나누어진다. '정서적 탄력성'이란 부정적인 정서 경험을 했을 때 긍정적 정서로 재빨리 회복하는 능력을 의미한다. '관계적 탄력성'이란 개인이 환경적 상황하에서 사회적으로 효과적인 반응 방법을 사용하는 것이며, 사회적 영역에서 발생하는 상호작용과 상호교류에서 성공하는 정도를 말한다. '능력적 탄력성'이란 능동적으로 자신이 가지고 있는 문제를 파악하고 해결해 나가는 문제해결능력으로 인과론적으로 또 융통성 있게 사고하고 대안들을 시도해 보는 능력을 포함한다.

세 가지 차원은 다시 세부적 하위요인으로 나누어진다. '정서적 탄력성'은 '수용과 인내' 11개 문항, '타인이해' 7개 문항, '몰입성' 4개 문항, '자기위로' 4개 문항으로 분류될 수 있다. '관계적 탄력성'은 '개방성' 6개 문항, '적극성' 4개 문항, '놀이성' 3개 문항, '친밀성' 3개 문항으로 나뉜다. '능력적 탄력성'은 '도전과 성취' 9개 문항, '표현력' 6개 문항, '문제해결력' 7개 문항으로 분류된다.

채점 및 평가지침

응답은 유아의 행동을 4주 이상 지속적으로 관찰한 유치원이나 어린이집의 담임교사가 하도록 되어 있으며 리커트식 5점 척도에서 이루어진다. 응답에 따라 '전혀 그렇지 않다'에 1점, '그렇지 않다'에 2점, '보통이다'에 3점, '그렇다'에 4점, '매우 그렇다'에 5점을 부여한다.

각 문항의 점수를 합산하여 총점을 구할 수 있으며 점수 범위는 64점에서 320점까지 나올 수 있다. 점수가 높을수록 유아의 탄력성이 높다고 이해할 수 있다.

신뢰도와 타당도

전체 Cronbach's α는 .98이며, 각 하위요인의 전체 Cronbach's α는 '정서적 탄력성'이 .96, '관계적 탄력성'이 .94, '능력적 탄력성'이 .96으로 비교적 높은 수준의 신뢰도를 나타내었다.

준거타당도를 검증한 결과, 유아의 탄력성 척도와 각 하위요인 및 전체 척도는 만 2~5세를 대상으로 타당화된 유아 탄력성 척도인 DECA와 유의한 상관관계가 있는 것으로 나타나 타당성이 검증되었다.

이 척도의 하위 구성요소들의 변별타당도를 알아보기 위해 높은 문제행동을 보이는 집단과 그렇지 않은 집단의 차이검증을 시도한 결과, 문제행동이 낮은 하위 25%에 속하는 모든 유아들은 문제행동이 높은 집단에 비해 탄력성의 모든 하위 구성요소들이 높은 점수를 나타내었다.

주요 참고문헌

이연실(2011). 유아의 탄력성 척도개발 및 타당화 연구. 숙명여자대학교 대학원 박사학위 청구논문.

척 도

유아의 탄력성 척도(교사용)

이 척도는 유아의 탄력성을 살펴보기 위한 것입니다. 평소 관찰하신 대로 체크하시되 빠짐없이 유아의 특성과 가장 가까운 칸에 ✓표 해 주시기 바랍니다.

문항내용	전혀 그렇지 않다	그렇지 않다	보통이다	그렇다	매우 그렇다
1 또래 친구들과 놀이를 할 때 협동적인 편이다.	1	2	3	4	5
2 친구의 이야기에 반응적이고 경청을 잘한다(예, 고개를 잘 끄덕인다든지).	1	2	3	4	5
3 양보가 필요할 때는 친구에게 양보한다.	1	2	3	4	5
4 성인이 시키지 않아도 자발적으로 어려움에 처한 친구를 도와준다.	1	2	3	4	5
5 친구가 어려운 일을 당하면 위로해 줄 수 있다(예, 등을 두드리거나 안된 표정 짓기 등).	1	2	3	4	5
6 자신이 하고 싶은 놀이가 있더라도 친구가 제안하는 놀이를 먼저 할 수 있다.	1	2	3	4	5
7 자기와 같은 마음을 다른 친구도 느낄 수 있다고 안다.	1	2	3	4	5
8 하고 싶은 놀이를 못하는 상황이 오면 다른 것을 해 보려고 한다.	1	2	3	4	5
9 무엇인가 기다려야 할 때 자기가 할 일을 찾는다.	1	2	3	4	5
10 자신이 원하는 것을 상황이나 때에 맞춰 요구한다.	1	2	3	4	5
11 그날 해야 할 활동에 대해서 선생님이 이야기를 하면 집중하며 활동한다.	1	2	3	4	5
12 자신이 한 실패나 실수를 인정할 줄 안다.	1	2	3	4	5
13 또래와의 갈등상황에서 부모나 교사가 중재해 주면 받아들인다.	1	2	3	4	5
14 다른 사람의 반응이나 해결을 기다릴 줄 안다.	1	2	3	4	5
15 슬프거나 화가 나는 상황을 참아내려고 노력한다.	1	2	3	4	5
16 자신이 원하는 것을 나중에 하더라도 기다릴 줄 안다.	1	2	3	4	5
17 놀이나 과제를 하다가 어렵거나 힘들다고 중단하거나 회피하지 않는 편이다.	1	2	3	4	5
18 화난 감정을 폭발적으로 표현하지는 않는 편이다.	1	2	3	4	5
19 원하는 것에 대해 차분하게 기다릴 수 있는 편이다.	1	2	3	4	5

20	뜻대로 되지 않는 상황에서 떼를 쓰기보다는 좀 참았다가 요구할 수 있다.	1	2	3	4	5
21	떼쓰기나 부정적인 행동이 오래 지속되지 않고 빨리 안정을 찾는다.	1	2	3	4	5
22	안 되는 것에 대해 집요하게 물고 늘어지지 않고 그 상황을 전환하려 한다.	1	2	3	4	5
23	힘든 상황에서 자기 위로를 시도한다(예, 괜찮아, 그럴 수 있어).	1	2	3	4	5
24	스트레스 상황에서 자기 스스로 주의전환을 시킬 줄 안다(예, 좋아하는 놀이를 찾아서 하기, 좋아하는 책 읽기 등).	1	2	3	4	5
25	기분 나쁘거나 화가 나는 것과 같은 부정적인 감정이 생길 때 진정시키려 애쓴다.	1	2	3	4	5
26	실패를 하더라도 기분을 괜찮게 하려고 애쓴다.	1	2	3	4	5
27	안기거나 신체적 접촉하는 것을 좋아한다.	1	2	3	4	5
28	눈이 마주치면 잘 웃거나 반응할 줄 안다.	1	2	3	4	5
29	좋아하는 사람에게 긍정적인 정서 표현을 잘한다(예, 보고 싶어요. 좋아해요. 나도 그거 좋아해요. 이거 먹어 보세요).	1	2	3	4	5
30	친한 어른에게 스스럼없이 대하며 친숙함을 표시하기도 한다.	1	2	3	4	5
31	새로운 것에 대해 두려움보다는 긍정적 호기심을 드러낸다.	1	2	3	4	5
32	새로운 환경을 즐기는 편이다(소풍, 크리스마스 행사 등).	1	2	3	4	5
33	발표하는 것을 두려워하지 않는다.	1	2	3	4	5
34	관계 속에서 주목받는 것을 불편해 하지 않는다(예, 발표회에서 발표하기 등).	1	2	3	4	5
35	자신의 일상에 대한 에피소드를 편안하게 이야기한다.	1	2	3	4	5

36 기관에서 일어나는 환경 변화를 잘 받아들인다(특별활동, 발표회, 새로 온 선생님 등).	1	2	3	4	5
37 늘 미소를 머금고 있거나 웃음이 많다.	1	2	3	4	5
38 무엇이든 즐겁게 하고 유머가 많다.	1	2	3	4	5
39 놀이를 재미있게 만들어 가는 능력이 있다.	1	2	3	4	5
40 새로운 친구들과도 쉽게 친해질 수 있다.	1	2	3	4	5
41 새로 만나는 성인과도 쉽게 친해질 수 있다.	1	2	3	4	5
42 친구가 먼저 말 걸어 주기를 기대하기보다는 스스럼없이 먼저 다가갈 수 있다.	1	2	3	4	5
43 하고 싶은 것을 스스로 선택한다.	1	2	3	4	5
44 교사가 말한 것을 잘 듣고 유사한 다른 상황에도 적용할 수 있다.	1	2	3	4	5
45 자신이 가지고 있는 장점이나 능력을 잘 활용하는 편이다.	1	2	3	4	5
46 한 가지 놀잇감을 다양한 방식으로 가지고 놀 수 있다.	1	2	3	4	5
47 자신이 알고 있는 상황(또는 물건)을 놀이에 잘 활용한다.	1	2	3	4	5
48 자신이 할 수 있는 것과 할 수 없는 것이 무엇인지 잘 아는 편이다.	1	2	3	4	5
49 놀이 시 자신이 필요한 것이 무엇인지 잘 안다.	1	2	3	4	5
50 갈등상황에서 자신의 감정을 적절하게 표현할 수 있다.	1	2	3	4	5
51 갈등상황에서 자신의 입장을 잘 설명할 수 있다.	1	2	3	4	5
52 자신이 처한 상황에 맞는 설명을 잘한다.	1	2	3	4	5
53 자신이 원하는 것을 정확하게 표현할 수 있다.	1	2	3	4	5
54 자신이 원하는 것을 구체적으로 표현할 수 있다.	1	2	3	4	5
55 자신의 원하는 것에 대해서 표현을 자주 하는 편이다.	1	2	3	4	5

56 잘되지 않으면 포기하지 않고 여러 번 반복해서 잘 해 보려 노력한다.	1	2	3	4	5
57 자신이 할 수 있다고 생각되면 도전목표를 높인다(예, 더 작은 구슬을 끼우고자 한다. 과제 수준을 이전 단계보다 더 높이고자 한다).	1	2	3	4	5
58 도전 상황에서는 성공할 때까지 계속해서 시도하는 편이다.	1	2	3	4	5
59 옆에서 다른 아이나 형들이 하는 놀이를 보고 시도해 본다.	1	2	3	4	5
60 무엇이든 잘하고 싶어 하는 열망이 있다.	1	2	3	4	5
61 자신이 완성한 것에 성취감을 느끼고 좋아한다.	1	2	3	4	5
62 주위 사람들로부터 인정받는 것을 즐긴다.	1	2	3	4	5
63 기관에서 배운 것들을 집에서 연습하여 온다(예, 유치원에서 처음 배웠던 노래를 집에서 연습하여 다음날 능숙하게 부른다).	1	2	3	4	5
64 새로운 것을 배우면 잘하려고 애쓴다.	1	2	3	4	5

32 의료사회복지사의 소진탄력성 및 소진위험성 척도

척도개관

이 척도는 최명민(2009)이 선행 질적 연구를 통해 도출한 의료사회복지사의 소진 보호요인 및 위험요인을 토대로 이들을 양적 연구방법론과 접목하여 그 타당도와 신뢰도를 검증한 후 관련 측정도구로 개발한 것이다. 따라서 질적 접근과 양적 접근이 갖는 각각의 강점을 지녔으며, 소진위험에 노출된 정도를 측정할 뿐 아니라 소진위험으로부터 보호하는 탄력성 정도를 측정할 수 있으므로 소진 보호와 위험의 두 측면이 어떤 관계에 놓여 있는지 살펴보기 쉽다.

여기서 '소진탄력성'이란 소진위험에 노출되는 것을 예방하거나 이에 적절히 대응함으로써 업무 환경에 성공적으로 적응하고 자신의 경력을 유지, 발전시킬 수 있는 특성으로 규정한다. '소진위험성'이란 소진을 유발하는 위험요인에 노출되어 소진될 가능성이 높은 정도를 의미한다. 소진위험성 척도인 Maslach Burnout Inventory (MBI)와 같이 이미 소진된 상태를 측정하기 위한 도구와는 달리, 그 선행요건이라고 할 수 있는 소진위험요인들에 얼마나 노출되어 있는가를 측정하기 위한 도구라는 점에서 차이가 있다.

개발 연구의 대상은 의료 사회복지사로, 이 영역은 일반 사회복지실천현장에서 경험할 수 있는 요인들 외에도 다양한 전문직이 공존하는 2차 세팅이라는 특징에서 비롯되는 다양한 도전들이 존재하는 영역이므로 소진과 관련된 요인들이 일어나기 쉽다. 그럼에도 이들의 소진과 관련된 측정도구가 부재하였다. 따라서 이 척도의 개발로 사회복지사들의 소진 기제를 탐구하고 이 문제를 예방 및 해결해 가는 전략 수립에 필요한 요인들을 도출해 낼 수 있는 유용한 도구로 사용될 수 있을 것이다.

문항구성

소진탄력성의 척도는 6개 요인 31개 문항으로 구성되어 있다. 소진보호요인에서 도출한 항목을 기초로 다음의 요인을 구성하였다. '전문적 역량' 요인은 10개 문항으로 다음 척도를 기준으로 문항번호 1~10번이 해당되며, 업무수행능력, 열정과 도전정신, 클라이언트와의 좋은 관계, 사회복지사로서의 정체성, 역량 개발과 스트레스 관리, 이런 역량을 다양한 주변 체계들로부터 인정받는 요인 등이 포함되어 있다. '성취와 보람'요인은 5개 문항으로 다음 척도를 기준으로 문항번호 11~15번이 해당되며, 의료사회복지의 발전에 기여한다는 자부심, 개인적 발전과 성장, 클라이언트에게 실질적 도움을 준다는 인식 등으로 구성되었다. '일에 대한 확고한 가치와 신념' 요인은 4개 문항으로 다음 척도를 기준으로 문항번호 16~19번이 해당되며, 흥미와 적성 등 일을 좋아하는 요인과 일에 대한 목표의식과 사명감을 갖는 요인들로 구성되어 있다. '좋은 팀워크' 요인은 4개 문항으로 다음 척도를 기준으로 문항번호 20~23번이 해당되며, 역할분담 및 친밀성, 팀 내 갈등에 대한 성숙한 대처 및 업무처리능력 등의 내용이 포함된다. '구조적 뒷받침' 요인은 4개 문항으로 다음 척도를 기준으로 문항번호 24~27번이 해당되며, 조직의 지원, 처우조건, 자신의 일에 대한 권한, 공정한 인사시스템 등의 요인으로 구성되어 있다. '개인적 자원' 요인은 4개 문항으로 다음 척도를 기준으로 문항번호 28~31번이 해당되며, 긍정적 자기인식과 사고방식을 포함하는 개인적 자질과 가족의 인정과 지원, 일과 가정의 조화 등의 내용이 포함되어 있다.

소진위험성의 척도는 6개 요인 27개 문항으로 구성되어 있다. '처우불만' 요인은 7개 문항으로 다음 척도를 기준으로 문항번호 1~7번이 해당되며, 승진이나 급여 등

조직의 처우에 대한 불만을 다룬다. '타 전문직과의 스트레스' 요인은 5개 문항으로 다음 척도를 기준으로 하여 문항번호 8~12번이 해당되며, 다른 전문직과의 관계 및 권한 차이와 관련된 스트레스를 말한다. '조직 내 갈등'은 3개 문항으로 다음 척도를 기준으로 문항번호 13~15번이 해당되며, 부서정체성이나 상사와의 관계와 같은 갈등상황을 다룬다. '과업스트레스' 요인은 4개 문항으로 다음 척도를 기준의 문항번호 16~19번에 해당되며, 업무의 반복성, 모호성, 다양성, 과다성 등으로 인한 스트레스 등의 내용으로 구성되어 있다. '전문성 부족' 요인은 5개 문항으로 다음 척도 기준의 문항번호 20~24번이 해당되고, 제한적인 전문성 향상 기회, 역량부족, 가치혼란 등의 내용을 포함한다. '개인스트레스' 요인은 3개 문항으로 다음 척도를 기준으로 하여 문항번호 25~27번이 해당되고, 가사와 직업을 병행하는 어려움, 체력적 한계, 사적 스트레스 등을 말한다.

채점 및 평가지침

각 문항에 대해 리커트식 5점 척도에 응답하도록 구성되어 있다. 응답에 따라 '전혀 그렇지 않다'에 1점, '그렇지 않다'에 2점, '보통이다'에 3점, '그렇다'에 4점, '매우 그렇다'에 5점을 부여한다.

소진탄력성 총점은 31점에서 155점의 범위를 지니며, 점수가 높을수록 소진탄력성이 높은 것을 의미한다.

소진위험성 총점은 27점에서 135점의 범위를 지니며, 점수가 높을수록 소진위험성이 높은 것을 의미한다.

신뢰도와 타당도

소진탄력성 척도의 Cronbach's α는 .92, 소진위험성 척도의 Cronbach's α는 .90으

로 매우 높게 나타났다. 각 하위요인별 내적 일관성은 .64에서 .82까지 나타나 대체적으로 안정적임을 알 수 있었다.

소진탄력성 척도와 소진위험성 척도와 질적 연구에 기반을 두고 구성된 모형 간 합치도를 통해 구성타당도가 적합하다고 보인다.

소진탄력성 요인과 소진위험성 요인 간에는 부적 상관이 나타나고 있으며 특히 서로 대응하는 개념들 간에 비교적 높은 상관을 보이고 있음을 알 수 있었다.

주요 참고문헌

최명민(2007). 질적-양적 연구방법론의 혼합에 의한 의료사회복지사의 소진탄력성 및 소진위험성 척도개발 연구. 한국사회복지학, 59(4), 245-272.

척 도

의료사회복지사의 소진탄력성 척도

문항내용	전혀 그렇지 않다	그렇지 않다	보통 이다	그렇다	매우 그렇다
1 나는 내가 수행하는 업무에 필요한 능력을 갖추고 있다.					
2 나는 나의 일에 애정을 갖고 헌신하고 있다.					
3 나에게는 업무과정에서의 어떤 어려움도 극복하고자 하는 의지가 있다.					
4 나는 클라이언트와 좋은 관계를 맺고 있다.					

5 나는 사회복지사로서 정체성이 확고하다.					
6 나는 내 업무에 필요한 전문적 역량을 키워 가고 있다.					
7 나는 업무에서 생기는 스트레스를 잘 관리하고 있다.					
8 나는 내가 속한 조직 상부로부터 나의 업무능력을 인정받고 있다.					
9 나는 동료들로부터 업무능력을 인정받고 있다.					
10 나는 내가 속한 사회복지계와 지역사회에서 업무능력을 인정받고 있다.					
11 나는 사회복지사의 업무영역을 확장하는 데 기여하고 있다.					
12 나는 후배 사회복지사를 양성하는 데 기여하고 있다.					
13 나는 내 일을 통해 인간적으로 성숙해 가는 자신을 발견하곤 한다.					
14 나는 임상경험이 풍부한 편이다.					
15 나는 나의 클라이언트에게 도움이 되고 있다.					
16 나는 내가 수행하는 업무가 재미있다.					
17 나는 내가 수행하는 업무가 나와 잘 맞는다고 느낀다.					
18 내가 하고 있는 일의 특성은 나의 개인적인 인생목표에도 부합한다.					
19 나는 나의 일에 (사회적, 전문가적 또는 종교적) 사명감을 갖고 있다.					
20 내가 속한 팀 내의 역할 분담이 명확한 편이다.					
21 내가 속한 팀의 구성원들은 친밀한 인간관계를 맺고 있다.					
22 나는 팀에서 마음에 안 드는 일이 일어나도 성숙하게 대처하는 편이다.					
23 설혹 팀워크가 좋지 않더라도 내 일을 잘해 나갈 수 있다.					
24 내가 속한 조직은 나와 내가 하는 일을 지원해 준다.					

25 나는 나의 직장에 대해 이만한 직장도 없다고 생각한다.					
26 나는 내가 하는 일에 대해 많은 권한을 갖고 있다.					
27 내가 속한 조직이나 부서의 인사가 공정한 편이다.					
28 나는 나 자신에 대해서 긍정적으로 평가하고 있다.					
29 나의 사고방식은 긍정적이다.					
30 나의 가족들은 내가 하는 일을 인정하고 지원해 준다.					
31 나의 일과 가정은 조화를 이루고 있는 편이다.					

의료사회복지사의 소진위험성 척도

문항내용	전혀 그렇지 않다	그렇지 않다	보통이다	그렇다	매우 그렇다
1 내가 속한 조직의 승진체계는 불합리하다.					
2 내가 속한 조직의 급여수준이 불만족스럽다.					
3 내가 속한 부서는 이 조직의 중심이 아니라 소수(마이너리티)다.					
4 나는 성별에 따른 기대나 차별로 인해 어려움을 경험하곤 한다.					
5 내가 일하는 분야의 전망이 밝지 않다는 생각이 든다.					
6 나의 업무 환경에는 내가 일하는 데 필요한 자원이 부족하다.					
7 사회복지사에 대한 사회적 인식이나 위상이 낮은 것 같다.					
8 팀 구성원들이 나를 동등한 동료로서 인정하지 않는 것 같다.					
9 팀 내에서 내게 주어지는 권한이 상대적으로 적다고 느낀다.					

10 팀 구성원들과 잘 지내기가 어렵다.					
11 팀에서 내가 수행하고 싶은 역할과 해야 하는 역할 간에 괴리가 있다.					
12 팀 구성원들과 잘 지내기 위해 내가 들여야 하는 에너지가 너무 많다.					
13 부서의 구성원들 간에 각 부서 운영에 관한 철학의 차이로 갈등이 있다.					
14 나는 부서의 업무 운영방식이 불합리하다고 느낀다.					
15 상위부서와 하위부서의 요구 및 지시사항이 달라서 혼란스럽다.					
16 경력을 쌓아도 내가 하는 일에 발전적 변화가 없다.					
17 나는 업무에 너무 익숙해져서 정체되어 있다는 생각이 든다.					
18 내가 수행하는 업무의 과정이나 결과가 불분명하다.					
19 내가 수행해야 하는 업무의 종류가 너무 다양하다.					
20 나의 업무능력을 향상시키기 위한 학습기회가 부족하다.					
21 나의 업무와 관련된 연구를 수행할 능력이 부족하다.					
22 나는 업무수행에 필요한 지식과 기술이 부족하다.					
23 나는 내가 하는 일에 대해 자신감이 부족하다.					
24 나는 사회복지사로서 정체성에 혼란을 경험하곤 한다.					
25 나는 직업과 일의 조화를 이루는 것이 어렵다.					
26 나는 업무를 수행하는 데 있어서 체력적 한계를 느끼곤 한다.					
27 나는 개인 사생활 면에서 스트레스가 많다.					

33 인지적 스트레스 반응 척도

척도개관

Cotton(1990)은 스트레스 인자로서의 인지의 역할을 스트레스가 되는 사건들에 대한 인지적 해석에 국한하고, 스트레스 사건 후에 따르는 인지를 스트레스 반응의 일부로, 그리고 경험을 재해석하는 인지를 대응과정의 일부로 보았다. 인지적 스트레스 반응 척도(Cognitive Stress Response Scale: CSRS)에서도 이런 견해를 적용하여 스트레스 사건 후에 일어나는 인지를 인지적 반응으로 보고 있다.

스트레스의 정의에서 최근에는 인지과정 및 감정 상태가 핵심적인 것으로 강조되고 있다. 그러나 스트레스 반응을 평가하기 위해 이용되는 기존 척도에는 신체적, 정서적, 행동적 반응은 부분적으로 포함되었으나 인지적 반응은 포함되지 않았다. 국내에서도 스트레스 반응지각 척도 및 스트레스 반응 척도가 개발되었으나 인지적 반응만으로 구성된 척도는 개발되지 않았다. 이에 고경봉, 박중규(2004)는 스트레스에 대한 인지 영역의 반응들을 모두 포함하는 인지척도를 개발하였다.

문항구성

총 21개 문항의 3개 하위척도로 구성되어 있다.

하위척도는 '극단-부정적 사고' 9개 문항, '공격-적대적 사고' 4개 문항, '자기비하적 사고' 8개 문항으로 이루어져 있다. '극단-부정적 사고'는 문항번호 1, 2, 6, 7, 8, 12, 13, 17, 18번이 해당된다. '공격-적대적 사고'는 문항번호 3, 9, 14, 19번이 해당되며, '자기비하적 사고'는 문항번호 4, 5, 10, 11, 15, 16, 20, 21번이 해당된다.

채점 및 평가지침

응답자들이 5점 척도상에 자기보고식으로 표시하도록 되어 있다. 응답에 따라 '전혀 그렇지 않다'에 0점, '약간 그렇다'에 1점, '웬만큼 그렇다'에 2점, '상당히 그렇다'에 3점, '아주 그렇다'에 4점을 부여한다.

총점의 범위는 0점에서 84점까지이며, 점수가 높을수록 인지적 스트레스 반응 수준이 높은 것으로 해석할 수 있다. 또 각 하위척도별 총점으로 해당 영역의 사고 수준을 알 수 있다.

신뢰도와 타당도

문항 전체의 내적 일치도는 .94, 3개 하위척도의 내적 일치도는 .82에서 .91로 모두 유의하게 높았다. 검사-재검사 신뢰도를 알아보기 위해 2주 간격으로 이 척도를 실시한 결과, 3개 하위척도 및 전체 점수 간 상관성은 .87에서 .95로 모두 유의하게 높았다. 하위척도들 간 상관성과 전체 점수와의 상관성은 .58에서 .94 범위에서 모두 유의하게 높았다. 이 결과들은 이 척도가 신뢰도가 높은 안정적인 도구임을 시사해 준다.

공존타당도를 검증하기 위해 다른 기존 스트레스 척도인 GARS(Global Assessment of Recent Stress Scale) 총점, PSQ(Perceived Stress Questionnaire) 총점, SCL-90-R(Symptom Checklist-90-R)의 하위척도 및 전체지표 점수 간 Pearson 상관을 구한 결과, 각각 유의한 상관성을 보였다. 변별타당도를 검증하기 위해 환자군과 정상군 간 척도의 하위척도 점수 및 전체 점수를 비교한 결과, 환자군은 정상군보다 극단-부정적 사고, 공격-적대적 사고, 자기비하적 사고의 점수와 척도 전체 점수가 유의하게 더 높았다.

주요 참고문헌

고경봉, 박중규(2004). 인지적 스트레스 반응 척도의 개발. 대한신경정신의학회지, 43(3), 320-328.

척 도

인지적 스트레스 반응 척도

다음 문항들은 여러분이 일상생활에서 스트레스를 받았을 때 일어날 수 있는 생각들입니다. 각 문항을 주의 깊게 읽으면서 오늘을 포함하여 지난 일주일(7일) 동안에 어느 정도로 경험했는지를 해당되는 빈칸에 ○표 하십시오. 문항을 하나도 빠뜨리지 말고 반드시 한 곳에만 표시하십시오.

문항내용	전혀 그렇지 않다	약간 그렇다	웬만큼 그렇다	상당히 그렇다	아주 그렇다
1 울고 싶다.					
2 의심이 많아졌다.					
3 무엇인가 부수고 싶다.					
4 나는 무능한 사람이다.					
5 삶의 의미를 잃어버렸다.					
6 어떤 일을 하든지 간에 완벽해야 한다.					
7 한 가지 생각에서 헤어나지 못한다.					
8 말하기 싫다.					
9 누군가를 때리고 싶다.					
10 나는 아무 쓸모가 없는 사람이다.					
11 자신감을 잃었다.					
12 누구에게도 욕을 먹어서는 안 된다.					
13 죽고 싶다.					
14 사람들이 나를 싫어한다.					
15 잘하는 게 하나도 없다.					
16 내가 하는 일에 전망이 없다.					
17 일하기 싫다.					
18 아무런 생각을 하고 싶지 않다.					
19 누군가를 죽이고 싶다.					
20 나는 인생의 낙오자(또는 실패자)다.					
21 내 자신이 싫다.					

34 일반직 종사자를 위한 직무소진 척도

척도개관

서비스 산업 중심으로 전환되는 현대 사회에서, 대인 간 접촉에서 발생하는 특수한 유형의 스트레스인 직무소진(Job burnout)은 개인이 적응이라는 기제를 통해 정상 상태로 복귀할 수 없도록 만든다는 측면에서 중요한 의미를 갖는다.

직무소진의 개념을 단일차원으로 보는 입장과 다차원적으로 보는 입장이 있는데, 최근 연구 동향은 다차원적 입장을 취하고 있다. 이런 경향에 따라 Maslach 등(1996)은 직무소진이 정서적 소진(emotional exhaustion), 비인격화(depersonalization), 개인 성취감의 감소(diminished personal accomplishment)의 서로 다른 하위 구성요소로 이루어진 것으로 보고 직무소진을 측정하는 도구를 개발하였다. 이 직무소진 척도(Maslach Burnout Inventory: MBI)는 최초 대인접촉이 많은 직업들로 그 적용범위를 한정시켜 개발되었는데, 후에 일반직에도 적용될 수 있도록 다시 고안되어 Maslach Burnout Inventory-General Survey(MBI-GS)라 명명되었다. 여기서는 이 척도를 신강현(2003)이 우리말로 번역하여 타당화한 작업을 소개한다.

문항구성

총 15개 문항(원판 문항은 16개이나 한국판에서는 낮은 신뢰도 값을 보인 1개 문항이 제거되었다)으로, 3개의 하위 구성요소인 소진(exhaustion), 냉소(cynicism), 직업 효능감(professional efficacy)으로 이루어져 있다.

'소진' 요인은 5개 문항으로, 과도한 심리적 부담 또는 요구에 기인한 개인의 정서적 자원들이 고갈되었다고 느끼는 에너지의 결핍으로 정의된다. 다음 재구성된 척도에서는 문항번호 1~5번이 해당된다. '냉소' 요인은 4개 문항으로, 직무에 대해서 거리감을 느끼고 직무 전반에 대하여 부정적인 태도를 경험하는 것으로 정의된다. 다음 척도에서 문항번호 6~9번이 해당된다. '직업 효능감'은 6개 문항으로 낮은 자기효능감, 성취감의 부재, 성과의 부재 그리고 무력감으로 정의된다. 다음 척도에서는 문항번호 10~15번이 해당된다.

채점 및 평가지침

응답자는 7점으로 구성된 리커트식 척도에 평정하도록 되어 있다. 각 문항의 점수는 '전적으로 동의하지 않는다'의 0점에서 '전적으로 동의한다'의 6점까지 부여될 수 있다.

세 가지 구성요소들(소진, 냉소, 직업 효능감)을 연속선상에서 측정하며, 높은 수준의 직무소진은 정서적 소진과 비인격화에서 높은 점수를 그리고 개인 성취감에서 낮은 점수를 나타낸다.

신뢰도와 타당도

Cronbach's α는 '소진' 요인이 .90, '냉소' 요인이 .81, '직업 자신감' 요인이 .86으

로 높은 수준의 내적 일치도를 보여 주었다.

구성타당도 그리고 준거타당도 면에서 직무소진의 3개 요인들과 기존 연구에서 선행변수들 또는 결과변수들로 제시된 다양한 심리적 구성개념들과의 관계를 살펴보았다. 그 결과, 선행변수로 지정된 '직무 과부하' '역할 모호성' '사회적 지원'은 직무소진의 세 가지 하위요인들과 통계적으로 유의한 관계가 있었다. 즉, '소진'과 '냉소'와는 요구(demands)들로 지정된 선행변수들과 정적으로, 자원들로 분류된 사회적 지원 변수들은 부적으로 상관을 보였으며 '직업 효능감' 요인과는 그 반대의 상관성을 나타내었다. 또 결과변수들로 지정된 '이직의도' '직무 만족'을 예언하는 데 있어서 '냉소'와 '소진'이 유의한 변수였고, '직무 만족'을 예언하는 데 있어서는 세 가지 하위요소들 모두 통계적으로 유의한 관련성을 보였다.

주요 참고문헌

신강현(2003). 일반직 종사자를 위한 직무소진 척도. 한국심리학회지: 산업 및 조직, 16(3), 1-17.

Maslach, C., Jackson, S. E., & Leiter, M. P. (1996). *The Maslach Burnout Inventory* (3rd ed). Palo Alto, CA: Consulting Psychologists Press.

척 도

다음 척도 내용은 요인분석표의 내용을 토대로 재구성한 것이므로 실제 문항 순서와 구성이 원척도와 다를 수 있으니 참고하시기 바랍니다.

일반직 종사자를 위한 직무소진 척도

문항내용	전적으로 동의하지 않는다	거의 동의하지 않는다	약간 동의하지 않는다	보통이다	약간 동의한다	거의 동의한다	전적으로 동의한다
1 내가 맡은 일을 하는 데 정서적으로 지쳐 있음을 느낀다.							
2 직장 일을 마치고 퇴근 시에 완전히 지쳐 있음을 느낀다.							
3 아침에 일어나서 출근할 생각만 하면 피곤함을 느낀다.							
4 하루 종일 일하는 것이 나를 긴장시킨다.							
5 내가 맡은 일을 수행하는 데 완전히 지쳐 있다.							
6 현재 맡은 일을 시작한 이후로 직무에 대한 관심이 줄어들었다.							
7 내가 맡은 일을 하는 데 소극적이다.							
8 나의 직무의 기여도에 대해서 더욱 냉소적으로 되었다.							
9 나의 직무의 중요성이 의심스럽다.							
10 나는 직무상에서 발생하는 문제들을 효과적으로 해결할 수 있다.							
11 내가 현재 소속된 직장에 효과적인 기여를 하고 있다고 느낀다.							
12 내가 생각할 때, 나는 일을 잘한다.							
13 나는 직무상에서 무언가를 성취했을 때 기쁨을 느낀다.							

14 나는 현재의 직무에서 가치 있는 많은 일들을 이루어 왔다.							
15 직무상에서 나는 일들을 효과적으로 처리하고 있다는 자신감을 가지고 있다.							

35 일상적 스트레스 척도

척도개관

스트레스 측정에 대한 여러 입장들을 살펴보면, 순수한 자극원으로서 스트레스를 파악해야 한다는 입장과 환경과 사람 사이의 관계론적 측면에 더 관심을 두는 입장이 서로 대립한다. 순수한 환경적 측면에만 스트레스를 측정하는 것은 타당하지 않지만, 생활사건과 관련되는 스트레스를 측정할 때는 상황 관련적 맥락을 반드시 고려해야 한다.

스트레스의 작용을 주요 생활사건의 발생보다 일상생활에서 일어나는 작은 사건들의 미세한 효과로서 설명하려는 경향이 있다. 일상적 스트레스 척도(Daily Hassles Scale: DHS)는 김정희(1995)가 일상생활에서 스트레스를 경험할 때 스트레스 평가와 대처가 개인의 정서적 경험과 어떤 관련을 맺고 있는지 살펴보기 위한 연구에서 일상생활의 스트레스를 측정하기 위해 DeLongis 등(1988)이 사용한 척도를 번역한 것이다.

문항구성

DeLongis 등(1988)이 사용한 척도는 45개 문항이나, 우리나라 대학생 상황에 부적합한 피임, 기분전환용 약물 등의 내용을 포함하는 몇 문항을 제외하고 36개 문항으로 재구성되었다.

채점 및 평가지침

응답자들은 일상생활사건에 대하여 그것이 오늘 하루 동안에 어느 정도 걱정거리가 되었는지를 4점 척도상에 표기한다. 응답자의 표기에 따라 '전혀 아니다/해당 없음'에 0점, '약간 그렇다'에 1점, '상당히 그렇다'에 2점, '아주 많이 그렇다'에 3점으로 각 문항에 점수가 부여된다.

점수 범위는 0점에서 108점까지이며, 점수가 높을수록 일상생활에서의 스트레스 수준이 높음을 의미한다.

신뢰도와 타당도

Cronbach's α는 .92로 매우 높은 수준이었다.

주요 참고문헌

김정희(1995). 스트레스 평가와 대처의 정서적 경험에 대한 관계. **한국심리학회지: 상담과 심리치료**, 7(1), 44-69.

DeLongis, A., Folkman, S., & Lazarus, R. S. (1988). The impact of daily stress on health and mood: Psychological and social resources as mediators. *Journal of Personality and Social Psychology*, 54, 486-496.

척 도

일상적 스트레스 척도

다음에 나와 있는 항목들은 우리가 일상생활에서 경험하는 여러 가지 사항들로서, 이들은 매일매일의 생활에서 걱정거리가 될 수 있는 것들입니다. 여기에서 걱정거리란 당신을 짜증나게 하거나 괴롭히는 일들을 말합니다. 그리고 그것 때문에 안절부절못하거나 화가 나게 되는 경우도 있는 일들입니다. 다음의 각 항목을 잘 읽으신 후 그것이 오늘 하루(지난 24시간) 동안에 어느 정도나 걱정거리가 되었는지를 생각해 보십시오. 그리고 각 항목마다 그 사항이 얼마나 걱정거리가 되는지를 0에서 3까지의 숫자에 보기와 같이 표시해 주기 바랍니다.

〈보기〉	전혀 아니다/해당 없음	약간 그렇다	상당히 그렇다	아주 많이 그렇다
전혀 걱정거리가 안 되었거나 해당사항이 없다면 ⟶	⓪	1	2	3
약간 걱정거리가 되었다면 ⟶	0	①	2	3
상당히 걱정거리가 되었다면 ⟶	0	1	②	3
아주 많이 걱정거리가 되었다면 ⟶	0	1	2	③

각 문항마다 그것이 오늘 하루(지난 24시간) 동안에 당신에게 얼마나 걱정거리가 되었는지를 골라 해당되는 번호에 ○표 해 주십시오.

문항내용	전혀 아니다/해당 없음	약간 그렇다	상당히 그렇다	아주 많이 그렇다
1 부모	0	1	2	3
2 형제자매	0	1	2	3

3 일가친척	0	1	2	3
4 가족과 보내는 시간	0	1	2	3
5 가족의 건강이나 복지	0	1	2	3
6 성문제	0	1	2	3
7 친교(애정표현)	0	1	2	3
8 가정과 관련된 의무	0	1	2	3
9 친구(들)	0	1	2	3
10 선배나 교수	0	1	2	3
11 내가 하는 일의 종류	0	1	2	3
12 내가 하는 일의 양	0	1	2	3
13 일의 마감시간이나 목표	0	1	2	3
14 생활비(예, 음식, 옷, 주거, 보건비 등)	0	1	2	3
15 교육비	0	1	2	3
16 비상금	0	1	2	3
17 여가비용(예, 여홍비, 휴가비, 오락비 등)	0	1	2	3
18 운동	0	1	2	3
19 신체적 용모	0	1	2	3
20 의료적 도움(병원, 약국 등)	0	1	2	3
21 나의 건강	0	1	2	3
22 체력	0	1	2	3
23 이웃	0	1	2	3
24 보도된 사건(뉴스)	0	1	2	3
25 환경(예, 교통, 공기, 소음)	0	1	2	3
26 정치적 혹은 사회적 문제	0	1	2	3
27 비축(가스, 물, 석유나 연탄)	0	1	2	3
28 식사준비	0	1	2	3

29 집안일(청소, 빨래 등)	0	1	2	3
30 집안에서의 여가(예, TV, 음악, 독서 등)	0	1	2	3
31 집안관리(집 수리, 화초 관리)	0	1	2	3
32 자유 시간	0	1	2	3
33 집밖에서의 여가(영화, 스포츠, 외식 등)	0	1	2	3
34 식사(집에서)	0	1	2	3
35 가입단체나 모임	0	1	2	3
36 사회적 참여	0	1	2	3

36 임상 간호사의 업무스트레스 척도

척도개관

사회 구조가 복잡해지고 급속히 발전함에 따라 스트레스가 업무에 미치는 영향과 그 중요도가 커지고 있다. 병원 간호도 마찬가지로 업무가 복잡해지고 영역이 넓어지면서 임상현장에서 직무스트레스가 개인과 조직에 미치는 영향이 커지고 있다.

구미옥과 김매자(1984)는 간호 업무 중에 간호사가 지각하는 스트레스의 정도와 인구사회학적 변인이 어떠한 관련성이 있는지 확인하여 간호사의 스트레스 관리에 기여하고자 분석적 연구를 시행하였다. 이 연구에서 연구자들은 업무스트레스를 간호사가 업무로 인해서 생리적, 심리적, 사회적인 장애를 받을 정도로 부담을 느끼는 상태로 정의하였다. 간호사들로부터 근무 중에 실제 경험하는 스트레스의 원인을 수집하고, 문헌을 통한 선행연구 고찰 및 저자들의 경험을 토대로 간호사가 지각하는 스트레스를 측정하는 도구를 개발하였다.

문항구성

자기보고형의 총 63개 문항으로 구성되어 있으며, 15개 요인으로 나누어진다.

15개 하위요인들의 내용을 각각 살펴보면, '업무량 과중' 요인은 업무량이 과중할 때, 근무로 인해 피로를 느낄 때 등의 내용으로 구성되어 있다. '전문직으로서의 역할 갈등' 요인은 자신의 역할이 애매할 때, 자신의 역할이 전문적 가치기준과 맞지 않는다고 생각될 때 등의 내용을 의미한다. '전문지식과 기술의 부족' 요인은 환자간호에 대한 지식이 부족할 때, 환자간호 수기가 부족할 때 등의 내용으로 이루어져 있다. '대인관계 문제' 요인은 환자나 보호자와의 관계가 좋지 않을 때와 같은 내용이며, '의사와의 대인관계 갈등'은 함께 일하는 의사와의 관계가 좋지 않을 때, 의사가 간호사의 역할, 능력을 인정하지 않을 때와 같은 내용으로 이루어져 있다. '의사와의 업무상 갈등' 요인은 의사가 자신의 업무 및 책임을 전가시킬 때, 환자에게 적절하지 않다고 생각되는 의사의 지시를 수행할 때 등의 내용으로 이루어져 있다. '의료의 한계에 대한 심리적 부담' 요인은 회복 가능성이 없는 환자를 간호할 때, 환자가 고통스러워 하는 것을 볼 때 등의 내용으로 구성되어 있다. '부적절한 대우' 요인은 동료간의 진급 순서가 다를 때, 승진의 기회가 적은 것 등의 내용이며, '상사와의 불만스런 관계' 요인은 수간호사나 감독과의 관계가 좋지 않을 때의 내용을 다루고 있다. '부적절한 보상' 요인은 보수가 타 직종보다 적은 것, 하는 일에 비해 보상이 적다고 느낄 때 등의 내용이며, '부하직원과의 불만스러운 관계'는 간호 보조사와의 관계가 좋지 않을 때 등의 내용으로 구성되었다. '병동의 부적절한 물리적 환경'은 병동 내의 소음이 심할 때 등의 내용으로, '업무 외의 책임'은 근무 중 물품 파손 및 분실로 인한 책임 상황을 다루었다. '익숙치 않은 상황' 요인은 잘 알지 못하는 새로운 업무에 임하게 될 때 등의 내용으로 이루어져 있고, '밤근무' 요인은 밤근무를 할 때라는 문항으로 구성되었다.

채점 및 평가지침

간호사가 느끼는 스트레스 정도를 6점 척도상에 표기하도록 되어 있다. '전혀 느끼지 않는다'에 1점, '별로 느끼지 않는다'에 2점, '약간 느낀다'에 3점, '보통 정도 느낀다'에 4점, '심하게 느낀다'에 5점, '아주 심하게 느낀다'를 6점으로 채점한다.

간호사가 느끼는 각 요인별 스트레스 정도와 총 스트레스 정도는 해당 문항에 대한 점수를 합하여 산출하게 되는데, 점수가 높을수록 직무스트레스가 많다는 것을 의미한다.

총 스트레스 점수의 범위는 63점에서 378점까지다.

신뢰도와 타당도

문항 전체에 대하여 Cronbach's α는 .95로 매우 높은 신뢰도 수준을 보여 주었다. 원척도의 63개 항목은 요인분석 결과 15개 요인으로 분류되었으며 이 요인들이 간호사의 근무 중 스트레스에 대하여 지니는 설명력은 66.3%였다.

주요 참고문헌

구미옥, 김매자(1984). 간호원이 근무 중에 경험하는 스트레스 측정을 위한 도구개발 연구. 대한 간호학회, 14(2), 28-37.

척 도

다음의 척도는 저작권 존중을 위하여 전문의 일부만을 실었다. 척도 전문이 필요한 경우 참고문헌을 통해 확인이 가능하다.

임상 간호사의 업무스트레스 척도

문항내용	전혀 느끼지 않는다	별로 느끼지 않는다	약간 느낀다	보통 정도 느낀다	심하게 느낀다	아주 심하게 느낀다
1 업무량 과중						
1) 근무 중 임종환자를 대할 때						
2) 간호인력의 결원상태에서 일해야 할 때						
⋮						
4) 근무 중 중환자가 있을 때						
5) 업무량이 과중할 때						
6) 동시근무 간호원의 게으름, 능력부족, 사적인 일로 인해 자신의 업무량이 많아질 때						
⋮						
8) 의사가 자주 처방을 바꾸거나 추가를 수시로 낼 때						
⋮						
10) 환자가 간호행위에 협조하지 않을 때						
2 전문직으로서의 역할 갈등						
1) 자신의 역할이 전문적 가치기준과 맞지 않는다고 생각될 때						
⋮						
3) 환자 자신의 문제가 복잡하여 간호원으로서 해결하기에 한계를 느낄 때						
4) 자신의 역할이 애매할 때						
⋮						
6) 타 부서와의 관계가 비협조적, 비합리적일 때						
⋮						

3 전문지식과 기술의 부족					
1) 간호업무(투약, 처치 등) 수행 시 실수나 빼먹은 것을 발견했을 때					
⋮					
3) 환자간호에 대한 지식(질병, 치료, 검사 등)이 부족할 때					
4) 간호수행 시 사용하는 기구조작을 잘 모를 때					
⋮					
6) 적절한 간호기록을 하지 못할 때					
⋮					
4 대인관계상의 문제					
1) 환자와의 관계가 좋지 않을 때					
2) 동료간호원과의 관계가 좋지 않을 때					
⋮					
4) 보호자와의 관계가 좋지 않을 때					
5) 병실이 비좁아 간호업무수행이 어려울 때					
5 의사와의 대인관계상 갈등					
1) 상사로부터 타인 앞에서 비평을 받을 때					
2) 의사가 간호원의 역할, 능력을 인정하지 않을 때					
⋮					
4) 함께 일하는 의사와의 관계가 좋지 않을 때					
6 의사와의 업무상 갈등					
⋮					
2) 환자에게 적절하지 않다고 생각되는 지시를 수행할 때					
3) 지식, 기술 면에서 의사를 신뢰할 수 없을 때					
⋮					

5) 간호행정업무(입, 퇴원 절차 등)를 잘 모를 때						
7 의료의 한계에 대한 심리적 부담						
1) 인력부족으로 충분한 간호행위를 하지 못할 때						
2) 충분히 노력했다고 생각했는데 환자상태가 나빠지거나 호전되지 않을 때						
3) 회복가능성이 없는 환자를 간호할 때						
⋮						
5) 환자에게 고통을 주는 처치를 행할 때						
8 부적절한 대우						
1) 병원 내에서 간호인력이 적절한 대우를 받지 못할 때						
2) 동료 간에 진급 순서가 다를 때						
⋮						
4) 학력에 따라 대우가 다를 때						
9 상사와의 불만스러운 관계						
1) 수간호원과의 관계가 좋지 않을 때						
⋮						
3) 감독과의 관계가 좋지 않을 때						
4) 근무 스케줄이 불공평할 때						
10 부적절한 보상						
1) 하는 일에 비해 보상이 적다고 느낄 때						
2) 보수가 타 직종보다 적은 것						
11 부하직원과의 불만스러운 관계						
1) 간호보조원이 간호원의 지시를 따르지 않을 때						
⋮						

12 병동의 부적절한 물리적 환경						
1) 병동에 너무 많은 인원이 드나들 때						
⋮						
13 업무 외의 책임						
1) 타 병동으로 임시근무(prn) 하러 갈 때						
2) 근무 중 물품파손 및 분실로 인한 책임을 져야 할 때						
14 익숙치 않은 상황						
⋮						
2) 환자나 보호자로부터 인정받지 못할 때						
3) 동료간호원들과 환자간호, 병동 생활에 대한 경험과 느낌을 함께 나눌 기회가 부족할 때						
15 밤근무						
1) 밤근무를 할 때						

37 자아-적응유연성 척도

척도개관

이제까지 청소년 문제에 대한 접근 방식은 문제의 위험요소들을 분석하고 밝혀진 위험요소들의 영향을 최소화함으로써 문제를 해결하려고 하였다. 그러나 최근 부적응에 영향을 미치는 위험요소들을 최소화하는 동시에 위험요소에 노출됨으로써 오히려 발현될 수 있는 청소년들의 긍정적인 힘, 위험으로부터 자신을 보호할 수 있는 보호요소의 영향력을 극대화하려는 노력이 활발해지고 있다. 이러한 노력의 일환으로 청소년들의 긍정적 보호요소를 측정하려는 다양한 시도가 있었다.

이 장에서는 Block과 Kremen(1996)이 개발한 자아-적응유연성 척도(Ego-Resiliency Scale: ER)를 소개한다. 이 척도는 체계의 유지나 증진을 위해서 환경 맥락이 요구하는 기능인 자기-통제 수준을 조정하는 역동적인 능력인 자아탄력성 정도를 측정하기 위한 것으로, 국내에서는 유성경과 심혜원(2002)이 번역한 뒤 수정 보완한 척도가 다양한 연구에서 사용되고 있다.

문항구성

총 14개의 문항으로 구성되어 있다. '나는 갑자기 놀라는 일을 당해도 금방 괜찮아지고 그것을 잘 이겨낸다'와 같이 역경을 극복하는 긍정적인 속성을 나타내는 내용의 문항들로 이루어져 있다.

채점 및 평가지침

응답자는 4점 리커트식 척도에 응답하도록 되어 있다. 문항마다 '전혀 그렇지 않다'에 1점, '그렇지 않다' 2점, '그렇다' 3점, '매우 그렇다'에 4점을 부여한다.

총 점수의 범위는 14점에서 56점이다. 점수가 높을수록 적응이 요구되는 스트레스 사건 경험 후에 개인의 자기-통제 수준으로 다시 돌아오는 능력이 더 뛰어나다는 것을 나타낸다.

신뢰도와 타당도

Block과 Kremen(1996)의 연구에서 18세와 23세의 대학생 210명을 대상으로 알아본 내적 일치도는 .76이었고, 유성경 등(2002)의 연구에서는 .67이었다.

주요 참고문헌

유성경, 심혜원(2002). 적응 유연한 청소년들의 심리적 보호요소 탐색. 교육심리연구, 16(4), 189-206.

척 도

다음의 척도는 저작권 존중을 위하여 전문의 일부만을 실었다. 척도 전문이 필요한 경우 참고문헌을 통해 확인이 가능하다.

자아-적응유연성 척도

다음은 여러분 자신에 관한 질문입니다. 각 문항을 읽으면서 자신에게 해당한다고 생각되는 숫자에 ○표 해 주십시오.

문항내용	전혀 그렇지 않다	그렇지 않다	그렇다	매우 그렇다
1 나는 내 친구에게 너그럽다.				
2 나는 갑자기 놀라는 일을 당해도 금방 괜찮아지고 그것을 잘 이겨낸다.				
3 나는 새롭고 평소에 잘 해 보지 않았던 일을 해 보는 것을 좋아한다.				
⋮				
5 나는 전에 맛보지 못했던 새로운 음식을 먹어 보는 것을 즐긴다.				
⋮				
7 나는 늘 가던 장소에 갈 때 여러 다른 길로 가는 것을 좋아한다.				
⋮				
9 나는 내가 만나는 대부분의 사람들이 좋다.				
10 나는 보통 행동하기 전에 생각을 많이 한다.				
⋮				

12 나의 매일 생활은 흥미로운 일들로 가득하다.				
⋮				
14 나는 다른 사람에게 화가 나도 상당히 빨리 괜찮아진다.				

38 작업스트레스 척도

척도개관

작업스트레스는 의료비용, 산업재해 보상, 결근, 이직 및 생산성의 저하 등에 영향을 미치므로 그 중요성이 점차 증가하고 있으며 이와 관련된 수많은 이론들이 제안되었다. 그중 '제어 이론'에 따르면, 작업스트레스란 환경에서 발생하는 다양한 자극 또는 스트레스원으로 개인이 이를 어떻게 받아들이는가에 따라 주관적 정보로 바뀌어 그 반응이 달라지며, 성격특성이나 대처자원에 따라 그 효과가 달라진다.

전겸구(1998)는 제어 이론에 기초하여 작업스트레스에 관한 통합적 모형을 제시하였다. 이 모형에 따라 객관적 조망에서 개인이 경험하는 작업스트레스원을 보면 물리적 환경, 직무 환경, 조직 환경, 대인 환경 등에서 발생하는 다양한 자극으로 개념화할 수 있고, 주관적 조망에서는 환경으로부터 주어진 요구를 어떠한 역할로 지각하는가에 따라 스트레스 수준이 달라질 수 있다고 보았다. 또 이 모형에 기초하여 작업스트레스 척도를 개발하였는데, 국내 주요 작업스트레스를 검토한 후 이론적 모형에 알맞은 문항들을 선택적으로 포함하고 개방식 질문지로 작업스트레스 영역과 경험과 관련된 문항들을 수집하는 등으로 주관적 측정 방식과 객관적 측정 방식을 통합하고자 하였다.

문항구성

총 48개 문항으로, 10개의 영역으로 구성되어 있다. 물리적 환경, 대인 환경(상사, 하급자, 동료), 직무 환경(직무 과부하, 직무 과소부하), 조직 환경(부서, 회사), 가정 환경 및 역할 갈등이 의미 있는 요인이었다. 물리적 환경은 '내 직장은 공기가 탁하다'와 같은 문항으로 구성되어 있고, 대인 환경은 '나의 상사는 나를 무시한다' '나는 다른 동료 때문에 시간낭비를 하게 된다' '나는 하급자들에게 영향력이 없다' 등의 문항내용이다. 직무 환경은 '나의 업무가 너무 많아서 시간에 쫓기면서 일을 하고 있다'와 같은 내용의 문항으로 구성되어 있으며, 조직 환경은 '내가 소속된 부서는 충돌이 잦다' '내가 소속된 회사는 실직 가능성이 높다' 등의 문항으로 구성되었다. 가정 환경은 '나는 집안일 때문에 회사에서 종종 피곤함을 느낀다' 등의 문항내용이며, 역할 갈등은 '나의 역할을 수행하기 위해서 나 자신의 원칙과 다른 일을 할 때가 있다' 등의 문항내용이다.

채점 및 평가지침

각 문항은 4점 척도로 평정하게 되어 있다. '전혀 아니다'에 1점, '조금 그렇다'에 2점, '상당히 그렇다'에 3점, '매우 그렇다'에 4점을 부여하게 되어 있다.

전체 점수 범위는 48점에서 192점까지이며 점수가 높을수록 개인의 작업스트레스 수준이 높은 것을 의미한다.

신뢰도와 타당도

이 척도를 개발한 연구자들은 구성타당도를 알아보기 위해 요인분석을 실시하였는데 역할 관련 스트레스가 포함된 자료와 성격특성, 가정 환경이 포함된 자료를 독립적으로 분석하여 비교한 결과는 전자가 8개 요인으로 63.5%를 설명하고, 후자가 9개 요인으로 63.3%를 설명하였다. 요인별 내적 일치도는 전자가 .65에서 .90으로, 후자가 .69에서 .90으로 나타났다. 이는 일부 영역(역할 갈등, 가정 환경)을 제외하고 척도에 대한 교차 타당도를 보여 주는 것으로 해석할 수 있다. 그들은 후에 예언타당도와 검사-재검사 신뢰도 등을 측정함으로써 다각적인 타당도 검증과 함께 시간에 따른 안정성도 알아볼 필요가 있다고 제언하고 있다.

주요 참고문헌

전겸구, 장세진, 홍기원, 하은희, 김남송(2003). 작업스트레스 척도 개발: 이론적 배경 및 심리측정적 증거. 한국심리학회지: 건강, 8(3), 645-661.

척 도

저자의 의사를 존중하여 척도의 전문을 수록하지 않았다. 척도 전문이 필요한 경우 저자와의 연락을 통해 확인이 가능하다.

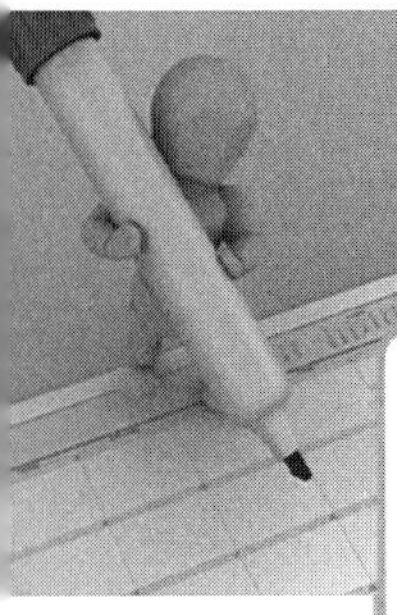

39 직무스트레스 검사

척도개관

이현림, 윤경원(2004)은 산업체 상담원의 역할 갈등, 직무스트레스가 직무성과에 미치는 영향을 알아보고자 수행한 연구에서 직무스트레스 수준을 평가하기 위하여 이 척도를 개발하였다. 이 척도는 우리나라 산업교육 및 상담업무를 담당하고 있는 인재개발 관련부서의 직원을 대상으로 개발되었으며, 이종목, 박한기(1988)가 CMI (Conell Medical Index) 척도를 번안한 것을 연구대상에 맞게 재구성하여 신체적 스트레스와 심리적 스트레스의 영역을 구분하여 사용한 것이다.

문항구성

총 30개 문항으로 이루어져 있으며 '신체적 스트레스' '심리적 스트레스' 2개의 하위영역으로 구성되어 있다.

'신체적 스트레스' 요인은 15개 문항으로 구성되어 있고, 문항번호 1, 3, 5, 7, 9, 11, 13, 15, 17, 19, 21, 23, 25, 27, 29번이 해당된다.

'심리적 스트레스' 요인은 15개 문항으로, 문항번호 2, 4, 6, 8, 10, 12, 14, 16, 18, 20, 22, 24, 26, 28, 30번이 해당된다.

채점 및 평가지침

응답자는 리커트식 5점 척도의 각 문항에 대해 해당되는 곳에 표시하도록 되어 있다. 응답에 따라 '전혀 그렇지 않다'에 1점, '거의 그렇지 않다'에 2점, '보통이다'에 3점, '가끔 그렇다'에 4점, '자주 그렇다'에 5점을 부여한다.

총점의 범위는 30점에서 150점까지이며, 점수가 높을수록 직무스트레스의 수준이 높은 것을 의미한다.

신뢰도와 타당도

전체 문항에 대한 Cronbach's α는 .82였으며, 하위척도별 Cronbach's α는 '신체적 스트레스'가 .85, 심리적 스트레스가 .85으로 나타났다.

주요 참고문헌

이현림, 윤경원(2004). 산업체 상담원의 역할 갈등 및 직무스트레스가 직무성과에 미치는 영향. 한국심리학회지: 상담 및 심리치료, 16(2), 309-325.

윤경원(2004). 산업체 상담원의 역할 갈등 및 직무스트레스가 직무성과에 미치는 영향. 영남대학교 대학원 박사학위논문.

척 도

다음의 척도는 저작권 존중을 위하여 전문의 일부만을 실었다. 척도 전문이 필요한 경우 참고문헌을 통해 확인이 가능하다.

직무스트레스 검사

다음은 직무스트레스에 관한 내용입니다. 해당되는 항목에 ○표 해 주시기 바랍니다.

문항내용	전혀 그렇지 않다	거의 그렇지 않다	보통이다	가끔 그렇다	자주 그렇다
1 쉽게 잠들지 못하거나 잠들더라도 깊이 잠들지 못하고 쉽게 잠을 깬다.	1	2	3	4	5
2 하고 있는 일이 생각대로 되고 있지 않다고 느낀다.	1	2	3	4	5
⋮					
4 사소한 일에 상처를 잘 받고 언제까지 마음속에 생각하는 일이 있다.	1	2	3	4	5
5 눈앞이 캄캄해져서 때때로 희미하게 보인다.	1	2	3	4	5
⋮					
7 몸이 확 달아오르기도 하고 식은땀을 흘릴 때가 있다.	1	2	3	4	5
8 성미가 까다롭다는 이야기를 듣는다.	1	2	3	4	5
⋮					
10 자기 생각대로 되지 않으면 화가 난다.	1	2	3	4	5
11 심장이 두근거리며 불안한 일이 있다.	1	2	3	4	5
12 다른 사람들로부터 비판을 받으면 바로 마음이 혼란스러워진다.	1	2	3	4	5

⋮

14 이전에 재미있던 것이 시시해지고 무엇을 해도 즐겁게 느껴지지 않는다.	1	2	3	4	5
⋮					
16 기분이 어쩐지 침착하지 못하고 가만히 앉아 있을 수 없을 때가 있다.	1	2	3	4	5
17 자주 변비나 설사를 한다.	1	2	3	4	5
⋮					
19 어깨나 목덜미가 뻐근하다.	1	2	3	4	5
20 인생이란 전혀 희망이 없는 것 같이 생각된다.	1	2	3	4	5
⋮					
22 모임에 나가면 외톨이 같은 느낌이 들어 슬프다.	1	2	3	4	5
23 항상 머리가 무거워서 마음이 울적하다.	1	2	3	4	5
24 윗사람이 보고 있는 앞에서 일이 잘 안 된다.	1	2	3	4	5
25 몸의 여기저기에 저림증이나 통증이 있다.	1	2	3	4	5
⋮					
27 피곤해서 녹초가 되는 일이 종종 있다.	1	2	3	4	5
28 상사나 주위에서 나를 어떻게 생각하고 있는지가 항상 마음에 걸린다.	1	2	3	4	5
⋮					
30 회의나 상담 중에 내가 한 말에 대해 나중에 후회하는 경우가 있다.	1	2	3	4	5

40 직무스트레스 척도(사무직용)

척도개관

직무와 관련된 스트레스는 고도산업사회에 살고 있는 우리의 산업구조를 감안하면 매우 중요한 주제다. 직무스트레스를 측정할 수 있는 여러 가지 척도가 개발되었으나 대부분 척도가 한두 개 변인을 다루었다. 이에 이종목, 박한기(1988)는 직무스트레스를 종합적으로 측정 가능한 척도를 개발하였다. 이 척도는 외국에서 사용하고 있는 각종 직무스트레스 측정 척도를 참고하여 연구자가 사무직 근로자를 대상으로 국내 실정에 맞게 종합적 척도를 제작한 것으로, 직무스트레스원 분류에 따라 문항이 구성되었다. 연구자들은 이 척도에서 추출된 것은 단순히 스트레스를 유발시킬 수 있는 가능요인이기 때문에 직접적 스트레스를 측정한 것이 아니라는 한계를 제시하고 신중하게 해석할 것을 제안하였다. 또 이 척도의 적용범위는 사무직 근로자들에게만 제한적으로 사용될 수 있다고 제안하였다.

문항구성

총 81개 문항으로, '물리적 환경 요인' '조직관련 요인' '직무관련 요인' '조직 외 요인' '개인관련 요인'의 5개 요인과 15개의 하위요인으로 구성되어 있다.

'물리적 환경 요인'은 '작업장(사무실) 요인'과 '작업환경 요인'으로 세분된다. '작업장(사무실) 요인'은 6개 문항으로 구성되어 있으며 음파 및 진동, 사무실 설계, 소음과 관계되는 요인으로 작업장(사무실)으로 인한 요인이다. '작업환경 요인'은 5개 문항으로 구성되어 있으며, 공기오염, 사회적 밀도, 조명 등 작업 자체 환경을 뜻하는 요인이다.

'조직관련 요인'은 '경계 및 집단갈등 요인' '작업교대 요인' 및 '감독 및 평가 요인' 등 3개 요인으로 세분된다. '경계 및 집단갈등 요인'은 모두 5개 문항으로 구성되어 있으며, 타 부서 사람과 함께 직무를 수행하는 경우 발생할 수 있는 역할 갈등 및 집단 내 갈등, 집단 간 갈등을 내용으로 한다. '작업교대 요인'은 4개 문항으로 구성되어 있고, '감독 및 평가 요인'은 5개 문항으로 작업활동 및 풍토, 집단에 중대한 영향을 끼치는 감독자 및 평가 상황에 대한 내용으로 이루어져 있다.

'직무관련 요인'은 '의사결정 및 책임 요인' '역할 갈등 및 역할 모호성 요인' '역할 과부하 요인' 및 '과제특성 요인' 등 4개 하위요인으로 세분된다. '의사결정 및 책임 요인'은 16개 문항으로 구성되어 있으며, 직무와 관련된 의사결정 과정에 참여하지 못하게 되었을 때 경험하는 스트레스와 관련이 있다. '역할 갈등 및 역할 모호성 요인'은 9개 문항으로 송자 내 역할 갈등, 송자 간 역할 갈등, 개인 역할 갈등 및 역할 간 갈등을 다루며 역할, 직무목표 및 직무에 관한 책임한계가 불분명한 상황을 내용으로 한다. '역할 과부하 요인'은 6개 문항으로 양적 과부하와 질적 과부하를 내용으로 한다. '과제특성 요인'은 4개 문항으로 과제 자체가 갖는 속성을 의미한다.

'조직 외 요인'은 '가정 요인' 및 '사회적 지원 요인' 등이 포함된다. '가정 요인'은 5개 문항으로 남편과 부인의 태도 및 이주, 가정에서의 부업 등을 다룬다. '사회적 지원 요인'은 3개 문항으로 정서적, 정보적, 평가적, 도구적 지원 등의 사회적 지원을 다룬다.

'개인관련 요인'은 '통제소재 요인' '욕구 및 가치 요인' '능력 및 경험 요인' '인구통계적 특성 요인' 등 4개 하위요인으로 구성되어 있다. '통제소재 요인'은 6개 문항으로, 주어진 조건에 대한 통제력을 행사한다고 지각하는 정도를 의미한다. '욕구 및 가치 요인'은 5개 문항으로 개인의 욕구나 가치를 다룬다. '능력 및 경험 요인'은 4개 문항으로 직무에서의 능력과 경험을 말한다. '인구통계적 특성 요인'은 4개 문항으로 연령, 교육, 성, 출신지 관련 문항으로 이루어져 있다.

채점 및 평가지침

응답자는 리커트식 5점 척도에 각 문항에 대해 평정하도록 되어 있다.

점수가 높을수록 직무스트레스 수준이 높은 것을 의미한다.

신뢰도와 타당도

15개 하위척도에 대한 Cronbach's α는 .56에서 .87까지의 범위에 있었다. 그리고 반분신뢰도에 의한 신뢰도 계수는 .847이었다.

요인분석 결과를 이론적 분류기준과 비교하여 본 결과, 구성타당도는 인정될 수 있다고 보인다.

주요 참고문헌

이종목, 박한기(1988). 직무스트레스 척도제작에 관한 연구(I). 사회심리학연구, 4(1), 241-262.

이종목(2008). 직무스트레스 이해와 관리전략. 광주: 전남대학교 출판부.

척 도

다음은 척도 내용을 토대로 재구성한 것이므로 실제 문항 순서와 구성이 원척도와 다를 수 있으니 참고하시기 바랍니다.

직무스트레스 척도(사무직용)

문항내용	전혀 그렇지 않다	그렇지 않다	그저 그렇다	그렇다	매우 그렇다
1 작업장(사무실)은 방음시설이 좋지 않아 소리가 울리는 편이다.					
2 작업장 시설물의 진동이 몸으로 전달되는 경우가 있다.					
3 시설물 배치로 인한 안전사고의 위험이 있다.					
4 주위 환경이 시끄러워 감독자(상사)나 동료의 말을 잘 알아들을 수 없다.					
5 외부의 소음으로 인해 작업장(사무실)이 진동할 때가 있다.					
6 건물설계상 편의시설(화장실, 휴게시설)의 이용이 불편하다.					
7 사무실(작업장) 배치가 동료와 협동 작업하는 데 불편하다.					
8 개인적인 여유 공간이 부족하다.					
9 사무실(작업장)은 공기가 매우 혼탁한 편이다.					
10 작업장소가 협소하여 늘 붐빈다.					
11 시력이 나빠진 것은 작업장(사무실) 때문인 것 같다.					
12 업무의 성질상 타 부서와 일할 때가 있다.					
13 우리 부서는 타 부서와 업무상 자주 충돌한다.					
14 업무를 수행하다 보면 타 부서와 책임한계가 분명치 못한 경우가 있다.					
15 타 부서 직원들이 우리 부서의 직원들을 비난할 때가 있다.					
16 나는 상사들로부터 서로 상반된 지시를 받을 때가 있다.					

17 작업이 교대될 때마다 몸에 이상이 생기는 것 같다.					
18 작업이 교대될 때 적응하는 데 어려움이 있다.					
19 작업시간이 바뀔 때마다 수면 때문에 고생한다.					
20 작업시간이 변경될 때마다 업무에 지장을 초래한다.					
21 나는 때때로 정당한 평가를 받고 있지 않다.					
22 감독자(상사)는 부하직원을 인정하려 들지 않는다.					
23 감독자(상사)는 일관성이 없다.					
24 근무 성적 외에 다른 요인에 의해 승진되는 경우가 있다.					
25 감독자(상사)는 부하직원을 칭찬할 줄 모른다.					
26 업무(직무)상 나에게 기대하는 것을 확실히 모르고 있다.					
27 업무(직무)수행에서 충분한 권한을 갖고 있지 않다.					
28 내가 하고자 하는 과업(작업) 방향을 동료와 함께 결정하지는 못한다.					
29 나의 업무범위와 책임이 명확하지 않다.					
30 업무에 대한 나의 생각이 반영되지 못한다.					
31 감독자(상사)의 감독행위는 나의 의사가 반영되지 않았다.					
32 작업과제나 목표가 명확하지 않다.					
33 동료가 나에게 기대하는 것을 모르겠다.					
34 나의 책임한계가 명확하지 않다.					
35 나의 업무(작업)가 전체적인 일과 어떻게 관련되어 있는지 확실히 모르는 경우가 있다.					
36 예기치 않는 문제해결을 할 때가 많다.					
37 나의 판단과 상반된 업무를 해야 할 때가 있다.					
38 나는 업무를 수행하는 데 소속집단으로부터 구속을 받는다.					

39 나는 모순된 지시를 받는 경우가 있다.					
40 내 생각과는 달리 일을 해야 하는 경우가 있다.					
41 애매한 지시나 명령을 받고 일해야 하는 경우가 많다.					
42 적절한 물적 시설과 자원의 지원 없이 과제를 수행해야 할 경우가 있다.					
43 업무수행에 필요한 시책이나 지침이 결여되어 있다.					
44 나의 의견을 무시당하는 경우가 많다.					
45 나의 업무는 매우 어렵다.					
46 감당하기 어려운 과제들이 주어지는 경우가 있다.					
47 처리해야 할 일이 많아지고 있다.					
48 업무가 너무 복잡하고 불확실하다.					
49 일을 집에까지 가져가야 할 때가 많다.					
50 나는 너무 많은 책임을 맡고 있다.					
51 현재 맡고 있는 업무는 나의 적성과 잘 맞지 않는 것 같다.					
52 일이 너무 지루하고 변화가 없다.					
53 나의 업무는 판에 박은 듯한 일이 많다.					
54 나는 내가 하고 싶었던 업무에 종사하고 있다.					
55 현재의 봉급으로는 가족을 부양하기 힘들다.					
56 가족들은 현재의 나의 업무나 직책에 대해 불만을 표시한다.					
57 직무상 잦은 이사로 집안에서 불평한다.					
58 가정에서 경제적인 문제로 자주 다툰다.					
59 가정에서 나의 역할에 합당한 대우를 받지 못하고 있다.					
60 상사(감독자)는 나의 업무(작업)를 계획하고 실천하는 데 도움을 준다.					

61 감독자(상사)는 대인관계를 잘 유지하도록 북돋아 준다.					
62 동료들은 직무(업무)상 어려움을 겪을 때 나에게 도움을 준다.					
63 일에 대한 통제력이 없다.					
64 나의 직무(업무)성적이 좋지 않은 것은 동료들 때문이다.					
65 아무리 열심히 노력해도 감독자(상사)가 나를 알아주지 않는다.					
66 내가 승진하지 못한 것은 운이 없었거나 기회가 좋지 않았기 때문이다.					
67 승진 및 포상은 가끔 실적에 관계없이 주어질 때가 있다.					
68 나는 감독자(상사)들이 나의 성적을 어떻게 평가했는지 가끔 이해할 수가 없다.					
69 보통 두 가지 일을 동시에 해야 할 때가 있다.					
70 조직을 깜짝 놀라게 할 만한 근사한 일을 하고 싶다.					
71 남과 경쟁하면 반드시 이기려고 한다.					
72 업무(직무)와 관련된 일에 실패했을 때 우울해진다.					
73 동료가 능력에 의해 평가되기만 한다면 동료에 대해 어떠한 비평도 하고 싶지 않다.					
74 동일한 업무량을 수행하더라도 동료들에 비해 시간이 더 걸린다.					
75 업무를 수행하는 데 능력 부족을 느낀다.					
76 일(작업)에 대한 잡념 때문에 여가를 즐겁게 보내기 어렵다.					
77 일이 잘 되지 않을 경우 너무 쉽게 초조해 한다.					
78 내가 남성(여성)이기 때문에 고통받을 때가 있다.					
79 업무상 나이 때문에 어려웠던 점이 있다.					
80 출신학교 때문에 어려움을 겼을 때가 있다.					
81 출신지 때문에 어려움을 겪을 때가 있다.					

41 직무스트레스 척도(생산직용)

척도개관

이 척도는 앞서 소개된 이종목, 박한기(1988)의 사무직용 직무스트레스 척도를 생산직용으로 개발한 척도다. 이 척도도 사무직용 직무스트레스 척도와 마찬가지로 외국에서 사용하고 있는 각종 직무스트레스 측정척도를 참고하여 연구자가 생산직 근로자를 대상으로 국내 실정에 맞게 종합적 척도를 제작한 것으로, 직무스트레스원 분류에 따라 문항이 구성되었다. 생산공장 근로자들을 대상으로 신뢰도 및 타당도를 살펴보았으므로 적용범위는 생산직 근로자들에게만 제한적으로 사용할 수 있겠다.

문항구성

총 75개 문항으로, '물리적 환경 요인' '조직관련 요인' '직무관련 요인' '조직 외 요인' '개인관련 요인'의 5개 요인과 13개의 하위요인으로 구성되어 있다.

13개 하위요인과 그 내용을 구체적으로 살펴보면 다음과 같다. '물리적 환경 요인'은 조명, 소음, 온도, 음파 및 진동, 공기 오염, 사무실 설계, 사회적 밀도 등을 뜻하는 요인이다. '감독자(상사) 요인'은 작업활동 및 풍토, 집단에 중대한 영향을 끼치는 감독자 및 평가 상황에 대한 내용이며, '집단 갈등 요인'은 역할 갈등, 주제 갈등 및 상호작용 갈등 등의 내용을 포함한다. '작업교대 요인'은 교대작업이 대부분 근로자에게 생리적, 심리적 손실을 가져온다는 면에서 평가될 필요가 있다. '경계-범위 역할 갈등 요인'은 자신의 판단이나 가치관과 다른 명령이나 지침을 수행해야 할 경우 혹은 타 부서 동료나 상사들로부터 업무지시를 받거나 함께 직무를 수행하는 경우의 갈등을 말한다. '역할 모호성 요인'은 개인의 역할, 직무목표 및 직무에 관한 책임한계에 대한 명료성이 불분명할 때의 내용을 포함한다. '역할 갈등 요인'은 송자 내 역할 갈등, 송자 간 역할 갈등, 개인-역할 갈등 및 역할 간 갈등을 다루며, 역할 과부하 요인은 양적 과부하와 질적 과부하를 내용으로 한다. '사회적 지원 요인'은 정서적, 정보적, 평가적, 도구적 지원 등의 사회적 지원을 다룬다. '가정 요인'은 남편과 부인의 태도 및 이주, 가정에서의 부업 등을 다룬다. '욕구 및 가치 요인'은 개인의 욕구나 가치를 다루며, 'A형 행동 요인'은 조급한 성격과 유사한 특징으로 더욱더 짧은 시간 내에 많은 일을 성취하려는 만성적이고 지칠 줄 모르는 노력을 경주하는 행동 특성을 담고 있다. '통제소재 및 인구통계적 특성 요인'은 주어진 조건에 대한 통제력을 행사한다고 지각하는 정도와 연령, 교육, 성, 사회경제적 지위 등과 관련된 내용으로 이루어져 있다.

채점 및 평가지침

응답자는 리커트식 5점 척도에 각 문항에 대해 평정하도록 되어 있다.
점수가 높을수록 직무스트레스 수준이 높은 것을 의미한다.

신뢰도와 타당도

13개 하위척도에 대한 Cronbach's α는 .45에서 .78까지의 범위에 있었으므로 비교적 양호한 신뢰도를 나타내었다.

사무직 근로자 대상의 직무스트레스 척도와 요인 면에서 동일하였으므로 구성타당도는 인정될 수 있다고 보인다.

주요 참고문헌

이종목, 박한기(1988). 직무스트레스 척도제작에 관한 연구(II). 전남대학교 논문집 〈사회과학편〉, 43-62.

이종목(2008). 직무스트레스의 이해와 관리전략. 광주: 전남대학교 출판부.

척 도

다음은 척도 내용을 토대로 재구성한 것이므로 실제 문항 순서와 구성이 원척도와 다를 수 있으니 참고하시기 바랍니다.

직무스트레스 척도(생산직용)

문항내용	전혀 그렇지 않다	그렇지 않다	그저 그렇다	그렇다	매우 그렇다
1 작업장(사무실)은 너무 시끄러워서 작업에 방해를 받는 때가 있다.					
2 사무실(작업장)의 온방(난방)시설이 완전하지 못한 편이다.					
3 작업장(사무실)은 방음시설이 좋지 않아 소리가 울리는 편이다.					

4 사무실(작업장)은 공기가 매우 혼탁한 편이다.				
5 작업장 시설물의 진동이 몸으로 전달되는 경우가 많다.				
6 작업도중 발생하는 공기오염으로 피해를 입는 경우가 있다.				
7 시설물 배치로 인한 안전사고의 위험이 있다.				
8 시력이 나빠진 것은 작업장(사무실) 때문인 것 같다.				
9 사무실(작업장)의 환기시설(통풍시설)이 좋지 않다.				
10 건물설계상 편의시설(화장실, 휴게시설)의 이용이 불편하다.				
11 감독자(상사)는 부하직원을 인정하려 들지 않는다.				
12 감독자(상사)는 나를 믿지 않는다.				
13 감독자(상사)는 일관성이 없다.				
14 나는 상사들로부터 서로 상반된 지시를 받을 때가 있다.				
15 감독자(상사)는 부하직원을 칭찬할 줄 모른다.				
16 내가 일하고 있는 부서는 산만하고 냉담하다.				
17 우리 부서는 타 부서와 업무상 자주 충돌한다.				
18 우리 부서 동료들과 친숙하지 못하다.				
19 타 부서 직원들이 우리 부서의 직원들을 비난할 때가 있다.				
20 작업이 교대될 때마다 몸에 이상이 생기는 것 같다.				
21 작업이 교대될 때 적응하는 데 어려움이 있다.				
22 작업시간이 바뀔 때마다 수면 때문에 고생한다.				
23 작업시간이 변경될 때마다 업무에 지장을 초래한다.				
24 나의 판단과 상반된 업무를 해야 할 때가 있다.				
25 나는 업무를 수행하는 데 소속집단으로부터 구속을 받는다.				

26 업무(작업)수행 방법에 관해 동료들로부터 충고를 듣는 경우가 많다.					
27 나는 모순된 지시를 받는 경우가 있다.					
28 나의 업무(작업)가 전체적인 일과 어떻게 관련되어 있는지 확실히 모르는 경우가 있다.					
29 내 생각과는 달리 일을 해야 할 경우가 있다.					
30 애매한 지시나 명령을 받고 일해야 하는 경우가 많다.					
31 적절한 물적 시설과 자원의 지원 없이 과제를 수행해야 할 경우가 있다.					
32 업무수행에 필요한 시책이나 지침이 결여되어 있다.					
33 나의 의견을 무시당하는 경우가 많다.					
34 불필요한 일을 많이 하고 있다.					
35 나의 직무(업무) 목표는 분명치 않다.					
36 업무(직무)상 나에게 기대하는 것을 확실히 모르고 있다.					
37 업무가 너무 복잡하고 불확실하다.					
38 직무수행에 필요한 정보를 스스로 찾기 어렵다.					
39 작업과제나 목표가 명확하지 않다.					
40 동료가 나에게 기대하는 것을 모르겠다.					
41 나의 책임한계가 명확하지 않다.					
42 업무(직무)수행에서 충분한 권한을 갖고 있지 않다.					
43 나는 너무 많은 책임을 맡고 있다.					
44 나는 직책으로 충분히 책임을 수행할 수 없다.					
45 나의 업무범위와 책임이 명확하지 않다.					
46 주위사람들의 상반된 요구를 만족시킬 수 없다.					
47 승진에 대한 희망이 없는 것 같다.					
48 감독자(상사)의 감독행위는 나의 의사가 반영되지 않았다.					

49 현재 맡고 있는 업무는 나의 적성과 잘 맞지 않는 것 같다.					
50 일을 하다 보면 이전에 경험하지 못했던 문제에 접할 때가 있다.					
51 나의 업무는 매우 어렵다.					
52 처리해야 할 일이 많아지고 있다.					
53 나의 능력에 비해 업무가 너무 적다.					
54 상사(감독자)는 나의 업무(작업)를 계획하고 실천하는 데 도움을 준다.					
55 감독자(상사)는 대인관계를 잘 유지하도록 북돋아 준다.					
56 동료들은 직무(업무)상 어려움을 겪을 때 나에게 도움을 준다.					
57 직무(업무)상 어려움이 있을 때 가정으로부터 도움을 받는다.					
58 업무상 잦은 출장으로 가족들의 불평을 듣는다.					
59 직무상 잦은 이사로 집안에서 불평한다.					
60 가정에서 경제적인 문제로 자주 다툰다.					
61 조직을 깜짝 놀라게 할 만한 근사한 일을 하고 있다.					
62 남과 경쟁하면 반드시 이기려고 한다.					
63 입신출세보다는 생활의 즐거움을 더 중요하게 생각한다.					
64 동료가 능력에 의해 평가되기만 한다면 동료에 대한 어떠한 비평도 하고 싶지 않다.					
65 아무리 급한 일이라 하더라도 시간 때문에 초조해하지 않는다.					
66 일(작업)에 대한 잡념 때문에 여가를 즐겁게 보내기 어렵다.					
67 업무와 관련된 일에 실패했을 때 우울해진다.					

68 때때로 다음날의 업무(작업)를 미리 생각하면서 잠 못 이룬다.					
69 일이 잘되지 않을 경우 너무 쉽게 초조해 한다.					
70 나의 직무(업무)성적이 좋지 않은 것은 동료들 때문이다.					
71 업무상 나이 때문에 어려웠던 점이 있다.					
72 출신학교 때문에 어려움을 겪을 때가 있다.					
73 내가 승진하지 못한 것은 운이 없었거나 기회가 좋지 않았기 때문이다.					
74 출신지 때문에 어려움을 겪을 때가 있다.					
75 승진 및 포상은 가끔 실적에 관계없이 주어질 때가 있다.					

42 직무스트레스 측정 설문지

척도개관

이 척도는 배장섭(2010)이 직무스트레스에 성격유형이 미치는 영향을 알아보기 위해 직장인을 대상으로 한 연구에서 직무스트레스 수준을 측정하기 위하여 만든 설문이다. Ivancevich와 Matterson이 만든 설문지를 근거로 배장섭(2010)이 외국계 보험회사 영업직원에 맞게 재구성하였다. 또한 직무스트레스의 증상에 관한 것은 Davison과 Cooper가 개발한 설문지를 참고하여 작성하였다. 신뢰도와 타당도가 통계적으로 검증되지는 않았으나 직무스트레스를 측정할 때 문항내용을 참고할 수 있겠다.

문항구성

총 20개 문항으로 이루어져 있고, '업무환경' '대인관계' '구조적 환경' '신체적 증상'의 총 4개 하위요인으로 구성되어 있다.

업무환경 요인은 문항번호 1, 2, 3, 4, 5번에 해당되며 근무 환경이 열악한지와 부서 내의 분위기에 대한 정도를 측정한다. 대인관계 요인은 문항번호 6, 7, 8, 9, 10번에 해당되며 상사, 동료, 부하직원과의 인간관계를 통한 스트레스의 강도를 측정한다. 구조적 환경은 문항번호 11, 12, 13, 14, 15번에 해당되며 회사나 자신이 처한 구조적 환경에 대한 스트레스의 강도를 측정한다. 신체적 증상 요인은 문항번호 16, 17, 18, 19, 20번이 해당되며 스트레스를 받았을 때 반응하는 신체적 증상에 대한 정도를 측정한다.

채점 및 평가지침

응답자는 리커트식 5점 척도에 평정하도록 되어 있다. 응답에 따라 '전혀 그렇지 않다'에 1점, '그렇지 않다'에 2점, '보통이다'에 3점, '그렇다'에 4점, '매우 그렇다'를 5점으로 채점한다.

직무스트레스 총점의 범위는 20점에서 100점까지이며, 점수가 높을수록 직무스트레스 수준이 높은 것을 의미한다.

신뢰도와 타당도

예비 검사에서 전문가 회의를 구성하여 사전에 작성한 설문지에 대해 검토하였다. 예비 검사에서는 연구자가 설문내용을 한 문항씩 그 개념을 설명한 다음 의미가 통하지 않거나 이해에 어려움이 있는 단어나 문장 혹은 내용을 지적하도록 요구하였고, 특히 설문이 내용 영역의 독특한 의미를 얼마나 잘 나타내 주는지 질문하였다. 이 같은 과정을 통하여 지적된 사항을 설문지에 반영하였다.

그러나 척도가 널리 활용되기 위해 여러 가지 신뢰도와 타당도가 검증될 필요가 있겠다.

주요 참고문헌

배장섭(2010). 에고그램에 의한 성격유형이 직무스트레스에 미치는 영향. 한양대학교 교육대학원 석사학위논문.

척 도

직무스트레스 측정 설문지

다음의 문항들은 직무스트레스에 관한 것입니다. 각 문항에 대하여 귀하가 동의하는 정도를 해당 번호에 ✓표 해 주시기 바랍니다.

문항내용	전혀 그렇지 않다	그렇지 않다	보통이다	그렇다	매우 그렇다
1 현재 나의 업무는 단순하지 않고 복잡하다					
2 나는 자신의 업무를 수행하는 방법, 절차, 일정 등을 계획하고 결정하는 데 어려워할 때가 가끔 있다.					
3 나의 업무는 자신의 능력이나 기술에 비하여 너무나 어렵거나 또는 복잡하다.					
4 나는 업무수행 시 자신의 능력이나 기술을 충분히 발휘하지 못한다.					
5 나는 현 업무가 나의 적성이나 성격과 비교할 때 적절하지 않으며, 압박을 갖는다.					
6 나는 고객과의 미팅 약속이 없으면 매우 불안해진다.					
7 나는 변덕스러운 고객 때문에 힘들어 하는 경향이 있다.					
8 나는 내 상사 또는 의사소통에 어려움을 겪고 있다.					

9 내가 보기에 옳다고 생각되는 것과는 다르게 처리하도록 요구받는다.					
10 나의 상사는 업무수행에 관한 명령, 지시가 분명하지 않은 경우가 있다.					
11 우리 회사는 업무에 관한 의견을 제시하면, 최종결정권자에게 잘 전달되지 않는다.					
12 나는 경직된 분위기 속에서 일을 한다.					
13 나는 수익이 일정하지 않은 것에 대한 부담감이 있다.					
14 나의 수익은 다른 동료들에 비해서 적은 편이다.					
15 나는 밤늦게까지 일을 하는 경우가 많다.					
16 나는 업무로 인해 무력감이나 피곤함을 느낄 때가 있다.					
17 나는 머리가 개운하지 않다.					
18 나는 어깨가 많이 결린다.					
19 나는 업무 중 긴장감을 가지고 일을 한다.					
20 나는 업무에 대한 의욕이 생기지 않는다.					

43 초등학생용 학교 스트레스 척도

척도개관

스트레스는 이제까지 어른들의 문제이거나 사춘기 이후 청소년들만의 문제인 것으로 취급되었으나, 오늘날에는 연령에 관계없이 심지어 유아들까지도 누구나 생활 속에서 스트레스를 경험한다는 관점이 보편화되고 있다. 6, 7세부터 12, 13세에 이르는 우리나라 초등학교 시기에 해당되는 아동들도 어른들처럼 매일 스트레스 상황에 직면할 가능성이 높고, 일상생활, 학교생활, 교우관계 등의 사건들이 아동들에게 심각하고 끊임없는 스트레스를 주는 상황이 될 수도 있다. 게다가 학교는 아동이 성장하여 가정에서 사회로 생활범위가 확대되는 곳이며 교사나 친구 사이에 사회적 관계가 맺어지는 장일 뿐만 아니라 학업성취라는 목적을 갖고 생활하는 곳이기 때문에 아동들은 학교에 대한 적응, 대인관계, 시험 및 과제 수행 등에 따른 스트레스를 많이 경험하고 있는 것으로 밝혀졌다.

초등학생용 학교 스트레스 척도는 아동이 학교생활 속에서 주관적으로 경험하는 스트레스를 확인하고 개인의 지각에 따라 달리 나타나는 개인차를 설명할 수 있는 상호작용적 입장에 입각하여 아동의 학교 스트레스를 파악하고자 이정희(2003)가 개발했다. 아동의 스트레스를 측정하는 기존 척도들은 제작 연도가 오래된 것이거나 문항이 너무 간략하고 질문의 내용이 너무 포괄적인 것이 많은데 이를 보완하여 현 시대 상황과 아동 발달과정에 따른 다양한 스트레스를 반영해서 제작하였다.

문항구성

총 53개 문항으로, '친구관계 요인' '교사관계 요인' '이성친구관계 요인' '학업부진 요인' '신체 요인'의 5개 요인으로 나뉜다.

'친구관계 요인'은 20개 문항으로, 친구와의 갈등이나 친구로부터 소외 등 친구관계로 인해 스트레스를 받는다는 내용의 문항들이 포함되어 있다. 문항번호 1~20번이 해당된다.

'교사관계 요인'은 13개 문항으로, 교사의 아동 차별, 교사의 공평하지 못한 체벌이나 질책, 교사의 권위로 아동의 인격을 무시하는 사건 등 선생님과의 관계에서 스트레스를 받고 있음을 시사하는 문항들로 구성되어 있다. 문항번호 21~33번이 해당된다.

'이성친구관계 요인'은 8개 문항으로, 아동 후기에 아동들은 사춘기가 시작되는 시기로 이성관계로 인해 스트레스를 많이 받고 있음을 시사하는 문항들이 있다. 문항번호 34~41번이 해당된다.

'학업부진 요인'은 8개 문항으로, 학교생활에서의 주된 활동인 학업과 성적에 관련된 스트레스를 많이 받고 있음을 시사하는 문항들로 구성되어 있다. 문항번호 42~49번이 해당된다.

'신체 요인'은 4개 문항으로, 자신의 외모와 능력에 대해서 스트레스를 받고 있음을 시사하는 문항들이 있다. 문항번호 50~53번이 해당된다.

채점 및 평가지침

검사지에서는 각 문항에 대해 아동 자신이 경험한 일인지를 알아보는 경험 여부란에 경험 유무 표시를 한 후, 경험한 사건에 한하여 스트레스 정도를 리커트식 6점 척도에 평정하도록 되어 있다. '전혀 그렇지 않다'에 1점부터 '매우 그렇다'에 6점까지 채점한다.

총점의 범위는 53점에서 318점까지이며, 점수가 높을수록 학교 스트레스를 많이 받는 것을 의미한다.

신뢰도와 타당도

신뢰도와 관련하여 Cronbach's α는 .80에서 .92로 매우 양호하게 나타났다. 또한 예비 문항작성 시 아동들을 대상으로 평정을 행하여 문항별 내용타당도를 확인하여 검사지 문항을 선정하였다.

그러나 개발 관련 연구에서는 탐색적 요인분석에 의한 신뢰성만을 보여 주므로 확인적 요인분석이나 여러 가지 타당도 분석과 같은 절차가 필요할 것으로 보인다.

주요 참고문헌

이정희(2003). 초등학생용 학교 스트레스 척도의 요인구조 확인. 대구대학교 교육대학원 석사학위논문.

척 도

다음의 척도는 저작권 존중을 위하여 전문의 일부만을 실었다. 척도 전문이 필요한 경우 참고문헌을 통해 확인이 가능하다.

초등학생용 학교 스트레스 척도

문항내용	전혀 그렇지 않다	대체로 그렇지 않다	약간 그렇지 않다	약간 그런편이다	대체로 그런편이다	매우 그렇다
1 작은 실수에도 친구가 지나치게 때리거나 욕을 하여 성질이 났다.						
2 싸움 잘하는 친구가 마음대로 해서 기분이 나빴다.						
⋮						
4 나보다 힘센 친구들이 괴롭혀서 성질이 났다.						
5 장난이 심한 친구 때문에 짜증이 났다.						
6 놀이할 때 심술부리는 친구가 있어 기분이 나빴다.						
⋮						
8 친구가 비밀을 지켜 주지 않아서 성질이 났다.						
9 나에 대한 거짓말을 소문내는 친구 때문에 화가 났다.						
⋮						
11 친구들이 나를 따돌려 성질이 났다.						
12 친구가 나에게 거짓말을 하여 화가 났다.						
⋮						
14 내 물건을 허락도 없이 마음대로 쓰는 친구 때문에 짜증이 났다.						
⋮						
16 친구가 나의 별명을 불러 화가 났다.						

17 친구가 사이버상(세이클럽 등)에서 욕을 해서 화가 났다.						
18 잘난 척하는 친구 때문에 거북했다.						
⋮						
20 가정 환경 때문에 친구가 무시하여 울고 싶었다.						
21 선생님한테 기분 나쁜 말을 들어 기분이 나빴다.						
22 나는 열심히 하느라 했는데 선생님께 혼이 나 속상했다.						
⋮						
24 선생님이 나를 미워하는 것 같아 학교생활이 불안했다.						
25 선생님이 몇몇 아이만을 좋아해서 기분이 나빴다.						
26 선생님한테 책으로 머리나 등을 맞아 기분이 나빴다.						
⋮						
28 선생님이 공부만 강요하셔서 긴장이 되었다.						
29 선생님께서 벌을 심하게 세워 억울했다.						
30 다른 사람이 더 잘못했는데 내가 혼나서 억울했다.						
⋮						
32 숙제가 너무 많아 짜증이 났다.						
33 나도 할 수 있는데 선생님이 다른 아이만 시켜서 화가 났다.						
⋮						

35 좋아하는 이성친구가 나에게 관심이 없어 화가 났다.					
36 좋아하는 이성친구가 딴 사람을 좋아해 괴로웠다.					
⋮					
38 좋아하는 이성친구 생각에 공부가 되지 않았다.					
39 좋아하는 친구가 나보다 딴 아이를 더 좋아해 화가 났다.					
⋮					
41 학년 올라올 때 이성친구와 같은 반이 되지 않아 속상했다.					
42 성적이 나빠 부모님께 꾸중을 들을까 봐 걱정이 되었다.					
⋮					
44 공부를 못하니 다른 일에까지 자신감이 없어진다.					
45 노력해도 기대만큼 성적이 오르지 않아 힘이 빠진다.					
⋮					
47 성적에 대한 부모님의 지나친 기대가 부담스러웠다.					
48 친구의 성적이 나보다 좋아져서 속상했다.					
49 성적이 나빠 원하는 대학에 못 갈까 봐 걱정이 되었다.					
⋮					
51 내 얼굴 모습이 나의 마음에 들지 않았다.					
⋮					
53 공부와 운동을 모두 잘하는 아이가 부러웠다.					

44 초등학생의 일상생활스트레스 척도

척도개관

아동기는 사회심리적 발달과 성격 형성을 위한 중요한 시기다. 이를 고려해 볼 때 아동의 심리적 내부 갈등의 원인이나 스트레스의 요인이 무엇이며 그 강도와 이에 따른 영향을 정확하게 파악하는 것은 부모 및 교사, 상담가가 아동을 이해하는 데 필수적이다. 이에 아동의 스트레스를 측정하기 위한 다양한 도구가 개발되어 활용되었으나, 연구 성과가 매년 지속적으로 재산출되지 못하여 사회변화에 따른 아동의 민감한 변화 양상을 제대로 반영하지 못하고 있다. 또 기존에 개발된 측정도구들이 대부분 지역적으로 적용되어 우리나라 전체로 일반화하기 어렵고 규준이 없어 상대적 해석에 제한이 있다.

이 같은 점을 보완하여 김지혜(2010)는 최근 연구를 반영하고 타당도와 신뢰도가 높은 초등학생의 일상적 생활스트레스 척도를 개발하여 초등학교 3, 4, 5학년을 대상으로 표준화했다. 이 척도에서는 '초등학생의 일상생활스트레스'를 초등학교 아동이 생활 장면 속에서 내 · 외적인 요구(부모 및 가정 환경, 교사 및 학교 환경, 친구 및 개인 내적 환경, 주변 환경 및 일상생활, 학업 갈등)가 생겼을 때 자신이 가진 자원으로 적절히 대처할 수 없을 것이라는 지각에 의해 유발되는 심리적, 생리적, 행동적 측면에서의 반응으로 정의하였다. 이 척도를 활용하여 일선학교 교사 및 학부모들에게 아동에 대한 이해와 상담을 위한 좋은 기초 자료를 제공할 수 있을 것으로 기대된다.

문항구성

총 65개 문항이며, '부모 및 가정 환경 요인' '교사 및 학교 환경 요인' '친구 및 개인 요인' '주변 환경 및 일상생활 요인' '학업 요인'으로 이루어져 있다.

'부모 및 가정 환경 요인'은 17개 문항으로 구성되어 있고 가정의 환경적 요소, 가족의 구조와 구성원을 중심으로 하는 가족관계, 부모의 간섭과 과잉기대 혹은 모든 결정과 책임의 위임 등 다양한 스트레스 반응 요인으로 구성되어 있다. '교사 및 학교 환경 요인'은 13개 문항으로 구성되어 있고 다양한 학교 환경 및 학업적 부담에 의해서 야기되는 스트레스 반응 요인을 말한다. '친구 및 개인 요인'은 17개 문항으로, 내 · 외적 자극에 대해 개인이 상호작용하는 심리적 과정에서 야기되는 스트레스 반응 요인이다. '주변 환경 및 일상생활 요인'은 10개 문항으로, 여러 가지 사회문제와 이에 따른 갈등 및 폐해로 인해 야기되는 스트레스 반응의 요인이다. '학업 요인' 은 8개 문항으로, 학업과 관련된 스트레스 반응의 요인들로 구성되어 있다.

채점 및 평가지침

아동이 직접 리커트식 4점 척도 설문지에 자기보고식으로 응답하게 되어 있다. 각 문항내용에 대해서 스트레스를 얼마나 받는지 표시한 것에 따라 '전혀 받지 않는다'에 1점, '별로 받지 않는다'에 2점, '약간 받는다'에 3점, '많이 받는다'에 4점을 부여한다.

65점에서 260점까지의 총점 범위를 가지며, 점수가 클수록 아동이 받는 일상생활의 스트레스 수준이 높은 것이다.

신뢰도와 타당도

문항 전체에 대한 Cronbach's α는 .961로 매우 신뢰할 수 있는 수준이다. 각 하위 요인별 Cronbach's α는 '부모 및 가정 환경 요인'이 .915, '교사 및 학교 환경 요인'이 .870, '친구 및 개인 요인'이 .893, '주변 환경 및 일상생활 요인'이 .813, '학업 요인'이 .817로 나타났다.

공인타당도 검증을 위해 이 척도와 민하영, 유안진(1998)의 '학령기 아동의 일상적 생활스트레스 척도' 검사를 비교해 본 결과, 척도 간 상관계수가 .295에서 .760($p<.001$) 범위를 나타내었다.

주요 참고문헌

김지혜(2010). 초등학생의 일상생활스트레스 척도개발. 서울교육대학교 교육대학원 석사학위 청구논문.

척 도

초등학생의 일상생활스트레스 척도

문항내용	스트레스를			
	전혀 받지 않는다	별로 받지 않는다	약간 받는다	많이 받는다
1 친구들이 나를 무시하는 것 같아서 속상하다.	1	2	3	4
2 친구들과 어울리고 싶은데 그러지 못해서 불만이다.	1	2	3	4

3 내가 가장 좋아하는 친구가 나보다 다른 친구에게 더 관심을 보여서 질투가 난다.	1	2	3	4
4 친구들과 대화할 때 이야기가 잘 통하지 않아서 불만이다.	1	2	3	4
5 친구들이 나를 놀리거나 욕해서 화가 난다.	1	2	3	4
6 마음에 딱 맞게 적당한 친구가 없어서 외롭다.	1	2	3	4
7 내가 남들보다 건강하지 못해서 속상하다.	1	2	3	4
8 나의 성격이 마음에 들지 않아서 짜증스럽다.	1	2	3	4
9 남들보다 긴장이나 불안을 많이 하는 편이다.	1	2	3	4
10 나보다 좋은 조건을 가지고 더 잘난 친구들과 비교가 되어서 속상하다.	1	2	3	4
11 친구가 나에게 거짓말을 하거나 약속을 지키지 않아서 화가 난다.	1	2	3	4
12 조그만 일에도 잘난 척하는 친구 때문에 짜증스럽다.	1	2	3	4
13 내가 어려움에 처했을 때 마땅히 도와줄 친구가 없어서 슬프다.	1	2	3	4
14 친구들이 이기적으로 행동할 때가 있다.	1	2	3	4
15 친구가 과격한 장난을 하거나 때려서 억울하다.	1	2	3	4
16 친구가 놀이를 방해하거나 끼어들어서 불만이다.	1	2	3	4
17 친구들이 나의 비밀을 엿보거나 다른 사람에게 누설해서 화가 난다.	1	2	3	4
18 부모님이 매일 공부하라고 강요하신다.	1	2	3	4
19 부모님이 내 생각이나 의견을 존중해 주지 않으셔서 서운하다.	1	2	3	4
20 부모님이 나의 일에 지나치게 간섭하고 참견하셔서 화가 난다.	1	2	3	4
21 부모님이 나의 성적에 대해서 신경을 많이 쓰고 걱정하셔서 부담스럽다.	1	2	3	4
22 내가 갖고 싶어 하는 것을 부모님이 사 주지 않으셔서 화가 난다.	1	2	3	4
23 나는 꼭 필요한 물건을 제대로 살 수 없어서 화가 난다.	1	2	3	4
24 부모님이 나의 형제, 자매를 비교하셔서 화가 난다.	1	2	3	4

25 부모님은 나의 형제나 자매 편만 들거나 차별하신다.	1	2	3	4
26 부모님이 내 생활에 너무 참견을 많이 하셔서 힘들다.	1	2	3	4
27 부모님이 나와 많이 놀아 주지 않으셔서 속상하다.	1	2	3	4
28 부모님이 받는 스트레스를 나에게 푸셔서 짜증스럽다.	1	2	3	4
29 부모님은 다른 친구와 나를 자주 비교하신다.	1	2	3	4
30 부모님이 나의 이야기를 끝까지 듣지 않고 먼저 꾸중을 하신다.	1	2	3	4
31 부모님이 나의 마음을 이해하지 못하셔서 서운하다.	1	2	3	4
32 부모님이 나를 믿어 주지 않고 의심을 하신다.	1	2	3	4
33 부모님의 생각을 나에게 자주 강요하신다.	1	2	3	4
34 부모님이 내가 하고 싶은 컴퓨터 게임이나 오락을 마음대로 하지 못하게 하셔서 속상하다.	1	2	3	4
35 나는 학업성적 때문에 신경이 많이 쓰인다.	1	2	3	4
36 나는 시험을 볼 때마다 초조하고 긴장이 많이 된다.	1	2	3	4
37 나는 학원이나 과외활동이 너무 많아 힘들다.	1	2	3	4
38 아무리 열심히 노력해도 성적이 별로 오르지 않는다.	1	2	3	4
39 앞으로 해야 할 공부와 숙제 때문에 머리가 아프다.	1	2	3	4
40 대학에 못 가면 어쩌나 하는 걱정 때문에 불안하다.	1	2	3	4
41 선생님이 몇몇 친구들만 편애하시는 것 같아서 불만이다.	1	2	3	4
42 나는 학교생활에 잘 적응하는 게 어렵다.	1	2	3	4
43 나는 선생님이 수업하는 방식이 별로 마음에 안 든다.	1	2	3	4
44 숙제가 너무 많아서 힘들다.	1	2	3	4
45 선생님이 종종 다른 친구들 앞에서 창피를 줘서 속상하다.	1	2	3	4
46 학교에서 힘센 친구들이 나를 괴롭혀서 힘들다.	1	2	3	4
47 학교생활이 지루하고 재미가 없다.	1	2	3	4
48 수업 내용이 너무 어렵거나 이해가 되지 않아서 힘들다.	1	2	3	4
49 공부를 잘하고 싶은데 공부하는 방법을 잘 몰라서 걱정이다.	1	2	3	4

50 선생님이 화를 자주 내시고 벌을 주셔서 힘들다.	1	2	3	4
51 선생님이 때때로 부당하게 처벌을 하셔서 속상하다.	1	2	3	4
52 선생님이 나에게 무관심하셔서 서운하다.	1	2	3	4
53 선생님의 말과 행동이 달라서 화가 난다.	1	2	3	4
54 선생님이 나의 인격을 무시하셔서 속상하다.	1	2	3	4
55 학교에서 공부하는 시간이 너무 많아서 힘들다.	1	2	3	4
56 나는 통학시간이 오래 걸려 짜증스럽다.	1	2	3	4
57 재미있는 놀이를 할 만큼 시간적 여유가 없다.	1	2	3	4
58 중요한 물건을 잃어버렸다.	1	2	3	4
59 주위의 소음 때문에 공부나 생활에 지장을 받곤 한다.	1	2	3	4
60 폭력이나 유괴, 성추행을 당할까 봐 걱정된다.	1	2	3	4
61 컴퓨터나 기타 기계들이 마음대로 작동이 안 될 때 짜증스럽다.	1	2	3	4
62 생활 주변이 지저분하거나 깔끔하지 못해서 신경 쓰인다.	1	2	3	4
63 해야 할 일이 많은데 시간이 촉박하면 조급해진다.	1	2	3	4
64 규칙과 질서를 무시하는 사람을 볼 때 화가 난다.	1	2	3	4
65 내 소중한 물건을 잃어버리거나 누군가 훔쳐 갈까 봐 걱정된다.	1	2	3	4

45

치과기공사의 직무스트레스 척도

척도개관

치과기공사는 치과진료를 행하는 의료기관 또는 시장, 군수, 구청장이 인정하는 치과기공소에서 치과의사의 진료에 필요한 치과기공물, 충전물 또는 교정장치의 제작, 수리 또는 가공 등의 치과기공업무에 종사하는 사람이다. 치과기공 작업은 정밀성, 정확성, 심미성을 요하므로 많은 긴장이 따르며 제한된 시간으로 인한 야간작업과 거래처와의 하청관계의 측면 등 업무 과정에서 당면하는 직업적 스트레스가 많은 업무다.

김지환(2000)은 치과기공사의 스트레스 증상과 관련 있는 요인들을 규명하기 위해 기존의 스트레스 측정도구를 수정, 변형하여 치과기공사의 직업관련 스트레스 증상을 수치화할 수 있는 척도를 개발하였다. 이 척도는 Derogatis 등(1974)이 개발한 자기보고식 다차원 증상 목록 검사인 Symptom Checklist-90-Revision(SCL-90-R)의 항목 중 신체화 증상, 압박감 증상, 대인민감 증상, 우울 증상, 불안 증상, 적대감 증상의 6개 척도를 선정하고 문항내용도 치과기공사에 알맞게 수정하여 고안된 것이다.

문항구성

총 50개 문항으로 구성되어 있다. 6개의 하위척도가 있는데 신체화 척도 9개 문항(문항번호 1~9번), 압박감 척도 10개 문항(문항번호 10~19번), 대인민감 척도 7개 문항(문항번호 20~26번), 우울 척도 8개 문항(문항번호 27~34번), 불안 척도 8개 문항(문항번호 35~42번), 적대감 척도 8개 문항(문항번호 43~50번)으로 이루어져 있다.

채점 및 평가지침

지난 7일 동안 경험한 증상의 정도를 리커트식 5점 척도에 평정하게 되어 있다. 각 문항의 점수는 '전혀 없음'에 0점, '별로 없음'에 1점, '보통임'에 2점, '심한 편임'에 3점, '매우 심함'에 4점으로 한다.

각 척도 점수를 합하여 스트레스 전체 증상에 대한 점수 합계를 구할 수 있는데, 이를 스트레스의 증상지수인 Global Severity Index of dental Technician(GSID)으로 본다. 각 척도의 점수 범위는 신체화 척도가 9~36점, 압박감 척도가 10~40점, 대인 민감성 척도는 7~28점, 우울 척도는 8~23점, 불안 척도는 8~32점, 적대감 척도는 8~32점이며, GSID는 50~200점의 범위를 가진다.

점수가 높을수록 각 차원의 증상이 높음을 의미한다. 개발 연구 논문에서는 스트레스의 높고 낮은 군을 분류하기 위해 80% 점수를 기준으로 민감도 81.5%, 특이도 86.1% 되는 55점을 절단점으로 제시하였다.

신뢰도와 타당도

50개 문항 전체에 대하여 각 차원의 Cronbach's α는 .79에서 .92까지의 값을 나타낸다.

치과기공사의 스트레스 증상척도의 규준타당도를 위해 ROC(Receiver Operating characteristic) 분석법을 이용하여 GSID의 최적 절단 점수를 구하였으며 SCL-90-R을 진단 기준으로 하였다. 그 결과, GSID의 최적 절단점 추정으로 변별력은 Beck Depression Inventory(BDI), Symptoms of Stress(SOS), The Center for Epidemiology Studies Depression Scale(K-CES-D), Minnesota Multiphasic Personality Inventory-Depression(MMPI-D) 등과 같은 다른 우울검사보다 높은 것으로 나타났으며 약 80% 정도였다.

주요 참고문헌

김지환(2000). 치과기공사의 스트레스 증상 관련 요인분석. 대한산업의학회지, 12(4), 501-514.

박남규(2002). 치과기공사의 직무스트레스와 조직효과성 관계 연구. 연세대학교 관리과학대학원 석사학위논문.

척 도

치과기공사의 직무스트레스 척도

다음은 직무스트레스에 관한 문항입니다. 귀하가 동의하시는 사항에 ✓표 해 주시기 바랍니다.

문항내용	전혀 없음	별로 없음	보통임	심한 편임	매우 심함
1 머리가 아프거나 두통이 있다.					
2 근육통(목, 어깨, 허리, 손) 또는 신경통이 있다.					
3 팔다리가 묵직하고 피곤하다.					
4 눈이 피로하고, 건조, 이물감, 가려움, 압박감, 눈물이 자주 난다.					
5 호흡기 질환에 자주 걸리거나 기침이나 가래가 나온다.					
6 숨쉬기가 거북하고 가슴이 답답하다.					
7 귀에서 이상한 소리가 자주 들린다.					
8 손, 얼굴, 기타 부위의 피부가 가렵거나 피부손상, 통증이 있다.					
9 편안하게 잠을 못 잔다.					
10 가끔 작품을 잘 만들어야 한다는 생각이 떠나지 않는다.					
11 작업량이 많아질수록 심적 부담이 커진다.					
12 항상 작품을 시간 내에 만들어야 한다는 생각뿐이다.					
13 제작한 것이 안 맞을지도 모른다는 두려움을 느낀다.					
14 가끔 안에만 신경을 써서 다른 일은 자주 잊어버린다.					
15 작품 완성 시간이 촉박해서 쫓기는 기분이다.					
16 기공 일이 힘들게 느껴진다.					
17 재제작에 대한 심리적 부담을 항상 느낀다.					
18 모든 작업을 확인하고 또 확인해야 마음이 놓인다.					
19 작업이 뜻대로 되지 않고 막히는 기분이다.					
20 직장 동료들이 못마땅하게 느껴진다.					
21 거래처의 치과의사, 위생사가 못마땅하게 느껴진다.					
22 이성을 대하면 어색하거나 부끄럽다.					
23 직장 내에 다른 사람들이 있을 때 내 언행에 더욱 신경 쓰게 된다.					

24 다른 사람들이 나를 이해 못하는 느낌이다.					
25 내가 남보다 못한 느낌이다.					
26 여러 사람들이 있는 곳에서 더욱 남들을 의식하게 된다.					
27 직장에 오면 기운이 없고 침체된 기분이다.					
28 직장 안에서 외로움을 느낀다.					
29 직장에 있으면 기분이 울적해진다.					
30 직장 일에 대한 걱정이 많다.					
31 연속적인 작업 실패로 우울한 기분이 든다.					
32 나의 직종에 대한 장래 희망이 없는 느낌이다.					
33 내가 하는 일이 허무한 느낌이 든다.					
34 직장 내의 모든 일이 홍겹지 않다.					
35 작업으로 신경이 예민해진다.					
36 하던 작업 때문에 마음의 안정이 안 된다.					
37 작업 때문에 불안감이 생긴다.					
38 작업시 초조해 하는 편이다.					
39 별다른 이유 없이 자주 놀란다.					
40 무슨 일이든 조급해서 안절부절못한다.					
41 심장(가슴)이 마구 뛴다.					
42 전화 벨소리가 울리면 긴장이 된다.					
43 작업 중 사소한 일에도 짜증을 내는 편이다.					
44 작업 중 나도 모르게 화가 치민다.					
45 사소한 일에도 욕하고 싶은 충동이 생긴다.					
46 사소한 일에 잘 다툰다.					
47 미워하는 마음이 자주 생긴다.					
48 작업 중 상대방에게 큰소리로 고함을 지른다.					
49 내게 화나는 일이 있을 때 아랫사람한테 화풀이한다.					
50 무엇을 때려 부수고 싶은 충동이 생긴다.					

46 택배집배송 기사의 직무스트레스 설문지

척도개관

택배집배송 기사들은 육체적, 정신적 면에서 모두 스트레스를 받는다. 항상 택배 차량을 운전해서 상품을 집배송해야 하고, 매일 새로운 사람과 의사소통 및 업무상 대화를 하며 불만사항을 처리해야 하는 업무 특성 때문에 직무스트레스에 노출될 수밖에 없다.

이 척도는 오동석(2010)이 택배집배송 기사의 직무스트레스 유발 요인과 조절 변수를 규명하려는 연구에서 사용한 설문지로 직무스트레스에 관한 선행 연구의 이론적 연구를 토대로 만들어졌다. 연구에서 사용된 설문은 직무스트레스 요인을 알기 위해 업무 특수성을 고려한 6개 요인을 측정하도록 되어 있다.

문항구성

총 28개 문항으로 '업무 숙련도' '역할 갈등' '역할 과부하' '조직체계' '업무특성' '직무자율'의 6개 요인으로 구성되어 있다.

요인별로 자세히 살펴보면, '업무 숙련도' 요인이 5개 문항으로, 1~5번 문항이 해당되며, 택배집배송 기사의 경력과 관련하여 자신이 수행하는 업무에 얼마나 익숙한지, 담당하는 지역의 지리는 잘 알고 있는지, 차량 운전은 능숙하게 할 수 있는지 등 업무 숙련도와 관계있는 내용이다. '역할 갈등'은 5개 문항으로, 6~10번 문항이 해당되며, 택배 업무 특성상 기사에게 주어지는 역할 갈등에 따른 대처능력과 그에 따른 스트레스를 내용으로 한다. '역할 과부하 요인'은 4개 문항으로, 11~14번 문항이 해당되며, 요구되는 업무가 다양해지고 그 분량이 많아지는 등 본인의 능력 이상을 요구했을 때 받는 스트레스를 측정하기 위한 문항으로 구성되어 있다. '조직체계' 요인은 4개 문항으로 15~18번 문항이 해당되며, 조직의 구성 및 경영방향에 대한 내용을 측정한다. '업무특성'에 관한 요인이 4개 문항으로, 19~22번 문항이 해당되며, 타 직종과 비교해서 택배업이 지니는 독특한 특성에 관한 내용이다. '직무자율' 요인은 6개 문항으로, 23~28번 문항이 해당되며, 직무에서 얼마나 자율적이며 권한이 주어지는지와 관련된 내용으로 구성되어 있다.

채점 및 평가지침

리커트식 5점 척도로 응답하게 되어 있다. 응답에 따라 '전혀 그렇지 않다'에 1점, '거의 그렇지 않은 편이다'에 2점, '그저 그렇다'에 3점, '약간 그렇다'에 4점, '정말 그렇다'에 5점을 부여한다.

'업무 숙련도' 요인에 해당하는 1~5번 문항과 '조직체계 요인'에 해당하는 15~18번 문항은 역채점해야 하는 문항이다.

총점의 범위는 28점에서 140점까지이며, 점수가 높을수록 택배집배송 기사의 직무스트레스 수준이 높은 것을 의미한다.

신뢰도와 타당도

Cronbach's α를 하위요인별로 살펴보면, '업무 숙련도' 요인이 .75, '역할 갈등' 요인이 .69, '역할 과부하' 요인이 .71, '조직체계' 요인이 .73, '업무특성' 요인이 .71, '직무자율' 요인이 .74로 나타났다.

주요 참고문헌

오동석(2010). 택배집배송 기사의 직무스트레스 요인분석. 건국대학교 산업대학원 석사학위 청구논문.

척 도

택배집배송 기사의 직무스트레스 설문지

다음 설문은 귀하의 스트레스 원인을 알아보고자 하는 것입니다. 각 항목에 대해 동감하는 정도를 가장 잘 나타내는 칸에 ○표 또는 ✓표 해 주십시오.

문항내용	전혀 그렇지 않다	거의 그렇지 않은 편이다	그저 그렇다	약간 그렇다	정말 그렇다
1 나는 배송해야 할 지역의 지리를 잘 알고 있다.					
2 나는 내가 담당하는 지역에서 장기간 근무를 하고 있다.					
3 나는 택배차량 운전에 익숙하다.					
4 나는 고객과의 전화를 두려워하지 않는다.					
5 나는 어려운 고객 클레임을 잘 처리한다.					

6 나는 마감시간을 맞추기 위해 규범이나 법을 어기지 않으면 안 된다.					
7 나는 둘 이상의 상사로부터 서로 모순된 지시를 받고 매우 혼란스러울 때가 있다.					
8 나는 나의 경력이나 능력에 비해 택배업무가 어렵다고 생각한다.					
9 나는 고객에 대한 신속한 배송서비스와 나의 안전운전 사이에서 고민한 적이 있다.					
10 나는 불필요한 일(기본업무 외 잔업)을 수행하고 있다.					
11 내게 부과되는 업무량이 너무 많아 힘겨울 때가 있다.					
12 나는 식사시간도 가지고 있지 못하다고 느낀다.					
13 나는 택배 업무를 수행할 충분한 시간이 있다.					
14 회사는 나의 집배송 능력에 비해 높은 수준의 기대를 하고 있다.					
15 회사는 내게 명확한 비전과 목표를 제시하고 있다.					
16 내가 소속되어 있는 회사는 다른 회사의 모범이 되는 정책과 업무 능력을 가지고 있다.					
17 회사는 조직원들 간의 갈등을 해결하기 위해 노력한다.					
18 회사와 나는 합리적인 의사소통을 하고 있다.					
19 나는 아파트 등 주거 밀집 지역을 담당하고 있다.					
20 나는 15kg 이상의 화물을 주로 취급한다.					
21 나는 집하 위주의 업무를 수행한다.					
22 나는 개인택배 위주의 화물을 주로 취급한다.					
23 나는 배송 경로를 스스로 결정할 수 있다.					
24 나는 스스로 택배단가를 결정할 수 있다.					
25 나는 클레임 처리를 독단적으로 결정할 수 있다.					

26 나는 앞으로 일어날 업무를 예측할 수 있다.					
27 나는 시간 외 근무 및 휴일근무를 조정할 수 있다.					
28 나는 회사 내에서 많은 업무권한을 가지고 있다.					

47 학업 기대 스트레스 척도

척도개관

학업 기대 스트레스 척도(Academic Expectations Stress Inventory: AESI)는 북미 내에서 Ang과 Huan(2006)이 아시아 청소년의 학업 기대 스트레스를 측정하기 위해 개발한 척도다. Ang과 Huan은 한국인을 비롯한 동양 청소년들이 미국 내에서 학업 성취가 높고, 동시에 그에 따른 학업 스트레스가 높은 이유를 아시아의 집단문화적인 성취압력에 기인하는 것으로 인식하였다. 즉, 동양 문화권 학생들은 창피함을 피하고, 학업적인 성취를 통해 중요한 타인과 자신의 기대를 채우고자 하는 욕구를 높게 가지고 있다는 것이다.

이 척도는 집단주의적 동양 문화권인 우리나라의 상황에서도 적절히 사용될 수 있을 것으로 보인다. 최경찬(2008)은 이 영문판 학업 기대 스트레스 척도를 번안하여 국내에 소개하고, 전국의 중학생들을 대상으로 학업 기대 스트레스의 요인 구조를 확인하여 그 적용 가능성을 알아보았다. 번안된 척도는 중학생들을 대상으로 하는 여러 가지 학업 스트레스 감소 프로그램에서 학생들의 스트레스 정도를 객관적으로 측정할 수 있고 집단 간 차이를 통한 상담의 효과를 밝히는 데 유용한 도구로 활용될 수 있을 것으로 생각된다.

문항구성

총 9개 문항이며, 학업 기대 스트레스를 두 가지 영역에서 평가한다. 각 영역들은 '부모나 교사의 기대로 인한 스트레스' 5개 문항(문항번호 1~5번)과 '학생 자신의 기대로 인한 스트레스' 4개 문항(문항번호 6~9번)으로 구성되어 있다.

채점 및 평가지침

학업 기대 스트레스와 관련된 각 문항에 대해 응답자는 리커트식 5점 척도에 평정하도록 되어 있다. 응답에 따라 '전혀 그렇지 않다'에 1점, '약간 그렇지 않다'에 2점, '보통이다'에 3점, '약간 그렇다'에 4점, '매우 그렇다'에 5점을 채점한다. 각 문항당 배정된 점수를 합산하여 전체 점수를 산출할 수도 있고 부모나 교사의 기대로 인한 스트레스 점수와 학생 자신의 기대로 인한 스트레스 두 가지 영역의 각각의 총점을 산출할 수도 있다.

점수 범위는 9점에서 45점까지이며, 점수가 높을수록 학업 기대 스트레스가 높은 것을 의미한다.

신뢰도와 타당도

전체 척도와 두 가지 요인으로부터 얻어진 Cronbach's α는 .77에서 .85의 범위에 있었다. 확인적 요인분석을 통하여 두 가지 요인 모델이 RMSEA를 제외한 나머지 NFI, CFI, IFI와 같은 적합지수가 잘 부합하는 것으로 나타났다.

학업 기대 스트레스 척도의 타당화를 위한 경험적 자료를 제공하기 위해서 우울, 불안, 부정적 평가에 대한 두려움, 주관적 안녕감, 정적 및 부적 정서 관련 척도를 활용하여 학업 기대 스트레스 척도와 하위요인들 간의 관계를 알아봄으로써 구인타당도를 검증하였다. 그 결과, 전반적으로 학업 기대 스트레스 척도에서 높은 점수를 획득한 중학생일수록 부적 정서, 우울감, 불안감, 부정적 평가에 대한 두려움의 점수가 높은 것으로 나타났다.

주요 참고문헌

최경찬(2008). 중학생용 학업 기대 스트레스 척도 타당화. 전북대학교 대학원 석사 학위논문.

척 도

학업 기대 스트레스 척도

다음은 여러분의 학업 관련 스트레스를 측정하는 문항입니다. 다음의 문항을 읽고 자신에게 가장 가깝다고 생각되는 곳에 ○표 해 주시기 바랍니다. 옳고 그른 답이 없으므로 모든 문항에 솔직히 답해 주세요.

문항내용	전혀 그렇지 않다	약간 그렇지 않다	보통이다	약간 그렇다	매우 그렇다
1 나는 부모님의 기대에 못 미칠 때 내 자신을 탓한다.					
2 나는 학교 성적이 나쁠 때 선생님을 실망시켰다고 느낀다.					
3 나는 학교 성적이 나쁠 때 부모님을 실망시켰다.					
4 나는 부모님이 내 시험 성적에 실망한 것을 알게 되었을 때 스트레스를 받는다.					

5 나는 선생님의 기대에 못 미칠 때 내가 형편없이 느껴진다.					
6 내 자신의 기준에 못 미칠 때 스트레스를 받는다.					
7 내가 나의 기대치에 못 미칠 때 내가 가치 없는 사람이라고 느낀다.					
8 나는 보통 자신의 목표를 달성하지 못하면 잠을 못 자고 걱정한다.					
9 내가 시험에서 실력을 충분히 발휘하지 못했을 때 스트레스를 받는다.					

48 한국 근로자를 위한 Daily Hassles 스트레스 척도

척도개관

최근 우리나라 근로자들의 직장 스트레스는 계속 증가하고 있고 이로 인한 사회심리적 충격이 사회문제가 되고 있다. 이에 다양한 분야의 연구자들이 우리나라 근로자들의 직업성 스트레스에 주목하고 있으며 스트레스를 측정하기 위하여 다양한 척도를 활용하고 있다. 그중 Karasek(1985)의 직무내용 조사표(Job Content Questionnaire: JCQ), 미국국립산업안전보건연구원(National Institute for Occupational Safety and Health: NIOSH)의 직업성 스트레스 조사표(Generic Job Stress Questionnaire: JSQ)가 신뢰도 타당도 측면에서 인정되어 널리 사용되고 있다.

한편 근로자의 스트레스에는 조직 내 문제와 직장 내 관계, 취업 불안정 등을 내용으로 하는 직업성 스트레스 요인뿐 아니라 자녀교육, 부부관계, 노후 대책 등의 일상생활 전반에서 오는 스트레스원도 상당히 영향을 미치므로 두 가지 요인을 모두 고려할 필요가 있다. 그러나 앞에서 언급한 직무내용 조사표(JCQ)와 미국국립산업안전보건연구원의 직업성 스트레스 조사표(JSQ)는 내용 면에서는 업무와 관련된 질문들만을 포함하고 있어 업무 외의 일상생활에서 유발되는 스트레스를 측정할 수 없다. 이에 근로자 스트레스를 좀 더 정확히 측정하기 위해서 직장생활은 물론 일상생활도 포함하는 종합적인 생활 전반의 스트레스 요인을 측정하고, 동양 문화권을 대상으로 다양한 건강상태에 있는 인구를 대상으로 사용할 수 있는 스트레스 측정 설문지 개발이 요구되었다.

이러한 필요에 의해 일본 국립정신보건연구소의 Tomioka 등(1997)은 근로자의 직업으로부터 오는 스트레스와 일상생활로부터 야기되는 스트레스를 동시에 측정하기 위해서 DHS-W(Daily Hassles Scale for Workers) 스트레스 척도를 개발하였다. 이를 박상회 등(2001)이 한국어로 번역하고 표준화하여 우리나라 근로자의 직업 및 일상 스트레스 반응을 파악하는 평가 척도인 Daily Hassles Scale for Korean Workers (DHS-KW)를 개발하였다.

문항구성

총 29개 문항으로, 일상생활과 직장생활 등으로부터 생길 수 있는 다양한 종류의 부담, 불만, 고통, 귀찮음 등을 포함하고 있다.

업무에 관한 문제, 인간관계, 가정과 일상생활에서의 문제, 건강에 관한 문제, 여유가 없는 생활의 5개 요인으로 구성되어 있다.

채점 및 평가지침

다양한 종류의 스트레스 경험 정도를 5점 척도로 측정한다. 또한 스트레스 경험 정도에 대하여 각각 본인이 느끼는 정도인 반응 정도를 역시 5점 척도로 측정한다.

경험 정도의 경우 '전혀 없다'에서부터 '상당히 많다'까지로 구성되며, 반응 정도의 경우 '전혀 느끼지 않는다'에서부터 '상당히 강하게 느낀다'까지로 구성되어 있다. 5점 척도에 대한 점수는 조사표 개발자의 분석 방법에 근거하여 0점에서 4점까지로 산정한다. 이 빈도와 강도를 나타내는 문항별 점수를 합산하거나 또는 빈도와 강도를 곱한 값을 합산하여 목적에 맞게 활용할 수 있다.

신뢰도와 타당도

29개 문항 전체에 대하여 Cronbach's α는 .92로 매우 신뢰할 수 있는 수준이다. 각 요인별 내적 일관도도 .76에서 .86의 범위로 높은 수준을 보였다. 거트만의 반분법을 이용한 상관에서도 각 요인별 상관이 .70에서 .80의 범위에 있었다.

타당도를 알아보기 위해, 스트레스를 측정하는 다른 도구의 일부 항목들과 DHS-KW 항목들과의 상관관계를 분석하였다. 그 결과, 미국국립산업안전보건연구원에서 개발된 직업 스트레스 조사표의 직무부담(Job Demand)과 DHS-KW의 업무관련 문제 요인의 경험 점수는 .56($p<.01$)의 상관을 보였으며 업무관련 문제 요인의 위험 인지수준과는 .452($p<.01$)이었다. 따라서 DHS-KW가 업무관련 스트레스원을 측정하는 데 타당하다고 볼 수 있다.

DHS-KW의 경험과 위험인지를 결합한 충격점수와 직무부담 간 상관은 .540($p<.01$)로 DHS-KW가 직무부담을 측정하는 데 적합하다고 할 수 있다. 또 직무부담과 직무통제 등을 결합하여 재구성된 직무긴장(Job Strain)과 DHS-KW의 업무관련 문제 요인 경험과 위험인지 점수의 상관은 각각 .527, .0371($p<.01$)이었고, 경험과 위험인지를 결합한 충격점수와 직무긴장 간 상관은 .491($p<.01$)이었다. 이상의 결과는 DHS-KW가 직무부담과 직무긴장 등을 측정하는 데 무리가 없다는 것을 보여 준다.

주요 참고문헌

박상희, 이경용, 川村則行, 小牧元, 정진욱, 當岡光直(2001). 한국 근로자를 위한 Daily Hassles 스트레스 척도 개발. 보건과 사회과학, 9, 47-65.

Tomioka, M., Kawamura, N., Sugie, M., Wenner, W., & Ishikawa, T. (1997). *Production of a Daily Hassles Scale for Workers* (DHS-W). 제13회 일본스트레스학회 총회 발표: 동경.

척 도

한국 근로자를 위한 Daily Hassles 스트레스 척도

- 최근 3개월 동안에 다음과 같은 일들을 얼마나 경험하였습니까?
  먼저 얼마나 경험했는지에 대하여 왼쪽의 0~4에서 가장 적당한 번호를 하나 골라 체크(☑)하여 주십시오.
- 그다음은 각각의 일들을 경험할 때 느끼는 고민과 정신적 부담(위협)은 어느 정도였습니까? 오른쪽의 0~4에서 가장 적당한 번호를 하나 골라 체크(☑)하여 주십시오.
- 경험이 전혀 없는 경우에는 오른쪽의 회답은 0에 체크하여 주십시오.

문항내용	전혀 없었다	아주 가끔 있었다	때때로 있었다	자주 있었다	매우 자주 있었다		전혀 느끼지 않음	조금 느낌	느낌	강하게 느낌	매우 강하게 느낌
1 업무량이 많은 적이 있었습니까?	0	1	2	3	4	→	0	1	2	3	4
2 업무가 잘 진행되지 않은 적이 있었습니까?	0	1	2	3	4	→	0	1	2	3	4
3 예정된 업무 이외의 일이 생긴 적이 있었습니까?	0	1	2	3	4	→	0	1	2	3	4
4 업무를 망치거나 문제가 발생한 적이 있었습니까?	0	1	2	3	4	→	0	1	2	3	4
5 업무의 내용에 불만이 있었습니까?	0	1	2	3	4	→	0	1	2	3	4
6 업무의 역할이나 책임에 대해 고민한 적이 있었습니까?	0	1	2	3	4	→	0	1	2	3	4
7 직장의 사람들과 말다툼이나 대립이 있었습니까?	0	1	2	3	4	→	0	1	2	3	4
8 다른 사람들로부터 꾸중 들은 적이 있었습니까?	0	1	2	3	4	→	0	1	2	3	4

9 다른 사람을 꾸짖은 적이 있었습니까?	0	1	2	3	4	→	0	1	2	3	4
10 다른 사람에게 자신의 의견을 주장한 적이 있습니까?	0	1	2	3	4	→	0	1	2	3	4
11 주위 사람들과 잘 어울리지 못한 적이 있었습니까?	0	1	2	3	4	→	0	1	2	3	4
12 마음이 맞지 않는 사람과 교제가 있었습니까?	0	1	2	3	4	→	0	1	2	3	4
13 직장에서 인간관계에 대한 문제가 있었습니까?	0	1	2	3	4	→	0	1	2	3	4
14 회식이나 모임에 참석한 적이 있었습니까?	0	1	2	3	4	→	0	1	2	3	4
15 청소, 세탁, 식사준비 등의 집안일을 한 적이 있었습니까?	0	1	2	3	4	→	0	1	2	3	4
16 다른 사람과의 약속이 있었습니까?	0	1	2	3	4	→	0	1	2	3	4
17 약속시간 넘어서까지 기다려 본 적이 있었습니까?	0	1	2	3	4	→	0	1	2	3	4
18 외출하고 싶었는데 외출하지 못한 적이 있었습니까?	0	1	2	3	4	→	0	1	2	3	4
19 가족의 사정에 맞춘 적이 있었습니까?	0	1	2	3	4	→	0	1	2	3	4
20 다리나 허리 등의 신체에 고통이 있었습니까?	0	1	2	3	4	→	0	1	2	3	4
21 자기 자신의 건강상태에 관해 걱정을 한 적이 있었습니까?	0	1	2	3	4	→	0	1	2	3	4
22 몸이 쇠약함을 느낀 적이 있었습니까?	0	1	2	3	4	→	0	1	2	3	4
23 몸을 움직이는 데 부담을 느낀 적이 있었습니까?	0	1	2	3	4	→	0	1	2	3	4
24 주위의 소음이나 생활 환경에 문제가 있었습니까?	0	1	2	3	4	→	0	1	2	3	4

25 수면시간이 충분하지 않았던 적이 있었습니까?	0	1	2	3	4	→	0	1	2	3	4
26 일찍 일어나지 않으면 안 되는 일이 있었습니까?	0	1	2	3	4	→	0	1	2	3	4
27 교통체증을 겪은 적이 있었습니까?	0	1	2	3	4	→	0	1	2	3	4
28 통근에 부담을 느낀 적이 있었습니까?	0	1	2	3	4	→	0	1	2	3	4
29 가정의 경제상태에 대해 걱정을 한 적이 있었습니까?	0	1	2	3	4	→	0	1	2	3	4

49 한국 청소년 탄력성 척도

척도개관

심리학 및 교육학에서 탄력성의 역할에 대한 관심이 크게 부각되었으나 연구자마다 그 개념을 다르게 사용하고 있고 그에 따른 측정의 문제로 일치된 결과가 나오지 않는 경우가 많다. 기존에 개발된 탄력성 척도는 탄력성이라는 개념을 성격적 특질로만 규정하고 측정하거나, 외적 보호요인과 성격적 탄력성 특질을 구별하지 않고 혼용한 채 측정하여 연구자마다 서로 다른 연구결과를 보이는 혼란이 야기되고 있다. 또 탄력성 요인에서 개인의 특질과 가족 차원의 보호요인에 머무는 측정을 주로 하고 있어 청소년들에게 중요한 학교와 지역사회의 보호요인이 간과되고 있다.

기존 척도의 이러한 결점을 보완하여 이해리와 조한익(2005)은 포괄적인 수준의 보호요인 측정이 가능한 청소년 대상의 탄력성 척도를 개발하였다. 그들은 탄력성을 개인 내적 특성과 외적 보호요인이 상호작용하여 위험요인들을 중재하여 긍정적으로 적응해 나가도록 돕는 과정적 능력으로 정의하였다. 그래서 이 척도에서는 개인적 특성과 외적 보호요인을 함께 측정하면서 동시에 양자 간의 상호작용이라는 관점에서도 파악하고자 하였다.

이 척도는 외적 보호요인으로서 자주 연구된 가정적 요인과 학교와 또래관계뿐 아니라 개인이 처한 사회적 맥락으로서 지역사회에서의 돌봄과 상호작용 요인을 의미 있는 자원으로 인식하고 측정하도록 하였다는 데 의의가 있다. 또한 종교적 영성 요인과 의미추구 요인 등의 전인적 차원에서도 탄력성을 측정할 수 있도록 하였다. 개인 내적 특성과 외적 보호요인들을 포괄적으로 측정함으로써 두 가지 영역 중 구체적으로 어느 영역의, 어떤 자원들이 활용 가능한지를 확인할 수 있기 때문에 청소년을 위한 치료적 개입에 활용될 수 있다.

문항구성

총 48개 문항으로, 16개 요인으로 이루어져 있다. 각 요인별 내용을 살펴보면 다음과 같다.

요인 1은 '종교적 영성' 요인으로서, 절대자의 존재와 그의 사랑과 돌봄에의 신뢰, 그러한 신뢰관계 속에서의 삶의 목적과 가치, 안녕을 발견하고 역경을 극복하는 내용을 반영하고 있다.

요인 2는 '학교에서의 돌봄의 관계와 기대'로서, 학교 교사의 관심과 지지, 기대의 내용을 포함하고 있다.

요인 3은 '낙관주의'로서, 어려운 상황에서도 실망하지 않고 역경에 처해서도 자신이 극복할 수 있으리라는 의지와 자신의 삶의 방향을 스스로 통제할 수 있다고 보는 태도를 반영하는 내용들로 되어 있다.

요인 4는 '가정에서의 돌봄과 기대'로, 부모의 관심과 온정 어린 경청, 친밀한 관계 등을 반영하는 내용들로 이루어져 있다.

요인 5는 '학교에서의 상호작용'으로, 학교 수업이나 학급회의 등의 활동에서 자신의 생각과 의견을 발표하고 질문을 하며, 학교 활동에 흥미를 갖고 행사들에 참여하는 것을 포함하고 있는데, 학업적이든 비학업적이든 학교에서의 여러 활동들에서 의미 있는 참여를 통해 적극적으로 상호작용하는 것을 반영하고 있다.

요인 6은 '지역사회에서의 돌봄의 관계와 기대'로, 가족과 학교 선생님 외에 비처벌적이며 지원적인 교회나 복지관 등의 교사나 멘토 등을 포함한 지역사회의 지지적인 관심과 도움을 반영하고 있다.

요인 7은 '공감과 수용'으로, 다른 사람의 입장에서 그들의 심리적, 정서적 상태를 이해하고 수용하는 자세를 반영한다.

요인 8은 '의미추구'로서, 개인적 삶의 의미와 목적, 그리고 자기 가치를 깨닫고 그러한 내적 가치에 근거하여 경험들을 해석 판단하고 그 경험에 대한 정당성을 부여하는 내용으로 이루어져 있다.

요인 9는 '또래의 친사회적 기대'로서, 가정과 학교의 규범과 기대에 잘 부응하는 친사회적인 또래들과의 관계와 기대를 나타내는 내용들로 이루어져 있다.

요인 10은 '목표와 희망'으로서, 도달하고자 하는 목표를 지향하고 강한 성취동기와 교육적 열망을 가지고 노력하며, 긍정적인 미래에 대한 기대와 예측 등을 반영하는 문항들로 되어 있다.

요인 11은 '감정 및 충동조절'로서, 심리적 압박하에서도 평온을 지키거나 부적 정서를 체험한 후에도 곧 회복하며 적절한 정서표현과 통제력을 나타내는 내용들로 이루어져 있다.

요인 12는 '또래와의 긍정적 상호작용'으로, 주로 또래들의 온정적인 관심과 지지, 상호협조와 공동 작업을 즐기는 것 등의 내용으로 되어 있다.

요인 13은 '문제해결능력'으로서, 인지적, 사회적 문제 상황에서 이를 해결하기 위하여 인과론적으로 그리고 융통성 있게 사고하고 대안들을 시도해 보며 필요한 경우에는 사회적 지지와 외적 도움을 추구하는 능력을 포함하고 있다.

요인 14는 '지역사회에서의 의미 있는 상호작용'으로서, 지역사회 단체나 기관에서의 자발적 활동이나 자원봉사, 교육 등의 내용들로 이루어져 있다.

요인 15는 '자기효능감'으로서, 자신이 경험하는 문제나 어려움들을 해결할 수 있을 거라는 믿음과 잘 해낼 수 있을 거라는 자신의 능력에 대한 신념을 반영한다.

요인 16은 '가정에서의 의미 있는 상호작용'으로서, 가정 안에서의 자유롭고 자발적인 의견의 교류 등의 내용이 포함되어 있다.

채점 및 평가지침

응답자는 리커트식 6점 척도에 평정하도록 되어 있다. 모든 문항에 대하여 동일한 가중치를 부여하고 문항들의 점수를 합산하여 총점을 구한다.

역채점 문항은 2번, 29번의 2개 문항이다.

신뢰도와 타당도

48개 문항 전체에 대하여 Cronbach's α는 .94로 매우 높게 나타났으며, 추출된 16개 요인의 요인별 신뢰도들은 .620에서 .967 사이에 분포하여, 요인 내 문항들이 동질성을 갖고 있는 것을 확인할 수 있다.

안면타당도와 관련하여 관련 전문가들에게 예비척도 타당도를 검토하게 하였고 청소년 집단에게 2차례의 인지검사를 통하여 확인하였다.

주요 참고문헌

이해리, 조한익(2005). 한국 청소년 탄력성 척도의 개발. 한국청소년연구, 16(2), 161-206.

척 도

저자의 의사를 존중하여 척도의 전문을 수록하지 않았다. 척도의 전문이 필요한 경우 주요 참고문헌을 통해 확인이 가능하다.

50 한국 우울증 검사

척도개관

우울증은 인간이 경험하는 가장 대표적인 정신병리 중 하나다. 주요 우울장애의 지역 사회표본에서 평생 위험률은 여자 10~25%, 남자 5~12%이며, 미국의 경우 일생동안 한 번이라도 우울증에 걸려 고생하는 사람은 전체 인구의 25%까지 추산되고 있다(Weissman & Myers, 1978). 자살에 이르는 비율도 다른 정신질환에 비해 훨씬 높으며, 자주 재발하는 특성을 갖는다는 점에서도 우울증은 정신질환에서 중요한 위치를 차지한다고 볼 수 있다. 정신약물학과 인지행동치료 등의 발전과 함께 우울증에 대한 보다 효과적이고 경제적인 치료법들이 개발되어짐에 따라 우울증 환자에 대한 조기 확인과 증상 정도에 대한 정확한 측정 등과 같은 진단에 대한 관심이 매우 높아지고 있다. 외국의 검사를 번안한 여러 우울평정 척도들이 임상현장에서 사용되고는 있으나, 외국 척도들은 우리 사회문화적 특성을 충실히 반영할 수 없는 한계를 가지고 있다.

이에 이민수와 이민규(2005)는 우리나라 우울증 환자들의 우울 증상을 잘 반영해 줄 수 있는 국내 최초의 표준화된 검사를 개발하였고, 정상 성인과 우울증 환자로부터 얻은 자료를 통해 신뢰도 및 타당도를 밝혔다. 한국 우울증 검사는 우울증의 진단뿐 아니라 우울증 피험자의 선별도구로 사용이 가능하다.

문항구성

우울을 측정하는 총 30개의 문항으로 구성되어 있으며, 인지적 측면인 '미래에 대한 부정적 생각' 1, 7, 13, 19, 25번, 정서적 측면인 '자기에 대한 부정적 생각' 2, 8, 14, 20, 26번, '걱정과 초조' 3, 9, 15, 21, 27번, '우울 기분' 4, 10, 16, 22, 28번, 신체적 측면인 '신체화 증상' 5, 11, 17, 23, 29번, 의욕 측면인 '의욕상실' 6, 12, 18, 24, 30번의 총 6개 요인으로 이루어져 있다.

채점 및 평가지침

응답자는 각 문항에 5점 척도 상에 자기보고식으로 평정하도록 되어 있다. 역채점 문항은 14, 25번이다. 각 문항은 0점에서 4점까지의 점수를 지닐 수 있으며, 전체 점수 범위는 0점에서 120점까지 나올 수 있다. 명심해야 할 것은 결과의 점수가 높다고 해서 반드시 우울증으로 진단되는 것은 아니라는 사실이다. 점수가 높음에도 불구하고 적절한 정신과적 장애가 없거나 우울증이 아닌 다른 장애로 진단될 수 있으며, 불안이나 약물남용 기타 정신과적 문제를 가진 사람에게서도 점수가 높게 나타날 수 있다. 따라서 진단 정확률을 높이기 위해서 이 척도를 일차 선별도구로 사용하고, 선별된 대상에 대하여 2차적으로 진단적 면담을 거치는 중다관문방법을 사용할 수 있다. 또한 다른 우울척도를 함께 사용함으로써 분류의 정확률을 높일 수 있다.

신뢰도와 타당도

환자와 정상인을 대상으로 적용하여 신뢰도와 타당도를 산출하고 문항을 선정하였다. 각 차원에 대하여 Cronbach's α값이, 미래에 대한 부정적 생각 차원 .84, 자기에 대한 부정적 생각 차원 .78, 걱정과 초조 차원 .81, 우울 기분 차원 .81, 신체화 증상 차원 .83, 의욕상실 차원 .74로 나타났다.

주요 참고문헌

이민수, 이민규(2005). KDS 한국우울증검사 전문가 지침서. 학지사 심리검사연구소.

척 도

문항내용	전혀 아니다	아니다	그저 그렇다	그렇다	매우 그렇다
⋮					
2 내 인생은 실패작이라고 생각한다.	0	1	2	3	4
3 나의 삶이 후회스러워 괴롭다.	0	1	2	3	4
4 가족이나 친구가 도와주더라도 울적한 기분을 떨칠 수 없다.	0	1	2	3	4
5 머리가 아프고 무겁다.	0	1	2	3	4
6 하고 있는 일에 마음을 집중하기가 어렵다.	0	1	2	3	4
⋮					
⋮					
9 나는 불안정하고 안절부절못한다.	0	1	2	3	4
10 슬픔을 느낀다.	0	1	2	3	4
⋮					
12 하는 일마다 힘들게 느껴진다.	0	1	2	3	4
13 나의 앞길은 기쁨보다는 불쾌함이 가득할 것이다.	0	1	2	3	4

14 아직까지 인생이란 살 만한 가치가 있다고 느낀다.	4	3	2	1	0
⋮					
16 비참하고 울고 싶은 기분이다.	0	1	2	3	4
17 식은땀 및 오한이 난다.	0	1	2	3	4
18 평소보다 말수가 줄었다.	0	1	2	3	4
19 내가 진정으로 원하는 것을 얻지 못할 것이다.	0	1	2	3	4
20 나의 삶은 허무하고 무의미하다.	0	1	2	3	4
⋮					
⋮					
23 온몸에 열이 치민다.	0	1	2	3	4
⋮					
25 나의 미래는 현재보다 더 행복할 것이다.	4	3	2	1	0
26 나는 되는 일이 없다.	0	1	2	3	4
27 나는 무섭고 거의 공포상태다.	0	1	2	3	4
28 괜히 울적해서 운적이 있고, 지금도 그런 기분이다.	0	1	2	3	4
⋮					
30 나는 많은 시간 무력감을 느낀다.	0	1	2	3	4

51 한국판 일반정신건강 척도

척도개관

일반정신건강 척도(The General Health Questionnaire: GHQ)는 원래 일차 진료기관이나 종합병원외래 등에서 비정신의료 전문가들이 접하는 환자가 정신질환에 걸렸을 가능성을 쉽고 간편하게 파악할 수 있게 할 목적으로 개발된 척도다. 이것은 1972년 영국에서 개발되어 홍콩 등 주로 영국 문화권을 비롯한 세계 각국에서 널리 사용되고 있는, 타당도와 신뢰도가 검증된 척도다. 현재는 사회복지사, 임상심리사와 같은 지역사회 내의 대인서비스 전문 인력들이 정신질환자나 정신질환의 위험군에 속하는 대상자들을 일차적으로 선별하는 도구로 널리 쓰이고 있다.

일반정신건강 척도는 응답자의 나쁜 건강상태의 원인이 되는 심리사회적 경험의 정도를 측정함으로써 정신질환의 가능성을 추정할 수 있도록 개발되었다. 응답자의 지난 2~3주 동안의 심리적 상태를, 그 이전의 평소 심리상태와 비교함으로써 변화된 현재 상태의 문제점을 파악하도록 고안된 도구다. 비교적 적은 문항 수로 구성되어 있고, 응답자가 쉽게 답할 수 있으며, 조사자의 주관적인 평가를 배제할 수 있는 객관적인 척도라는 장점을 지니고 있다. 원래 척도는 60개 문항으로 이루어져 있으나 30개 문항, 28개 문항, 20개 문항 등으로 간소화하여 사용되는 경우가 많다.

국내에서는 신선인(2001)이 한국판 표준화 작업을 통하여 신뢰도 및 타당도를 검증하여 우리나라 지역사회 주민의 정신건강 수준을 측정하는 기초도구로서 적합한 척도임을 증명하였다. 정신보건사회복지사를 비롯한 사회복지사들이 현장에서 접하는 클라이언트들의 정신건강 수준을 간편하게 측정한 후 문제성이 높은 대상자들을 가려내어 관련 기관으로 연계하는 등 적절한 정신건강 서비스를 제공할 수 있도록 돕는 데 활용될 수 있을 것이다.

문항구성

국내에서는 신선인(2001)이 GHQ를 간소화한 30개 문항 구성의 KGHQ-30과 20개 문항 구성의 KGHQ-20을 개발하였다.

문항 수에 따른 척도에 따라 하위요인이 다르게 나타날 수 있는데, 대부분 '우울증' '불안증' '사회적 부적응' '신체화 증상' '불면증' 등의 하위요인으로 구성되어 있다. KGHQ-20의 경우 네 가지 하위요인으로 분류할 수 있는데, 불안요인, 우울요인, 사회적 부적응, 외출빈도가 있다. 불안요인은 5개 문항으로, 문항번호 2, 5, 12, 19, 2번이 해당되며 우울요인은 5개 문항으로, 6, 9, 10, 11, 16번이 해당된다. 사회적 부적응 요인은 9개 문항으로, 1, 3, 4, 7, 8, 13, 14, 15, 17번이 해당되며, 외출빈도는 문항번호 11번이 해당된다.

채점 및 평가지침

응답자는 '매우 그렇다' '그렇다' '아니다' '매우 아니다'의 4점 척도상에 평정하도록 되어 있다.

채점 방법은 연구목적에 따라 다양하지만 정신질환 위험군의 선별이나 정신건강 수준의 측정을 위해 가장 일반적으로 쓰이는 방법은 GHQ scoring이다. 이 경우, 네 가지 응답항목에 대한 배점은 0-0-1-1이며 총점의 최대 점수는 문항 수와 같다. 점수가 높을수록 정신건강 수준이 낮음을 의미한다.

요인분석에 의해 설정된 하위요인을 별도로 분석할 때는 Likert scoring이 많이 쓰인다. 이 경우 배점은 0-1-2-3이며 최대 총점은 GHQ-20인 경우 80점, GHQ-30인 경우에는 90점이다.

만성정신질환자의 경우, 변화 차이가 뚜렷하지 않으므로 CGHQ(Chronic GHQ) scoring 방법이 쓰인다. 이 방법에서는 긍정적 문항에 0-0-1-1점을 배점하고 부정적 문항에는 0-1-1-1점을 배점함으로써 만성환자들이 경험하고 있는 부정적인 정신심리상태를 최대한으로 평가하도록 하였다.

일부 문항은 역채점 과정이 필요하며, 정신질환 발병의 위험집단을 선별하기 위한 기준점인 분할점수는 KGHQ-30은 16점, KGHQ 20은 13점에서 각각 설정할 수 있다.

신뢰도와 타당도

대학생을 대상으로 알아본 검사-재검사 신뢰도는 KGHQ-30의 경우 2주 간격에서 .85, KGHQ-20의 경우 1주 간격에서 .87로 비교적 높게 나타났다. 문항-총점 간 상관도와 관련하여 비교적 높은 상관을 나타내었고 Cronbach's α값은 KGHQ-30이 .91, KGHQ-20이 .87로 높은 내적 합치도를 보여 주었다.

내용적 타당성을 확인하기 위하여 대학원생 34명을 대상으로 예비조사를 실시하였고, 개념구성타당도의 검증을 위하여 건강한 정신건강 수준의 대학생 집단과 만성정신질환자 간의 KGHQ-30 총점의 집단 간 비교를 실시하였다. t-검사 결과, 대학생 집단의 평균값(11.04)이 환자집단(19.45)보다 뚜렷이 낮게 나타났으며 차이는 (P<.01) 수준에서 유의미하였다. 또 기준관련 타당도 측정을 위해 SCL-90, CES-D(Center of Epidemiologic Studies Depression Scale), 자기평가 우울 척도(Self-Rating Depression Scale: SDS), Beck의 불안질문지(Beck Anxiety Inventory: BAI), 상태특성불안척도(State-Trait Anxiety Inventory: STAI) 등 유사도구들과의 척도 간 상관을 알아본 결과, 두 문항형 모두 높은 타당도를 나타내었다. 예측타당도를 검증하기 위해 KGHQ가

정신질환자와 정상인들을 제대로 선별해 낼 수 있는 정도를 나타내는 타당도 계수인 민감도와 명확도를 측정하기도 하였다.

주요 참고문헌

신선인(2001). 한국판 일반정신건강 척도(KGHQ)의 개발에 관한 연구 I. 한국사회복지학, 46(9), 210-235.

척 도

30개 항 문항에서 21~30번 문항 제외 시 KGHQ-20항이 된다.

한국판 일반정신건강 척도(KGHQ-30항)

다음은 당신의 육체적, 정신적 상태를 포함한 일반적인 건강상태에 관한 질문입니다. 당신이 최근 몇 주 동안 느낀 상태를 그 이전과 비교하여 설명한 것 중에서 가장 가깝다고 생각되는 응답항목 하나를 골라서 그 항목에 ✓표 해 주십시오. 응답내용은 현재를 포함하여 최근 2~3주 동안 당신이 주로 느낀 점에 관한 것이어야 하며, 그 이전 과거의 상태에 관한 것이 아님을 명심하여 주시기 바랍니다.

문항내용	매우 그렇다	그렇다	아니다	매우 아니다
1 하고 있는 일에 잘 집중할 수 있었습니까?				
2 걱정 때문에 잠을 잘 못 잔 적이 많았습니까?				
3 자신이 여러 면에서 쓸모 있는 역할을 잘하고 있다고 느꼈습니까?				
4 매사에 올바른 결정을 잘 내릴 수 있었습니까?				
5 계속해서 긴장감을 느낀 적이 자주 있었습니까?				
6 어려움을 극복할 수 없다고 느낀 적이 있습니까?				
7 일상적인 활동을 즐겁게 할 수 있었습니까?				
8 문제가 생기면 그것을 피하지 않고 맞서서 해결하려고 하였습니까?				
9 우울감과 불행감을 느낀 적이 많습니까?				
10 자신감이 없어졌다고 느꼈습니까?				
11 그 전과 같은 정도로 외출을 하였습니까?				
12 인생이 절망적이라고 느낀 적이 있습니까?				
13 신경이 쓰여서 힘들게 느껴진 일이 많았습니까?				
14 밤에 잠을 잘 못 이루거나 많이 설치곤 합니까?				
15 어떤 일을 할 때 대부분의 다른 사람들이 하는 만큼 그 일을 잘 처리할 수 있었습니까?				
16 당신과 가까운 사람들에게 따뜻함과 애정을 느낄 수 있었습니까?				
17 자신의 미래를 희망적으로 느꼈습니까?				
18 부지런히 생활하며 일에 전념할 수 있었습니까?				
19 다른 사람들과 잘 지내는 것이 어렵지 않게 느껴졌습니까?				
20 전반적으로 자신이 일을 잘하고 있다고 느꼈습니까?				
21 대체적으로 행복하다고 느꼈습니까?				
22 사람들과의 대화시간을 많이 가진 편입니까?				

23 인생이 항상 고생스러운 것으로 생각되었습니까?				
24 자신이 가치 없는 사람이라는 생각을 자주 하였습니까?				
25 자신의 일을 처리해 온 방법에 만족하십니까?				
26 모든 일이 한꺼번에 당신을 힘들게 한다고 느낀 적이 있습니까?				
27 언제나 초조감이나 긴장감을 느끼는 편이었습니까?				
28 때때로 신경이 쇠약해져서 아무것도 할 수 없던 적이 있습니까?				
29 별 뚜렷한 이유도 없이 공포와 두려움을 느낀 적이 많습니까?				
30 인생이 살 가치가 없게 느껴진 적이 있습니까?				

52 한국어판 일상적 스트레스 평가서

척도개관

이 척도는 미국에서 Brantley 등이 개발하여 1989년 Psychological Assessment Resources사에서 발행한 일상적 스트레스 평가서(Daily Stress Inventory: DSI)다. 일상생활에서 일어나는 통상적 사건들에 대해 일반인들이 어느 사건에 얼마만큼이나 스트레스를 받는지를 평가하기 위하여 고안되었다. 한국에서는 김재진 등(1998)이 번역하여 한국의 정상 성인들에게 적용하여 신뢰도 및 타당도를 검증하였다.

이 척도는 스트레스를 평가하는 데 이용되는 주요 생활사건 척도 중 하나로 사소한 스트레스 요인들의 수와 상대적인 강도를 측정한다. 척도에서 사용되는 주요 생활사건이란 이혼, 친지의 사망, 직업변화 등과 같이 드물게 발생하고 생활 전반에 중요한 변화를 일으키는 사건을 말한다. 대부분의 주요 생활사건을 다루는 척도들이 지난 수개월 혹은 수년 내에 경험했던 스트레스를 유발하는 생활사건들의 횟수를 보고하도록 하는 후향적 양식이므로 회상 정도에 따른 오류가 발생할 수 있었으나, 이 척도는 전향적 일기식 평가법으로 개인의 사고, 감정, 행위 등이 자세히 기록되므로 높은 해상력(resolving power)을 갖고 있다는 장점이 있다. 또한 다른 일기식 평가법과는 달리 매일의 평가를 통해 일주일간 혹은 한 달간의 스트레스를 연속적으로 측정할 수 있다는 특징이 있다. 매일 평가하는 방식은 오래된 사건을 회상해야 하는 데서 생기는 문제들을 최소화할 수 있고, 연속적인 적용을 통해 스트레스와 증상의 일일변동 간의 관계를 조사할 수 있다는 장점이 있다.

문항구성

지난 24시간 동안에 일어났던 일들에 대한 심리반응을 평가하는 것으로 구성되며 피검자들이 일주일간 연속해서 기록하면 결과분석을 통해 그 사람의 일상적 스트레스 유형을 알 수 있다.

총 58개 문항으로 구성되어 있으며 문항들은 일상생활에서 흔히 경험할 수 있는 사소한 생활사건들을 기술하고 있다. 각 항목들은 크게 대인관계문제(Interpersonal Problems), 개인적 능력(Personal Competency), 인지적 스트레스 요인(Cognitive Stressors), 환경적 혼란 요인(Environmental Hassles), 기타 스트레스 요인(Varied Stressors) 등 다섯 가지 부류로 분류된다.

채점 및 평가지침

피검자는 일상적 사건 항목들을 읽고 지난 24시간 동안에 일어났던 사건들에 대한 심리반응을 7단계 등급으로 평가하게 된다. 평정에 따라 '일어났지만 스트레스는 아니었다'에 1점, '아주 경미한 스트레스였다'에 2점, '경미한 스트레스였다'에 3점, '얼마간 스트레스였다'에 4점, '심한 스트레스였다'에 5점, '아주 심한 스트레스였다'에 6점, '공포감(공황상태)에 빠졌다'에 7점까지 점수가 부여된다. 따라서 점수의 정도는 스트레스의 정도와 비례한다.

평가기간은 기본적으로 하루이나 매일의 평가를 전제로 주간 스트레스 점수 혹은 월간 스트레스 점수의 조사도 가능하다.

피검자의 각 문항에 대한 평정을 토대로 세 가지의 기초적 점수가 산출된다. 첫째는 사건점수(Event Score)로 일어난 것으로 체크된 항목들의 수이며, 0에서 58개까지의 범위를 지닐 수 있다. 둘째는 강도점수(Impact Score)로 각 항목에 체크된 점수들의 합이며, 0에서 406점의 범위를 지닐 수 있다. 셋째는 강도/사건비(I/E Ratio)로 강도 점수를 사건점수로 나눈 수치로서 평균적 강도점수를 의미한다.

신뢰도와 타당도

내적 일치도를 구해본 결과, 사건점수의 Cronbach's α는 .98, 강도점수는 .97로 나타나 우수한 신뢰성을 갖춘 것으로 여겨진다.

타당성 검증을 위하여 국내에서 표준화를 거쳐 사용되고 있는 98개 문항의 주요 생활사건 측정도구를 동시에 시행하여 DSI의 기초 점수들과의 Spearman 상관을 조사한 결과, 부정적 생활사건 변화량은 DSI의 기초 점수들과는 높은 상관을 나타냈으나, 긍정적 생활사건 변화량과는 낮은 상관을 보여 평가서의 타당성을 시사하였다.

주요 참고문헌

김재진, 신철진, 정인원(1998). 한국어판 일상적 스트레스 평가서의 신뢰도 및 타당도. 대한신경정신의학회지, 37(2), 295-305.

Brantley, P. J., Jones, G. N. (1989). *The Daily Stress Inventory: Professional Manual*. Odessa, FL: Psychological Assessment Resources.

척 도

한국어판 일상적 스트레스 평가서

■ 안내문

이 평가서에는 일상사에서 스트레스를 유발할 수 있는 일들이 나열되어 있습니다. 주무시기 전에 지난 하루(24시간) 동안 일어났던 일들에 대해 곰곰이 생각해 보십시오. 그리고 나열되어 있는 모든 항목들을 잘 살펴보시고, 만약 어떤 항목에 해당되는 일이 있었다면, 그 일이 당신에게 얼마나 스트레스를 주었는지 생각해 보시고 다음의 범례와 같이 표시해 주십시오. 나열된 항목 중 지난 하루 동안 일어나지 않아 해당사항이 없는 경우에는 표시란을 그대로 비워 두십시오. 표시를 잘못하신 경우에는 잘못된 것을 완전히 지운 후에 다시 표시해 주십시오.

■ 범례

1	일어났지만 스트레스는 아니었다.
2	아주 경미한 스트레스였다.
3	경미한 스트레스였다.
4	얼마간 스트레스였다.
5	심한 스트레스였다.
6	아주 심한 스트레스였다.
7	공포감(공황상태)에 빠졌다.

■ 문항내용

문항내용	1	2	3	4	5	6	7
1 대화하는 도중에 누가 끼어들어 방해를 받았다.							
2 다른 사람 때문에 일을 제대로 하지 못하였다.							

3 아이(들) 때문에 화가 났다.

4 다른 사람에게 무시당했다.

5 어쩔 수 없이 사람을 만나야(모임에 참석해야) 했다.

6 어떤 사람이 나와의 약속을 어겼다.

7 어떤 사람으로부터 듣기 기대했던 말을 듣지 못했다.

8 어떤 사람이 허락 없이 내 물건을 빌려 갔다.

9 배우자(혹은 이성친구)와 말다툼을 하였다.

10 다른 사람(배우자/이성친구 제외)과 말다툼을 하였다.

11 권위자(윗사람, 직장상관 등)와 맞서게 되었다.

12 난처하거나 당혹스러웠다.

13 일(공부, 시험)의 성과가 엉망이었다.

14 많은 사람들 앞에서 말(발표, 연주 등)을 해야 했다.

15 평소에 익숙하지 못한 일을 하게 되었다.

16 일(공부)을 끝마칠 수 없었다.

17 출근/약속 시간에 지각을 하였다.

18 운동시합/게임에서 실력발휘를 제대로 못했다.

19 오늘 하루 계획했던 일을 다 하지 못하였다.

20 일들이 정리되지 않고 뒤죽박죽이었다.

21 어떤 것이 이해가 되지 않았다.

22 바람직하지 못한 습관(과식, 흡연 등)을 중단하였다.

23 내가 특별히 싫어하는 일을 당했다(예, 누가 노크를 하지 않고 들어옴. 누가 내 머리를 만짐 등).

24 미래에 대해 곰곰이 생각하였다.

25 나쁜 소식을 들었다.

26 다른 사람의 문제에 대해 걱정하였다.

27 끝마치지 못한 일에 대해 곰곰이 생각하였다.

28 일/활동 도중에 방해를 받았다.

29 원하지 않았던 신체적 접촉(혼잡, 떠밀림 등)이 있었다.						
30 명상/휴식 도중에 방해를 받았다.						
31 마음을 심난하게 하는 TV 쇼/영화/책 등을 보았다.						
32 재산상의 손해를 입었다.						
33 경미한 사고(어디가 부러짐, 옷이 찢어짐)를 입었다.						
34 경제적 문제(돈 문제)로 고민하였다.						
35 차가 고장이 났다.						
36 날씨가 나빴다.						
37 교통이 막혀서 애를 먹었다.						
38 예상하지 못한 비용(예, 각종 요금)을 지출하였다.						
39 예상보다 훨씬 더 기다렸다.						
40 수면(잠)에 방해를 받았다.						
41 무서운 상황을 경험하였다(무서운 물건을 봄).						
42 다 해놓은 일을 누가 망쳐놓았다.						
43 비난을 받았다 혹은 욕설을 들었다.						
44 식당 혹은 업소 종업원에게 무례한 대우를 받았다.						
45 오해를 받았다.						
46 어떤 사람이 새치기를 하였다.						
47 병/임신이 아주 걱정스러웠다.						
48 어떤 것을 제자리에 두지 않아 찾기가 어려웠다.						
49 제시간에 맞추기 위해 서둘러야 했다.						
50 해야 할 일이나 어떤 사실을 깜박 잊었다.						
51 사려고 한 물건이 가게에 없었다.						
52 어떤 사람과 경쟁을 하였다.						
53 병 혹은 신체적 불편함을 겪었다.						
54 누가 나를 빤히 쳐다보았다.						

55 음식(/개인용품)을 다 먹고(/써 버리고) 없었다.							
56 하고 싶지 않았던 일을 하였다.							
57 외모에 신경이 쓰였다.							
58 위험을 가까스로 모면하였다.							

53 한국어판 직무 내용 설문

척도개관

Karasek은 직무스트레스와 관련하여 직업성 긴장 모형(Demand-Control Model)을 제안하였다. 구체적으로 노동 과정에서의 결정권과 직무가 노동자들의 기술개발과 창의력을 요구하고 촉진하는지와 관련된 '직무 통제력'과 해당직무를 수행하기 위해 요구되는 정신적 각성과 긴장 정도를 의미하는 '직무요구'의 개념으로 직무스트레스를 설명하는 모델이다. 즉, 직무요구는 높은데 직무 통제력은 낮은 직무 구조에 장기간 노출되었을 때 스트레스가 발생한다는 것이다. Jonhson(1986)은 이에 더하여 가장 심한 직무스트레스는 낮은 직무 통제력과 높은 직무요구뿐만 아니라 낮은 사회적 지지(상사와 동료들로부터의 업무 차원 및 감정적 차원에서의 지지) 및 신뢰를 가진 직무 구조에서 지속적으로 일을 할 때 발생한다고 주장하였다.이런 직무 구조에 속한 노동자들을 고긴장 집단이라 부르고, 반면에 높은 직무 통제력과 함께 낮은 직무요구에 속한 노동자들을 저긴장 집단이라 부른다.

이러한 모델을 바탕으로 Karasek(1985)은 업무의 심리사회적 특성을 측정하는 자기 기입식 설문지인 한국어판 직무 내용 설문(Job Content Questionnaire: JCQ)을 개발하였다. 이 척도는 국제적으로도 조사 연구에 널리 활용되고 있고 우리나라에서도 직무스트레스에 대한 연구에서 널리 활용되고 있는 척도다. 국내에서는 직무스트레스 학회에서 JCQ center와 협의하여 한국판 설문지를 개발하였다.

문항구성

원척도는 49개 문항이나 한국에서는 총 45개 문항으로 표준화되어 소개되었다.

'직무 통제' '직무요구' 및 '사회적 지지'와 관련된 영역이 있으며 그밖에 기술 저이용 정도, 물리적 직무요구, 고용 불안정 및 집단적 의사결정권, 세계화 효과, 물리적 위해요인, 고객으로부터의 지지, 노동을 통한 자기 정체성, 직무 만족도와 스트레스 등으로 구성되어 있다.

채점 및 평가지침

응답자는 각 항목에 대해 '전혀 그렇지 않다' '그렇지 않다' '그렇다' '매우 그렇다'의 4단계 또는 5단계 등으로 질문에 따라 다르게 답하도록 되어 있다.

응답을 바탕으로 계산식에 따라서 척도 점수를 계산하도록 되어 있다. 업무의 요구도 및 재량도를 산출하여 업무의 요구도가 높고 재량도가 낮은 경우는 업무의 긴장도가 높아진다고 판단할 수 있다

업무의 긴장도를 각각 높고 낮은 두 군으로 분류하여 업무의 요구도가 높고 재량도가 낮은 군을 '긴장도가 높은 집단'으로 하고, 그 외의 것을 '긴장도가 낮은 집단'으로 분류할 수 있으며, 두 군의 구분에는 기준치 혹은 조사집단의 중앙값 또는 평균을 이용할 수 있다.

신뢰도와 타당도

하미나 등(2001)이 245개 사업체에서 6,977명을 대상으로 한 연구에서 직무요구, 직무 통제, 사회적 지지 영역에서 각각의 Cronbach's α는 .59, .75, .88로 비교적 높은 신뢰도를 보고하였다.

PWI(장세진, 2000)와의 공존타당도를 살펴보면 직무요구 및 직무 불안정은 사회심리적 건강과 유의한 음의 연관성을, 직무 통제와 사회적 지지는 유의한 양의 연관성을 나타내었다.

주요 참고문헌

강동묵 외(2005). 직무스트레스의 현대적 이해. 서울: 고려의학.

척 도

한국어판 직무 내용 설문

1 내 업무를 수행하기 위해서는 새로운 것을 배워야 한다.
- □ 전혀 그렇지 않다 □ 그렇지 않다
- □ 그렇다 □ 매우 그렇다

2 내 업무는 매우 반복적이다.
- □ 전혀 그렇지 않다 □ 그렇지 않다
- □ 그렇다 □ 매우 그렇다

3 내 업무는 창의력을 필요로 한다.
- □ 전혀 그렇지 않다 □ 그렇지 않다
- □ 그렇다 □ 매우 그렇다

4 나는 내 업무에 대해 결정권을 많이 가지고 있다.
- □ 전혀 그렇지 않다 □ 그렇지 않다
- □ 그렇다 □ 매우 그렇다

5 내 업무는 높은 수준의 기술을 요구한다.
- □ 전혀 그렇지 않다 □ 그렇지 않다
- □ 그렇다 □ 매우 그렇다

6 내 업무에 있어 작업방식을 결정할 권한이 내게는 거의 없다.
□ 전혀 그렇지 않다 □ 그렇지 않다
□ 그렇다 □ 매우 그렇다

7 나의 업무에서는 여러 가지 다양한 일을 해야 한다.
□ 전혀 그렇지 않다 □ 그렇지 않다
□ 그렇다 □ 매우 그렇다

8 나는 내 업무의 진행에 관하여 발언권이 크다.
□ 전혀 그렇지 않다 □ 그렇지 않다
□ 그렇다 □ 매우 그렇다

9 나만의 특별한 능력을 개발할 수 있는 기회가 주어진다.
□ 전혀 그렇지 않다 □ 그렇지 않다
□ 그렇다 □ 매우 그렇다

10 귀하의 작업단위(부서)에는 몇 명의 사람들이 속해 있습니까?
□ 혼자 일함(해당 없음) □ 2~5명
□ 6~10명 □ 11~20명
□ 21명 이상

11 나는 우리 작업단위(부서) 내에서 결정되는 사안에 대해 상당한 영향력을 가지고 있다.
□ 혼자 일함(해당 없음) □ 전혀 그렇지 않다
□ 그렇지 않다 □ 그렇다
□ 매우 그렇다

12 내가 속한 작업단위(부서)는 민주적으로 의사결정을 한다.
□ 혼자 일함(해당 없음) □ 전혀 그렇지 않다
□ 그렇지 않다 □ 그렇다
□ 매우 그렇다

13 회사의 정책이 결정될 때 내 생각이 반영될 가능성이 약간은 있다(예, 고용, 해고, 임금 수준, 직장폐쇄, 새로운 장비의 구매 등등).
□ 전혀 그렇지 않다 □ 그렇지 않다
□ 그렇다 □ 매우 그렇다

14 다른 사람들을 관리 감독하는 것이 내 업무 중의 일부이다(관리 감독 대상자 수는 몇 명입니까?).
□ 그렇지 않다 □ 그렇다. 1~4명 정도
□ 그렇다. 5~10명 정도 □ 그렇다. 11~20명 정도
□ 그렇다. 20명 이상

15 나는 노동조합이나 노동자 협의회(노사 협의체 혹은 근로자 협의회 등)의 일원이다.
□ 그렇다 □ 아니다

16 내가 속한 노조나 노동자 협의회는 회사의 정책에 영향을 미친다.
□ 회원 아님 □ 전혀 그렇지 않다
□ 그렇지 않다 □ 그렇다
□ 매우 그렇다

17 나는 노조나 노동자 협의회의 정책에 영향을 미칠 수 있다.
□ 회원 아님 □ 전혀 그렇지 않다
□ 그렇지 않다 □ 그렇다
□ 매우 그렇다

18 내 업무는 매우 빠른 속도로 해야 되는 일이다.
□ 전혀 그렇지 않다 □ 그렇지 않다
□ 그렇다 □ 매우 그렇다

19 내 업무는 굉장히 열심히 해야 되는 일이다.
□ 전혀 그렇지 않다 □ 그렇지 않다
□ 그렇다 □ 매우 그렇다

20 내 업무는 육체적인 노력(노동)을 많이 필요로 한다.
□ 전혀 그렇지 않다 □ 그렇지 않다
□ 그렇다 □ 매우 그렇다

21 업무량이 너무 많은 정도는 아니다.
□ 전혀 그렇지 않다 □ 그렇지 않다
□ 그렇다 □ 매우 그렇다

22 나는 일을 마무리하기까지 충분한 시간이 주어진다.
□ 전혀 그렇지 않다 □ 그렇지 않다
□ 그렇다 □ 매우 그렇다

23 내 업무는 매우 무거운 중량물을 들거나 옮기는 일이 많다.
□ 전혀 그렇지 않다 □ 그렇지 않다
□ 그렇다 □ 매우 그렇다

24 내 업무는 계속적으로 신속하게 움직여야 하는 일이다.
□ 전혀 그렇지 않다 □ 그렇지 않다
□ 그렇다 □ 매우 그렇다

25 직장에서 다른 사람들로부터 서로 상반되는 요구를 받는 일은 없다.
□ 전혀 그렇지 않다 □ 그렇지 않다
□ 그렇다 □ 매우 그렇다

26 몸의 자세가 불편한 상태로 장시간 일해야 하는 경우가 종종 있다.
□ 전혀 그렇지 않다 □ 그렇지 않다
□ 그렇다 □ 매우 그렇다

27 머리 또는 팔이 불편한 자세로 오랫동안 일해야 한다.
□ 전혀 그렇지 않다 □ 그렇지 않다
□ 그렇다 □ 매우 그렇다

28 귀하의 직업은 얼마나 안정적입니까?
□ 규칙적이고 안정적이다 □ 계절별로 일한다
□ 해고가 잦다 □ 계절별로 일하고 해고도 잦다
□ 기타

29 내 직업은 해고당할 염려가 별로 없다.
□ 전혀 그렇지 않다 □ 그렇지 않다
□ 그렇다 □ 매우 그렇다

30 지난 일년 동안 귀하는 얼마나 자주 실직 또는 해고의 위험을 겪었습니까?
□ 없음 □ 한 번
□ 한 번 이상 □ 계속적으로
□ 실제 해고되었음

31 때로 사람들은 유지하고 싶은 직업을 영영 잃어버리기도 합니다. 앞으로 2년 동안 귀하가 현재의 직업을 잃을 가능성이 있다고 생각하십니까?
□ 전혀 그럴 것 같지 않다. □ 별로 그럴 것 같지 않다.
□ 약간 그럴 것 같다. □ 매우 그럴 것 같다.

32 나의 경력개발과 승진은 무난히 잘될 것으로 예상한다.
□ 전혀 그렇지 않다 □ 그렇지 않다
□ 그렇다 □ 매우 그렇다

33 앞으로 5년 동안 내 기술은 여전히 가치가 있을 것이다.
□ 전혀 그렇지 않다 □ 그렇지 않다
□ 그렇다 □ 매우 그렇다

34 나의 상사는 부하 직원들의 복지에 관심을 가지고 있다.

□ 전혀 그렇지 않다 □ 그렇지 않다
□ 그렇다 □ 매우 그렇다
□ 상사가 없음

35 나의 상사는 내 말에 귀를 기울인다.

□ 전혀 그렇지 않다 □ 그렇지 않다
□ 그렇다 □ 매우 그렇다
□ 상사가 없음

36 나는 상사로부터 화풀이를 당하거나 갈등을 겪는 수가 있다.

□ 전혀 그렇지 않다 □ 그렇지 않다
□ 그렇다 □ 매우 그렇다
□ 상사가 없음

37 나의 상사는 업무를 완수하는 데 도움이 된다.

□ 전혀 그렇지 않다 □ 그렇지 않다
□ 그렇다 □ 매우 그렇다
□ 상사가 없음

38 나의 상사는 사람들이 같이 일을 하게끔 하는 데 능하다.

□ 전혀 그렇지 않다 □ 그렇지 않다
□ 그렇다 □ 매우 그렇다
□ 상사가 없음

39 나의 동료들은 각자의 일에 유능한 사람들이다.

□ 전혀 그렇지 않다 □ 그렇지 않다
□ 그렇다 □ 매우 그렇다

40 나의 직장 동료들은 나에게 개인적으로 관심을 보여 준다.

□ 전혀 그렇지 않다 □ 그렇지 않다
□ 그렇다 □ 매우 그렇다

41 나는 직장 동료들로부터 화풀이를 당하거나 갈등을 겪는 수가 있다.

□ 전혀 그렇지 않다 □ 그렇지 않다
□ 그렇다 □ 매우 그렇다

42 나의 직장 동료들은 친절하다.

□ 전혀 그렇지 않다 □ 그렇지 않다
□ 그렇다 □ 매우 그렇다

43 나의 직장 동료들은 서로서로 협조하며 일하는 것을 격려해 준다.

- ☐ 전혀 그렇지 않다
- ☐ 그렇지 않다
- ☐ 그렇다
- ☐ 매우 그렇다

44 나의 직장 동료들은 업무를 완수하는 데 도움이 된다.

- ☐ 전혀 그렇지 않다
- ☐ 그렇지 않다
- ☐ 그렇다
- ☐ 매우 그렇다

45 귀하가 하는 일은 다음 중 어느 수준의 기술이 필요하다고 생각하십니까?

- ☐ 초등학교 졸업
- ☐ 중학교 졸업
- ☐ 고등학교 졸업
- ☐ 전문대학 또는 4년제 일부 수료
- ☐ 4년제 대학 졸업
- ☐ 대학원

54 한국어판 NIOSH 직업성 스트레스 조사표

척도개관

직업성 스트레스에 대한 관심은 다음의 세 가지로 구분된다. 첫째, 근로자 개인의 보고와 인지상태에 대한 관찰을 통해 직업성 스트레스를 측정하는 것, 둘째, 지속적인 관찰을 통해 직업성 스트레스로 인한 영향을 평가하는 것, 셋째, 이론적 모형을 통해 직업성 스트레스를 야기하는 원인을 파악하는 것 등이다. 미국의 국립산업안전보건연구원(National Institute for Occupational Safety and Health: NIOSH)에서 개발한 직업성 스트레스 조사표는 이 세 가지 측면을 포함하고 있으며, 특히 직업성 스트레스원에 대한 항목 개발이 상당히 포괄적이다.

직업성 스트레스 조사표가 바탕으로 하는 모델을 살펴보면, 작업조건인 직업적 스트레스원(Job stressor)이 급성 반응(acute reaction)이나 긴장(strain) 등을 가져오는 중간 변수로서, 개인적 요인(individual factor)과 비작업 요인(nonwork factor) 그리고 완충 요인(buffer factor)을 가정하고 있다. 이같은 이론 모형을 바탕으로 NIOSH에서는 Murphy와 Hurrel(1987)이 광범위한 문헌 검토를 수행하여 측정 척도들을 포괄적으로 선정하였다.

우리나라에서는 한국산업안전공단 산업안전보건연구원에서 한국어판 NIOSH 직업성 스트레스 조사표의 국내 적용 가능성을 알아보았다. 이 조사표는 여러 직업군에서 다양한 목적으로 사용될 수 있을 것이며, 근로자 개인의 스트레스 관리를 통한

건강관리 그리고 근로자 집단을 대상으로 한 집단 보건관리의 기본 정보를 산출하는 데 활용될 것으로 기대된다. 한편 광범위한 영역을 포함하여 문항이 선정되었으므로 양적 부담이 큰 단점이 있어서 몇몇 항목의 경우 면접조사 방법이 아닌 자기기입식 방법으로 사용할 경우 불성실한 응답을 가져올 가능성이 높으므로 주의를 기울여 활용해야 할 것이다. 또 타당화 과정 중 조사표 내 일부 개념들이 모델에 맞아 떨어지지 않는 부분이 있었으므로 해석과 활용에 제한을 둘 필요가 있다.

문항구성

포괄적인 직무스트레스 영역을 모두 평가하기 위해 다양한 문항들로 구성되어 있다. 척도가 지향하는 모델에 따라 직업 관련 스트레스원(Job Stressor) 18가지와 완충 요인(Buffer Factor), 비작업 요인(Non-Work Factor), 개인특성 요인(Individual Factor), 급성 반응(Acute Reaction) 등의 내용으로 이루어졌다.

영역별 문항 수는 직무 만족도 4개 문항, 직무 위험도 5개 문항, 물리적 환경 10개 문항, 직무관련 내용 14개 문항, 직무 갈등 16개 문항, 직업의 미래상 5개 문항, 직무 자율권 16개 문항, 고용기회 3개 문항, 사회적 지원 4개 문항, 직무요구 10개 문항, 직무부담과 책임 11개 문항, 정신적 요구 5개 문항, 일상 활동 7개 문항, 자신에 대한 느낌 10개 문항, 일반적 건강상태 17개 문항, 질병상태와 기타 건강관련 4개 문항, 정서적 증상 20개 문항, 신체증상과 직무상의 문제 6개 문항, 활동 수준 20개 문항 등이다.

채점 및 평가지침

훈련된 면접원에 의한 개별 면접조사 방법이 권장된다. 설문지의 항목들은 구조화되어 있고 응답 항목이 많은 경우에는 보기 카드를 이용할 수 있다.

영역에 따라 응답 방식과 각 문항에 배정된 점수가 다르므로 각각의 영역에 대한 점수로 그 영역에 대하여 평가하며 다른 영역과의 관련성을 알아볼 수 있다.

신뢰도와 타당도

155개 사업장의 2,123명을 대상으로 개별적으로 면접하여 조사를 하였다. 조사 결과 및 몇 가지 항목들에서 설문 항목의 내적 일관성이 낮아 우리나라에서 사용하기 어려운 개념들이 있었다. 특히 요인분석을 통해 개별 개념들의 하위차원을 검증한 결과, 여러 개의 차원이 존재하는 개념들이 확인되었다. 직업 관련 스트레스 요인으로 포함된 개념들 중에서 신뢰도 값이 .7 이하로 내적 일관도를 유지하지 못하는 개념들이 있었다. 여기에는 자원통제, 일상 활동, 정신적 부담, A형 성격 등이었다. 그러나 이 항목을 제외한 한국어판 NOISH 직무스트레스 측정도구의 Cronhach's alpha 값은 .71에서 .92로 조사되었다.

주요 참고문헌

이경용 외(2000). 직업성 스트레스 조사표 개발-NIOSH 조사표의 한국어판 개발. 한국산업안전공단 산업안전보건연구원 보고서.

Hurrell, J. J., Jr. (1992). Rationale for NIOSH general job stress questionnaire unpublished.

척 도

한국어판 NIOSH 직업성 스트레스 조사표

■ 업무와 관련된 일반적 사항

1 현재 직장에 근무한 지 얼마나 됩니까?
(년 개월)

2 귀하께서 하시는 업무내용은 무엇입니까? (예, 선반을 이용하여 금속을 가공함, 컴퓨터를 이용하여 회계 관리 업무를 담당함)
( )

2-1 귀하의 현 직책은 무엇입니까?
( )

3 이 일을 얼마 동안이나 하셨습니까?
(년 개월)

4 다음 중 귀하의 고용형태에 가장 가까운 것은 어느 것입니까?
1) 하루 8시간 근무 정식직원
2) 하루 8시간 근무 임시직원
3) 일부 시간제(파트타임) 정식직원
4) 기타 비정규직
5) 기타( )

5 다음 중 귀하의 현재 근무형태에 가장 가까운 것은 어느 것입니까?
1) 8시간 교대근무
2) 12시간 교대근무
3) 낮 근무(day)
4) 밤 근무(evening)
5) 심야 근무(night)

5-1 [교대근무인 경우] 교대근무의 형태는 다음 중 어디에 해당합니까?
[8시간 교대근무]
1) 낮 근무 → 밤 근무 → 심야 근무
2) 심야 근무 → 밤 근무 → 낮 근무
3) 불규칙적임
[12시간 교대근무]
4) 낮 근무 → 심야 근무
5) 심야 근무 → 낮 근무
6) 불규칙적임

5-2 [교대근무인 경우] 일주일에 몇 번 정도 교대형태가 바뀝니까?

1) 변화 없음(교대주기 1주 이상 포함) 2) 2번
3) 호출 시마다(on call) 4) 대기조(standby)
5) 불규칙적임 6) 기타 ( )

5-3 [교대근무인 경우] 교대주기는 며칠 단위로 바뀝니까?

( )

6 이러한(문항 5) 근무형태대로 일한 지는 얼마나 됩니까?

(년 개월)

7 대개 일주일에 몇 시간 정도 일하십니까?

(시간)

8 시간 외 근무시간은 일주일에 평균 몇 시간입니까?

(시간)

9 이 직업 외에 또 다른 일을 하시고 있다면 그 일은 일주일에 평균 몇 시간 정도 합니까? (다른 직업을 가지고 있지 않다면 '0'을 쓰십시오)

(시간)

■ 직무 만족도

1 귀하의 현재의 지식과 기술 수준에서, 현재 직업을 다시 선택할 수 있다면 어떻게 하시겠습니까?

1) 주저 없이 같은 직업을 택하겠다. 2) 좀 고려해 보겠다.
3) 절대 이런 일을 택하지 않겠다.

2 그러면 아무런 조건 없이 마음대로 원하는 직업을 택할 수 있다면 어떻게 하시겠습니까?

1) 같은 일을 택하겠다. 2) 다른 직업을 갖고 싶다.
3) 일하길 원치 않는다.

3 만일 친구 분이 귀하가 현재 하시는 일을 하고 싶다고 한다면, 친구에게 이 일을 추천하시겠습니까?

1) 적극 추천한다. 2) 추천하는 것을 망설인다.
3) 절대 하지 말라고 충고한다.

4 대체로 귀하는 자신의 직업에 대해 얼마나 만족합니까?

1) 매우 만족한다. 2) 만족하는 편이다.
3) 별로 만족하지 않는다. 4) 전혀 만족하지 않는다.

■ 직무 위험도

문항내용	전혀 없음	가끔	자주	꽤 자주	매우 자주
1 귀하의 업무는 주로 고객에게 직접 서비스를 제공하는 일입니까?	예( ) 아니요( )				
2 귀하의 업무는 고객과 말다툼을 하거나 충돌하는 일이 얼마나 자주 있습니까?					
3 귀하는 업무 중 신체적 상해를 당할 위험에 얼마나 자주 처하게 됩니까?					
4 지난 1년 동안 귀하는 업무수행과 관련해서 신체적으로 구타 등을 당한 일이 얼마나 있었습니까?					
5 귀하는 업무상 개인적으로 법적 손해배상을 해야 하는 경우가 얼마나 자주 있습니까?					

■ 물리적 환경

문항내용	그렇다	아니다
1 근무장소의 소음이 심한 편이다.		
2 근무장소의 조명이 어두운 편이다.		
3 근무장소의 여름철 온도는 적당한 편이다.		
4 근무장소의 겨울철 온도는 적당한 편이다.		
5 근무장소의 습도가 너무 높거나, 너무 낮은 편이다.		
6 근무장소의 환기가 잘되는 편이다.		
7 근무장소의 공기가 깨끗하고 쾌적하다.		
8 업무 중 위험 물질(방사선, 약물, 마취가스 등)에 노출되지 않는다.		
9 근무장소의 물리적 환경이 전반적으로 나쁜 편이다.		
10 근무장소가 매우 혼잡하다.		

■ 직무관련 내용

문항내용	전혀 그렇지 않다	거의 그렇지 않다	그렇지 않은 편이다	잘 모르겠다	그런 편이다	조금 그렇다	매우 그렇다
1 나의 권한이 어느 정도인지 확실히 느낀다.							
2 내 업무에 대한 목표와 방침이 분명하다.							
3 나는 여러 가지 성격이 다른 일을 해야 한다.							
4 내 시간을 적절히 분배하여 일하고 있다.							
5 남의 도움 없이 해야 할 업무를 부여 받는다.							
6 내 책임이 무엇인지 안다.							
7 나의 임무를 수행하기 위해서는 규칙이나 방침을 어기거나 위반할 수밖에 없다							
8 나는 업무 성격이 서로 다른 2개 이상의 집단과 함께 일한다.							
9 나에게 무엇을 기대하는지 정확히 안다.							
10 두 명 이상의 사람들로부터 상반되는 요구를 받는다.							
11 나는 한 사람에게는 받아들여지지만, 나머지 사람들에게는 받아들여지기 어려운 성격의 일을 한다.							
12 나는 업무를 수행하는 데 있어 충분한 자원이나 자료를 지원받지 못한다.							
13 수행할 업무에 대한 설명이 명확하다.							
14 나는 불필요한 일을 한다.							

직무갈등

문항내용	절대 그렇지 않다	거의 그렇지 않다	그저 그렇다	조금 그런 편이다	매우 그렇다
1 우리 부서는 상호 조화가 잘된다.					
2 우리 부서는 업무분장 때문에 말다툼이 많다.					
3 부서 내 구성원 간에 의견차이가 있다.					
4 부서 내 분쟁이나 불화가 있다.					
5 부서 직원 상호 간에 남의 의견을 잘 들어준다.					
6 부서 내 팀끼리 충돌이 잦다.					
7 부서원들이 서로 친하게 지낸다.					
8 부서원 사이에 우리라는 일체감이 있다.					
9 우리 부서는 타 부서와 분쟁이나 불화가 있다.					
10 우리 부서는 타 부서와 화합이 잘된다.					
11 우리 부서의 업무에 필요한 정보를 타 부서에서 가로막는다.					
12 회사의 목표달성을 위해서 우리 부서는 타 부서와 협력적이다.					
13 우리 부서는 타 부서들과 협조가 잘 안 된다.					
14 우리 부서는 타 부서들과 협조가 잘된다.					
15 우리 부서와 타 부서 사이에 인간적인 충돌이 있다.					
16 타 부서들이 우리 부서에 대해 문제를 일으킨다.					

귀하 직업의 미래상

앞으로 다가올 미래의 귀하의 직업 상태가 어느 정도 확실한지 다음 질문에 대하여 답하여 주시기 바랍니다.

문항내용	상당히 불확실함	약간 불확실함	다소 확실함	꽤 확실함	매우 확실함
1 귀하 직업의 미래상이 어떤 모습일지에 대해 얼마나 확실하다고 생각하십니까?					
2 앞으로 몇 년 동안 승진과 경력발전의 기회가 주어질 것이라는 사실이 얼마나 확실합니까?					
3 귀하의 직업적 기술이 5년 후에도 유용하고 가치가 있을 것이라는 사실이 얼마나 확실합니까?					
4 귀하의 업무가 6개월 후에도 존재할 것이라는 사실이 얼마나 확실합니까?					
5 만일 귀하가 직업을 잃더라도 스스로 생활해 나갈 수 있습니까?					

직무자율성(재량권)

직업에 대한 자신의 영향력과 일에 대한 결정권과 관련된 다음의 질문에 대하여 응답하여 주시기 바랍니다.

1 전혀 그럴 수 없다(매우 적음)
2 그럴 수 없는 편이다(적음)
3 보통이다(보통)
4 그럴 수 있는 편이다(많음)
5 매우 그럴 수 있다(매우 많음)

문항내용	응답란
1 귀하가 수행하는 업무에 마음대로 영향력을 행사할 수 있습니까?	
2 업무에 필요한 장비와 재료를 사용할 수 있는 재량권이 있습니까?	
3 업무 시 귀하가 수행하는 업무의 순서를 본인이 조절할 수 있습니까?	
4 귀하가 하는 작업량을 본인이 조절할 수 있습니까?	
5 업무의 속도, 즉 얼마나 빨리 혹은 느리게 작업하는가를 본인이 조절할 수 있습니까?	
6 귀하가 하는 일의 지적 수준을 본인이 조절할 수 있습니까?	
7 귀하의 근무 장소를 마음대로 배열하고 장식할 수 있습니까?	
8 작업부서 내의 어떤 사람이 어떤 일을 하는가를 결정하는 데 대해 영향력을 행사할 수 있습니까?	
9 귀하가 하는 작업의 시간과 스케줄을 스스로 조절할 수 있습니까?	
10 귀하의 작업부서 내에서 일이 완료되어야만 하는 시간에 관한 결정을 본인이 할 수 있습니까?	
11 부서 내의 정책과 업무과정 및 수행에 영향력을 가지고 있습니까?	
12 작업을 하는 데 필요한 물건들을 마음대로 활용할 수 있습니까?	
13 부서 내 다른 근무자들을 훈련시키는 데 영향력을 가지고 있습니까?	
14 근무 장소의 가구들과 기타 가구들을 마음대로 배치하거나 정리할 수 있습니까?	
15 업무시간 동안 작업을 계속하거나 잠깐 쉬거나 하는 것을 마음대로 할 수 있습니까?	
16 일반적으로 업무와 업무에 영향을 미치는 것들에 대해 얼마나 많은 영향력을 가지고 있습니까?	

■ 고용기회

다른 업무와 관련하여 어떠한 느낌을 가지고 있는지 응답하여 주시기 바랍니다.

문항내용	매우 쉽다	꽤 쉽다	비교적 쉬운 편이다	그렇게 쉽지는 않다	전혀 쉽지 않다
1 직장을 옮겨 귀하에게 적합한 일을 찾는 것이 얼마나 쉽다고 생각하십니까?					
2 직장을 옮겨 현재 수준의 직업을 찾는 것이 어느 정도 쉽다고 생각하십니까?					
3 귀하 정도의 자격 수준을 가진 사람이 옮길 만한 직장의 수준은 어느 정도 된다고 생각하십니까?					
4 좋은 직장으로 옮기기 위해 다른 지방으로 이사하는 것에 대해 어떻게 생각하십니까?	□ 절대 그럴 수 없다 □ 그러기 곤란하다 □ 어느 정도 그럴 수 있다 □ 매우 그럴 수 있다				

■ 사회적 지원

문항내용	구 분	그런 사람 없다	전혀 그렇지 않다	약간	어느 정도	많이
1 다음의 사람들은 귀하의 일이 쉽고 즐거운 것이 되도록 얼마나 도와줍니까?	직속 상관 직장 동료 배우자, 친구, 가족					
2 다음의 사람들과 대화하는 것이 얼마나 편합니까?	직속 상관 직장 동료 배우자, 친구, 가족					
3 일이 고달프고 힘들 때 다음의 사람들에게 얼마나 의지할 수 있습니까?	직속 상관 직장 동료 배우자, 친구, 가족					
4 다음의 사람들은 귀하의 개인적 고민을 얼마나 들어주려고 합니까?	직속 상관 직장 동료 배우자, 친구, 가족					

■ 직무요구

업무와 관련된 다음의 항목들이 얼마나 자주 일어나는지 응답하여 주시기 바랍니다.

문항내용	거의 없음	가끔	때때로	잦은 편	꽤
1 귀하가 업무를 빨리 해야 하는 경우가 얼마나 있습니까?					
2 귀하가 업무 중 힘들게 일해야 하는 경우가 얼마나 있습니까?					
3 시간에 쫓겨 가며 일을 해야 하는 경우가 얼마나 있습니까?					
4 과도하게 많은 양의 일을 처리해야 하는 경우가 얼마나 있습니까?					
5 업무량이 현저하게 증가하는 경우는 얼마나 있습니까?					
6 집중을 필요로 하는 업무가 현저하게 증가하는 경우는 얼마나 있습니까?					
7 신속한 판단을 필요로 하는 업무가 현저하게 증가하는 경우는 얼마나 있습니까?					
8 학교에서 배운 기술과 지식을 사용할 기회가 얼마나 있습니까?					
9 최선을 다해 일을 할 수 있는 기회는 얼마나 있습니까?					
10 이전의 경험과 연수로부터 습득한 기술을 활용할 기회가 얼마나 있습니까?					

■ 직무부담과 책임

업무 활동과 관련된 다음의 항목들에 대하여 얼마나 그러한지 응답하여 주시기 바랍니다.

문항내용	거의 없음	아주 조금	약간	때때로	매우 많음
1 업무량이 감소한 경우는 얼마나 됩니까?					
2 업무 중 심사숙고하여 처리해야만 (일이 복잡하고 결과에 대해 책임을 져야 하므로) 하는 경우는 얼마나 됩니까?					
3 업무량이 얼마나 됩니까?					
4 남들이 귀하에게 요구하는 업무량이 얼마나 됩니까?					
5 업무를 완수하는 데 주어지는 시간이 얼마나 됩니까?					
6 프로젝트, 임무 혹은 과업이 얼마나 주어집니까?					
7 과중한 업무들 사이에 얼마만큼의 휴식시간(짬)이 주어집니까?					
8 다른 사람의 미래에 관해 얼마나 책임을 갖고 있습니까?					
9 다른 사람의 직업안정성에 대해 귀하는 얼마나 책임을 가지고 있습니까?					
10 다른 사람의 사기에 대해 귀하는 얼마나 책임을 가지고 있습니까?					
11 다른 사람의 삶과 복지에 대해 얼마나 책임을 지고 있습니까?					

■ 정신적 요구

업무와 관련된 다음의 항목들이 얼마나 자주 일어나는지 응답하여 주시기 바랍니다.

문항내용	매우 그렇다	조금 그렇다	그저 그렇다	그렇지 않다	절대 그렇지 않다
1 내가 하는 일은 집중력이 필요하다.					
2 내가 하는 일은 많은 것들을 기억해야 한다.					

3 나는 하루 종일 일에만 신경 써야 한다.					
4 일을 마치고 나서야 비로소 마음의 여유를 가질 수 있다.					
5 일을 하고 있는 중에도 마음의 여유를 가질 수 있다.					

■ 일상 활동

직장 생활이 아닌 일상생활과 관련된 다음 항목에 대하여 응답하여 주시기 바랍니다.

문항내용	그렇다	아니다
1 이 직업 외에도 부가적으로 다른 일을 하고 있습니까?		
2 집에 어린아이가 있습니까?		
3 육아를 주로 혼자 도맡아 하십니까?		
4 집안 청소를 주로 혼자 도맡아 하십니까?		
5 노인이나 장애인을 정기적으로 돌봐야 하는 책임을 가지고 있습니까?		
6 귀하는 학교에 다니거나 혹은 학위를 받기 위한 과정을 밟고 있습니까?		
7 일주일에 최소한 5~10시간을 할당하는 봉사기관이나 종교단체에서 활동하고 있습니까?		

■ 자신에 대한 느낌

자신에 대하여 어떻게 느끼고 있는지 동의 정도를 응답하여 주시기 바랍니다.

문항내용	절대 그렇지 않다	그렇지 않다	모르겠다	그렇다	매우 그렇다
1 대체적으로 나 자신에 대해 만족한다.					
2 나 자신에 대해 자신감이 없다.					
3 가끔 나 자신이 전혀 쓸모없다고 느낀다.					

4 나는 적어도 같은 위치의 다른 사람들보다는 가치 있는 사람이라고 느낀다.					
5 나는 좋은 자질을 많이 갖춘 사람이라고 느낀다.					
6 대체로 나는 실패자라는 생각이 들곤 한다.					
7 나는 나 스스로 좀 더 존경받을 수 있기를 원한다.					
8 나는 대부분의 다른 사람만큼 일을 할 수 있는 능력이 있다.					
9 때때로 나는 남에게 이익이 못 되는 존재란 느낌이 든다.					
10 나는 나 자신에 대해 긍정적인 태도를 가지고 있다.					

▪ 일반적 건강상태

지난 한 달 동안 귀하는 다음의 항목을 얼마나 자주 경험하셨습니까?

문항내용	전혀 없다	때때로	종종	자주	매우 자주
1 더운 방에 들어가거나 운동을 하지 않을 때도 얼굴에 열이 난 적이 있다.					
2 더운 방에 들어가거나 운동을 하지 않을 때도 심하게 땀이 난 적이 있다.					
3 입이 마른 적이 있다.					
4 근육의 긴장과 뻣뻣해짐을 느낀 적이 있다.					
5 두통이 난 적이 있다.					
6 피가 머리로 몰리는 것 같은 느낌을 받은 적이 있다.					
7 목에 덩어리가 있거나 무엇이 걸린 것 같은 느낌을 받았다.					
8 일을 못할 정도로 손이 심하게 떨린 적이 있다.					

9 심하게 일을 하거나 운동을 하지 않았는데도 숨이 가빠 고생스러웠다.					
10 심장이 심하게 고동치는 것을 느꼈다.					
11 끈적거림과 축축함을 느낄 정도로 손에 땀이 났다.					
12 현기증을 느꼈다.					
13 구토 혹은 위통을 느꼈다.					
14 가슴이 두근거려 힘들었다.					
15 업무에 지장이 있을 정도로 건강이 나빴던 적이 있다.					
16 식욕이 떨어졌다.					
17 밤에 쉽게 잠을 이룰 수가 없었다.					

■ 질병상태

1 지난 12개월 동안 다음의 질병으로 인해 의사로부터 치료를 받았거나 혹은 다음의 질병이 있다고 들었던 것이 있다면 옆의 난에 ✓표 하십시오.

1) 당뇨　2) 암　3) 탈장　4) 결핵
5) 천식　6) 고혈압　7) 심장질환　8) 관절염
9) 간질　10) 녹내장　11) 마비 진전 떨림　12) 신장, 방광질환
13) 폐, 호흡질환　14) 뇌졸중　15) 빈혈　16) 담낭, 간, 췌장질환
17) 갑상선질환　18) 불면증　19) 위장염　20) 대장염
21) 위궤양　22) 알코올 중독증

■ 기타 건강관련

1 귀하는 평소 담배를 얼마나 자주 피우십니까?
1) 피운다(하루　　개피)　2) 피우지 않는다.

2 지난 6개월 동안 업무상 사고(재해)가 있었습니까?
1) 있었다　2) 없었다

3 지난 한 달 동안 병가를 낸 적이 있습니까?
1) 있다(　　일)　2) 없다

4 지난 일주일 동안 다음의 일들을 얼마나 자주 경험했습니까?

문항내용	거의 없음	조금 (1~2일)	자주 (3~4일)	거의 (5~7일)
1 평소 나를 괴롭히지 않던 일 때문에 고통받은 적이 있었다.				
2 식욕을 느끼지 못하거나 식욕이 떨어졌다.				
3 가족과 친구의 도움에도 우울함을 떨쳐 버릴 수 없음을 느꼈다.				
4 나는 다른 사람과 다른 점이 하나도 없다고 느꼈다.				
5 내가 하는 일에 집중할 수 없었다.				
6 기분이 우울했다.				
7 모든 일이 힘들게만 느껴졌다.				
8 미래에 대해 희망적이라고 느꼈다.				
9 내 인생은 실패작이라고 생각되었다.				
10 두려움을 느꼈다.				
11 잠을 편히 이룰 수 없었다.				
12 나는 행복하다고 느꼈다.				
13 평상시보다 말수가 줄었다.				
14 외롭다고 느꼈다.				
15 사람들이 나에게 적대적이었다.				
16 나는 인생을 즐기고 있다.				
17 한참을 운 적이 있다.				
18 슬프다고 느꼈다.				
19 사람들이 나를 싫어한다고 느꼈다.				
20 일을 진행할 수가 없었다.				

5 지난 한 달 동안 다음을 경험한 적이 있습니까?

1) 감기 혹은 몸살 증상
2) 꽃가루로 인해 생기는 알레르기 증세 혹은 알레르기 증상
3) 피부 알레르기 반점
4) 치료가 잘 안되는 상처

5) 열꽃물집(수포나 반점)
6) 관절염 증상(부기 혹은 관절통)
7) 그 외 질병(구체적으로)

직무상의 문제

업무 중 문제에 부딪히게 될 때 다음의 일들을 얼마나 자주 하십니까?

문항내용	거의 안 함	가끔	자주	꽤 자주	매우 자주
1 문제 해결을 위해 계획을 세우고 그 일에 매달린다.					
2 아무 일도 일어나지 않았던 것처럼 일을 계속 한다.					
3 그 문제에 대해 책임감을 느낀다.					
4 그 문제를 변화시킬 수 있을 것이라고 바라거나 공상을 한다.					
5 그 문제에 대해 상사나 동료에게 얘기한다.					
6 업무 이외의 활동들에 더욱 몰두한다.					

활동 수준

일상생활에서 다음과 같은 말들이 어느 정도 해당되는지 가까운 보기를 골라 주십시오.

문항내용	전혀 그렇지 않다	그렇지 않은 편이다	모르겠다	그런 편이다	매우 그렇다
1 나는 다른 사람보다 불안하고 침착하지 못하다.					
2 나는 평소에 빨리 그리고 의욕적으로 일한다.					
3 나는 전화로 대화할 때 더 침착한 편이다.					
4 자주 서두르는 편이다.					

5 나는 대화 시에 자주 손짓을 이용한다.					
6 나는 절대 차를 빨리 몰지 않는다.					
7 청소년 시절 나는 돌아다니는 일을 좋아한 편이다.					
8 사람들은 내가 과묵한 편이라고 생각한다.					
9 나는 다른 사람보다 작은 소리로 말한다.					
10 나는 글씨를 빨리 쓰는 편이다.					
11 나는 대체로 천천히 여유롭게 일한다.					
12 나는 여유롭게 식사하기를 즐긴다.					
13 고속도로 등에서 차가 없고 훤히 트인 길이 나오면 차를 매우 빨리 운전하는 것을 좋아한다.					
14 나는 느리고 신중한 작업을 좋아한다.					
15 나는 다른 사람보다 말을 느리게 한다.					
16 골치 아픈 일은 그대로 내버려두고 시간이 지나기를 기다린다.					
17 나는 자주 나의 관점에서 남들을 설득시키려 한다.					
18 나는 다른 사람보다 느리게 걷는 편이다.					
19 나는 시간이 충분할 때에도 식사를 매우 빨리 한다.					
20 나는 대개 일을 빨리 한다.					

55 한국판 부모 양육스트레스 검사 확장형

척도개관

부모 역할 수행은 자녀에 대한 책임과 부담을 동반하므로 부모들은 어느 정도의 스트레스를 경험하게 되며 이는 부모의 양육행동, 양육효능감, 자녀의 문제행동, 부모의 정신건강 등에 영향을 주게 된다. 부모의 양육스트레스를 효과적으로 측정하는 도구로, Berry와 Jones(1995)의 양육스트레스 척도(Parental Stress Scale: PSS), Holroyd(1974)의 스트레스와 자원에 대한 척도(Questionnaire on Resources and Stress: QRS), Abidin(1995)의 부모 양육스트레스 검사(Parent Stress Index: PSI), Crinic과 Greenberg(1990)의 Parenting Daily Hassles(PDS) 등의 척도가 주로 사용되고 있다.

그중 Abidin(1995)의 부모 양육스트레스 검사(PSI)는 다양한 영역에서 연구가 진행된 신뢰성 있고 타당한 도구로 가장 빈번하게 사용되고 있다. 이 도구는 1976년에 개발되어 1995년에 개정판이 발표되었고 확장형과 축약형으로 구성되어 있다. PSI는 부모의 양육스트레스 상태와 역기능적인 양육과 관련된 아동, 부모 및 상황적 특성에 대한 정보를 제공한다.

소개된 척도는 PSI의 확장형을 정경미 등(2008)이 한국 실정에 맞게 번역-역번역-전문가 검토의 3단계 과정을 걸쳐 번안하여 타당도와 신뢰도를 검증하고, 연령을 기준으로 표준화 점수를 제공한 한국판 부모 양육스트레스 검사(Korean-Parenting Stress Index: K-PSI)다. 이 척도는 만 1세에서 12세까지의 아동의 부모가 경험하는 양육스트레스 수준을 측정하고 있다.

문항구성

부모보고 형식의 120개 문항으로, 리커트식 5점 척도로 평정하도록 되어 있다. 각 문항은 부모 영역과 아동 영역, 그리고 점수 채점이나 규준비교에는 사용되지 않는 보충척도인 생활스트레스 영역의 세 영역으로 구성되어 있다.

부모 영역은 다음의 일곱 가지 척도로 구성되어 있다. 성격과 정신병리 요소와 관련된 우울 척도(Depression: DP), 양육자로서의 유능감 척도(Competence: CO), 아동과 얼마나 정서적 친밀감과 유대감을 느끼는지를 측정하는 애착 척도(Attachment: AT), 부모역할에 대한 배우자의 정서적이고 신체적인 지지를 평가하는 배우자 척도(Isolation: SP), 부모역할에 대한 사회적 지지의 가용성을 재는 고립 척도(Isolation: IS), 양육에 필요한 현재 신체적 건강 척도(Health: HE), 부모 역할이 개인적 자유와 정체성을 제한한다고 느끼는 정도를 측정하는 역할제한 척도(Role Restriction: RO)다.

아동 영역은 다음의 여섯 가지 척도로 구성되어 있다. 아동이 변화에 잘 적응하는지 측정하는 적응 척도(Adaptability: AD), 아동이 부모에게 요구하는 수준을 측정하는 요구 척도(Demandingness: DE), 아동의 정서표현과 관련된 기분 척도(Mood: MO), 아동의 활동 수준과 관련된 주의산만/과잉행동(Distractibility: DI/Hyperactivity), 부모-아동의 상호작용으로 긍정적인 정서를 경험하는 정도를 측정하는 보상경험 척도(Reinforces Parent: RE), 아동이 부모의 기대와 일치하는 정도를 측정하는 수용 척도(Acceptability: AC)다.

보충 척도인 생활스트레스 영역은 점수 채점을 하지 않는 영역으로 일상적 생활스트레스를 측정하는 19개 문항으로 이루어져 있다.

채점 및 평가지침

각 문항에 대해 응답자는 '전혀 그렇지 않다'에 1점, '매우 그렇다'에 5점의 리커트식 척도로 평정하도록 되어 있다. 점수의 범위는 최소 101점에서 최대 505점이며, 점수가 높을수록 부모가 높은 스트레스를 받고 있음을 의미한다.

신뢰도와 타당도

문항 전체에 대하여 Cronbach's α는 .95, 각 요인별 문항의 Cronbach's α는 애착척도(.56)를 제외한 나머지 요인에서 .71~.93으로 문항 간 동질성이 높은 검사로 볼 수 있다. 4~6주 간격의 검사-재검사 신뢰도는 .90으로 척도가 시간에 따라 안정적이었다.

타당도와 관련하여, K-PSI의 주의산만/과잉행동, 적응, 기분, 아동 영역 하위척도와 비슷한 구성을 측정하는 K-CBCL의 아동문제행동과 관련된 4개 하위척도 및 BDI의 관련 소척도와 부모의 우울 척도 간에 유의미한 정적 상관이 관찰되었다. 또 발달장애 및 자폐증 아동의 부모집단과 정상 집단에서 집단 간 유의한 차이($t = -12.78$)가 발견되었다.

주요 참고문헌

정경미, 이경숙, 박진아(2009). 한국판 부모 양육스트레스 검사(Korean-Parenting Stress Index: K-PSI). 학지사 심리검사연구소.

정경미, 이경숙, 박진아, 김혜진(2008). 한국판 부모 양육스트레스 검사(Korean-Parenting Stress Index: K-PSI)의 표준화 연구. 한국심리학회지: 임상, 27(3), 689-707.

Abidin, R. R. (1995). *Parenting Stress Index* (PSI) *manual* (3rd de.) Odessa, FL: Psychological Assessment Resources, Inc.

척 도

한국판 부모 양육스트레스 검사 확장형

■ 지시사항

다음의 문항들에 답할 때, 가장 염려가 되는 한 명의 자녀만 생각해 주십시오. 문항을 읽고, 부모님이 느끼는 정도와 가장 일치하는 번호를 표시해 주십시오. 느낌을 명확히 표현해 주는 답이 없을 경우에는 가장 가까운 것에 ●표 해 주십시오.

예: 나는 영화 보러 가는 것을 즐긴다.

(만약 당신이 영화 보러 가는 것을 별로 즐기지 않는다면 2번에 표시해 주십시오)

① 전혀 그렇지 않다	❷ 그렇지 않다	③ 잘 모르겠다	④ 그렇다	⑤ 매우 그렇다

문항내용	전혀 그렇지 않다	그렇지 않다	잘 모르겠다	그렇다	매우 그렇다
1 우리 아이는 원하는 것이 있으면 그것을 끈질기게 얻고자 한다.	①	②	③	④	⑤
⋮					
3 우리 아이는 혼란스럽고 주의가 쉽게 분산된다.	①	②	③	④	⑤
⋮					
5 우리 아이는 한 가지 장난감을 갖고 10분 이상 논다.	①	②	③	④	⑤

6 우리 아이는 내가 생각한 것보다 더 부산하다.	①	②	③	④	⑤
7 우리 아이는 내가 생각한 것보다 훨씬 활동적이다.	①	②	③	④	⑤
⋮					
9 우리 아이는 무언가를 원하더라도 쉽게 관심을 잃는다.	①	②	③	④	⑤
10 우리 아이는 내가 기뻐할 만한 일은 거의 하지 않는다.	①	②	③	④	⑤
11 대체로 우리 아이는 나를 좋아하고 나와 가까이 있고 싶어 하는 것 같다.	①	②	③	④	⑤
⋮					
13 우리 아이는 내가 바라는 것만큼 나를 보고 잘 웃지 않는다.	①	②	③	④	⑤
⋮					

15 다음 중 당신의 아이를 가장 잘 설명하고 있는 내용에 해당하는 번호를 찾아 표시하십시오.
① 거의 나와 함께 놀기를 좋아한다. ② 가끔씩 나와 함께 놀기를 좋아한다.
③ 대개 나와 함께 놀기를 좋아하지 않는다. ④ 전혀 나와 함께 놀기를 좋아하지 않는다.

16 우리 아이는 울고 보챈다.
① 내가 생각했던 것보다 훨씬 덜 ② 내가 생각했던 것보다 덜
③ 내가 생각했던 것만큼 ④ 내가 생각했던 것보다 훨씬 많이
⑤ 거의 항상 그렇다.

17 우리 아이는 다른 아이들보다 더 자주 보채는 것 같다.	①	②	③	④	⑤
⋮					
19 우리 아이는 대체로 잠에서 깨어나면 기분이 좋지 않다.	①	②	③	④	⑤
20 우리 아이는 매우 감정의 기복이 심하며 쉽게 화를 내는 것 같다.	①	②	③	④	⑤
21 때때로 우리 아이는 내 기대와 다르게 보여서 걱정된다.	①	②	③	④	⑤
⋮					
23 우리 아이는 또래 아이들에 비해 배우는 속도가 빠르지 않은 것 같다.	①	②	③	④	⑤

⋮

25 우리 아이는 가끔 나를 무척 속상하게 한다.	①	②	③	④	⑤
26 우리 아이는 내 기대만큼 어떤 일을 잘 해내지 못한다.	①	②	③	④	⑤
27 우리 아이는 껴안거나 만지는 것을 몹시 싫어한다.	①	②	③	④	⑤
⋮					
29 부모가 되는 것은 내가 생각했던 것보다 더 어려운 일이다.	①	②	③	④	⑤
30 아이를 돌볼 때 내 자신이 유능하게 느껴지고 최상의 기분을 맛본다.	①	②	③	④	⑤
31 다른 아이들에 비해 우리 아이는 집주변이나 일정의 변화에 익숙해지는 데 상당히 어려워한다.	①	②	③	④	⑤
⋮					
33 아기 봐 주는 사람에게 우리 아이를 맡기는 것은 항상 문젯거리다.	①	②	③	④	⑤
⋮					
35 우리 아이는 큰 소리나 밝은 빛을 금방 알아차리고 과잉 반응한다.	①	②	③	④	⑤
36 우리 아이의 수면습관과 식사습관을 길들이는 것은 내가 생각한 것보다 훨씬 어려웠다.	①	②	③	④	⑤
37 우리 아이는 새 장난감을 갖고 놀기 전 얼마 동안은 그것을 못 본 척한다(관심 없어 한다).	①	②	③	④	⑤
⋮					
39 우리 아이는 낯선 사람을 만날 때 불편해 하는 것처럼 보인다.	①	②	③	④	⑤

40 감정이 폭발했을 때 우리 아이는
① 쉽게 가라앉는다.
② 생각보다 가라앉기가 어렵다.
③ 가라앉는 것은 매우 어렵다.
④ 가라앉히는 데 어떤 것도 도움이 되지 않는다.

41 나는 우리 아이에게 어떤 일을 하게 하거나 그만두게 하는 것이
① 생각보다 훨씬 더 어렵다고 느낀다.
② 생각보다 다소 어렵다고 느낀다.
③ 생각한 만큼 어렵다고 느낀다.
④ 생각보다 다소 쉽다고 느낀다.
⑤ 생각보다 훨씬 쉽다고 느낀다.

⋮

43 우리 아이의 우는 시간은 대략 다음과 같이 지속된다.
① 2분 이하
② 2~5분
③ 5~10분
④ 10~15분
⑤ 15분 이상

⋮

45 우리 아이는 생각했던 것보다 건강상의 문제를 더 많이 가지고 있다.	①	②	③	④	⑤
46 아이가 자라고 보다 독립적으로 될수록 아이가 다치거나 문제가 생길까 봐 더 걱정스럽다.	①	②	③	④	⑤
47 우리 아이는 생각과는 달리 한 가지 이상의 문제를 가지고 있는 것으로 나타났다.	①	②	③	④	⑤
⋮					
49 우리 아이는 항상 내게 매달리려 한다.	①	②	③	④	⑤
50 우리 아이는 보통의 다른 아이들보다 내게 더 많은 요구를 한다.	①	②	③	④	⑤
51 나는 도움 없이는 어떤 결정을 할 수 없다.	①	②	③	④	⑤
⋮					
53 나는 내 아이의 부모인 것이 즐겁다.	①	②	③	④	⑤
⋮					
55 막내 아이를 출산한 이후로 내가 할 수 있다고 생각한 만큼 이 아이를 잘 돌볼 수 없음을 알았다. 나는 도움이 필요하다.	①	②	③	④	⑤
56 나는 가끔 어떤 일을 잘 처리할 수 없다고 느낀다.	①	②	③	④	⑤

57 부모로서 내 자신을 생각해 볼 때
① 일어나는 어떤 일이든 잘 처리할 수 있다고 본다.
② 대부분의 일을 잘 처리할 수 있다고 본다.
③ 때때로 의구심이 들지만, 아무런 문제없이 대부분의 일들을 잘 처리할 수 있다고 본다.
④ 일을 처리할 수 있는 것에 대해 약간 의구심이 든다.
⑤ 어떤 일도 전혀 처리할 수 없다고 생각한다.

⋮

59 60 당신과 배우자의 최종 학력은 어떻게 됩니까?
모: ① 초졸 및 중졸 ② 고졸 ③ 전문대 ④ 대졸 ⑤ 대학원 이상
부: ① 초졸 및 중졸 ② 고졸 ③ 전문대 ④ 대졸 ⑤ 대학원 이상

61 당신의 아이가 원하거나 필요로 하는 것을 잘 알 수 있습니까?
① 매우 쉽게 안다. ② 쉽게 안다. ③ 다소 어렵다.
④ 매우 어렵다. ⑤ 문제가 무엇인지조차 이해하기 어렵다.

⋮

63 현재 내가 하고 있는 것보다 아이와 더 친밀한 관계를 유지하고 따뜻하게 대하려고 했는데 뜻대로 되지 않아 괴롭다. ① ② ③ ④ ⑤

⋮

65 내가 젊었을 때, 아이들을 돌보거나 안아 주는 데서 편안함을 느낀 적이 없다. ① ② ③ ④ ⑤

66 우리 아이는 내가 부모라는 것을 알고 다른 사람보다 나를 더 따른다. ① ② ③ ④ ⑤

67 나는 자식이 너무 많다. ① ② ③ ④ ⑤

⋮

69 예전에 생각했던 것보다 아이의 요구를 들어주기 위해 내 생활의 많은 부분을 포기하고 있다고 느낀다. ① ② ③ ④ ⑤

70 나는 부모로서의 책임감에 사로잡혀 있는 것 같다. ① ② ③ ④ ⑤

71 나는 가끔 아이의 요구들로 내 삶이 조정당한다고 느낀다. ① ② ③ ④ ⑤

⋮

73 아이가 생긴 이후로 내가 하고 싶은 일을 거의 할 수가 없다고 느낀다. ① ② ③ ④ ⑤

⋮

75 내가 어떤 부모인가를 생각해 볼 때 종종 죄의식을 느끼거나 내 자신이 나쁘다고 생각된다. ① ② ③ ④ ⑤

76 최근에 내가 구입한 옷 때문에 기분이 찜찜하다. ① ② ③ ④ ⑤

77 우리 아이가 잘못된 행동을 하거나 지나치게 소란스러울 때 마치 내 책임인 것처럼 생각된다.	①	②	③	④	⑤
⋮					
79 나는 종종 우리 아이에 대한 감정에 죄의식을 느낀다.	①	②	③	④	⑤
80 내 생활에는 나를 괴롭히는 일들이 꽤 있다.	①	②	③	④	⑤
81 나는 갓난 아이를 병원에서 데리고 온 후에 예상했던 것보다 더 슬프고 우울함을 느꼈다.	①	②	③	④	⑤
⋮					
83 아이를 병원(산부인과)에서 집으로 데려온 후 약 한 달 후에 나는 내가 생각한 것보다 더 슬프고 우울하게 느끼고 있다는 것을 알았다.	①	②	③	④	⑤
⋮					
85 아이가 있다는 사실이 생각보다 배우자와의 관계에 많은 문제를 야기시킨다.	①	②	③	④	⑤
86 아이가 생긴 이후 남편은 나와 함께 많은 일을 하지 않는다.	①	②	③	④	⑤
87 아이가 생긴 이후로 나와 남편이 가족으로서 함께 하는 시간이 생각보다 많지 않다.	①	②	③	④	⑤
⋮					
89 아이로 인해 시댁 식구나 친척들과의 문제가 많아지는 것 같다.	①	②	③	④	⑤
90 아이로 인해 생각보다 지출이 많다.	①	②	③	④	⑤
91 나는 혼자이고 친구도 없다는 느낌이 든다.	①	②	③	④	⑤
⋮					
93 예전만큼 사람들에 대해 관심이 없다.	①	②	③	④	⑤
⋮					
95 내가 아이를 돌보는 데 문제가 생겼을 때 도움을 청하거나 충고를 해 줄 사람이 많이 있다.	①	②	③	④	⑤

96 아이가 생긴 이후로 친구를 만나거나 새로운 친구를 사귈 수 있는 기회가 매우 적었다.	①	②	③	④	⑤
97 지난 6개월 동안 평소보다 더 아팠거나 더 많은 통증과 고통이 있었다.	①	②	③	④	⑤
⋮					
99 아이를 갖고 나서 수면습관에 변화가 생겼다.	①	②	③	④	⑤
100 예전만큼 일을 즐기지 않는다.	①	②	③	④	⑤

101 아이를 가진 이후로

① 많이 아팠었다. ② 건강이 좋지는 않았다.

③ 건강에 어떠한 변화도 느끼지 못했다. ④ 더 건강해졌다.

지난 12개월 동안 당신의 직계가족에게 일어났던 일을 모두 체크해 주십시오.

⋮

103 재결합	( )	113 술이나 약물복용 문제	( )
⋮			
105 별거	( )	115 직업을 새로 가짐	( )
106 임신	( )	116 학교에 새로 들어감	( )
107 다른 친척이 우리 집으로 이사 옴	( )	117 직장에서 상사와의 문제	( )
⋮			
109 부채의 증가	( )	119 법적 문제	( )
110 다른 곳으로의 이사	( )	120 직계가족의 죽음	( )
111 직장에서의 승진	( )		( )

한국판 부모 양육스트레스 검사 축약형

■ 지시사항

다음의 문항들에 답할 때, 가장 염려가 되는 한 명의 자녀만 생각해 주십시오. 문항을 읽고, 부모님이 느끼는 정도와 가장 일치하는 번호를 표시해 주십시오. 느낌을 명확히 표현해 주는 답이 없을 경우에는 가장 가까운 것에 ●표 해 주십시오.

예: 나는 영화 보러 가는 것을 즐긴다.

(만약 당신이 영화 보러 가는 것을 별로 즐기지 않는다면 2번에 표시해 주십시오)

① 전혀 그렇지 않다	❷ 그렇지 않다	③ 잘 모르겠다	④ 그렇다	⑤ 매우 그렇다

문항내용	전혀 그렇지 않다	그렇지 않다	잘 모르겠다	그렇다	매우 그렇다
1 나는 가끔 어떤 일을 잘 처리할 수 없다고 느낀다.	①	②	③	④	⑤
⋮					
3 나는 부모로서의 책임감에 사로잡혀 있는 것 같다.	①	②	③	④	⑤
⋮					
5 아이가 생긴 이후로 내가 하고 싶은 일을 거의 할 수 없다고 느낀다.	①	②	③	④	⑤
6 최근에 내가 구입한 옷 때문에 기분이 찜찜하다.	①	②	③	④	⑤
7 내 생활에는 나를 괴롭히는 일들이 꽤 있다.	①	②	③	④	⑤
⋮					
9 나는 혼자이고 친구도 없다는 느낌이 든다.	①	②	③	④	⑤
10 모임에 갈 때, 나는 즐거울 것이라고 기대하지 않는다.	①	②	③	④	⑤
11 예전만큼 사람들에 대해 관심이 없다.	①	②	③	④	⑤

⋮					
13 우리 아이는 내가 기뻐할 만한 일은 거의 하지 않는다.	①	②	③	④	⑤
⋮					
15 우리 아이는 내가 바라는 것만큼 나를 보고 잘 웃지 않는다.	①	②	③	④	⑤
16 내가 우리 아이를 위해 무언가를 했을 때, 그런 노력이 크게 인정받지 못하는 것 같다.	①	②	③	④	⑤
17 우리 아이는 놀 때 보통 소리내어 웃거나 즐겁게 웃지 않는다.	①	②	③	④	⑤
⋮					
19 우리 아이는 다른 아이들만큼 웃는 것 같지 않다.	①	②	③	④	⑤
20 우리 아이는 내 기대만큼 어떤 일을 잘 해내지 못한다.	①	②	③	④	⑤
21 우리 아이는 새로운 것에 익숙해지는 데 오랜 시간이 걸리고 또한 매우 어려워한다.	①	②	③	④	⑤
⋮					
23 현재 내가 하고 있는 것보다 아이와 더 친밀한 관계를 유지하고 따뜻하게 대하려고 했는데 뜻대로 되지 않아 괴롭다.	①	②	③	④	⑤
⋮					
25 우리 아이는 다른 아이들보다 더 자주 보채는 것 같다.	①	②	③	④	⑤
26 우리 아이는 대체로 잠에서 깨어나면 기분이 좋지 않다.	①	②	③	④	⑤
27 우리 아이는 매우 감정의 기복이 심하며 쉽게 화를 내는 것 같다.	①	②	③	④	⑤
⋮					
29 우리 아이는 자신이 좋아하지 않는 어떤 일이 생기면 매우 민감하게 반응한다.	①	②	③	④	⑤
30 우리 아이는 아주 사소한 일에도 감정을 쉽게 폭발시킨다.	①	②	③	④	⑤

31 우리 아이의 수면습관과 식사습관을 길들이는 것은 내가 생각한 것보다 훨씬 어려웠다.	①	②	③	④	⑤

⋮

33 아이가 당신을 괴롭히는 일들이 몇 가지가 있는지 잘 세어 보십시오(예, 게으르다, 말을 들으려 하지 않는다, 과잉활동적이다, 운다, 방해한다, 싸운다 등). 그 수를 골라 표시하십시오.

① 1~3개 ② 4~5개 ③ 6~7개
④ 8~9개 ⑤ 10개 이상

⋮

35 우리 아이는 생각과는 달리 한 가지 이상의 문제를 가지고 있는 것으로 나타났다.	①	②	③	④	⑤
36 우리 아이는 보통의 다른 아이들보다 내게 더 많은 요구를 한다.	①	②	③	④	⑤

56 한국판 사건충격 척도 수정판

척도개관

외상 후 스트레스장애(Post Traumatic Stress Disorder: PTSD)가 개념적으로 정립된 초기에는 전쟁 등의 사건에 국한되어 연구되었다. 그러나 시대의 변화에 따라 외상성 사건의 유형들이 다양해지고 증상에 대한 연구도 활발해졌다. PTSD 진단이 세분화되면서 PTSD 증상을 측정하기 위한 여러 척도들이 개발되었다.

Horowitz 등(1979)은 외상관련 증상을 자기보고식으로 작성하는 척도인 사건충격 척도(Impact of Event Scale: IES)를 개발하였고 이는 현재까지 전 세계적으로 가장 널리 사용되고 있다. IES는 가장 흔하게 보고된 외상과 관련된 심리적 반응 양상들 중 침습 및 회피 증상을 확인하기 위해 고안되었다. 그러나 IES는 PTSD의 핵심 특징 중 하나인 과각성 증상은 측정할 수 없다. 이를 보완하여 Weiss와 Marmar가 1997년 IES 수정판을 고안하였고, 다양한 국가에서 이 척도의 표준화 연구가 진행되었다.

국내에서도 PTSD에 대한 관심이 높아지고 있는 실정임에도 불구하고 MMPI-PTSD 및 사건충격 척도(IES-K)의 표준화 연구 외에는 PTSD의 자기보고식 척도에 대한 표준화 연구가 부족하다. 이에 은헌정 등(2005)의 연구자들이 외국의 IES-R을 번안하고 그 신뢰도와 타당도를 검증하였다.

문항구성

총 22개 문항으로, '과각성' '회피' '침습' '수면장애 및 정서적 마비, 해리증상'의 네 가지 요인으로 구성되어 있다. 요인 1은 '과각성'에 관한 내용을 반영하는 문항으로 구성되어 있으며, 4, 10, 14, 18, 19, 21번의 6개 문항에 부하되었다. 요인 2는 '회피'에 관한 내용을 담고 있으며 5, 8, 11, 12, 17, 22번의 6개 문항에 부하되었다. 요인 3은 '침습'에 관한 내용을 반영하며 1, 3, 6, 9, 16번의 5개 문항에 부하되었다. 요인 4는 '수면장애 및 정서적 마비, 해리증상'에 관한 내용을 반영하며, 이에 해당하는 문항은 2, 7, 13, 15, 20번이다.

채점 및 평가지침

지난 한 주간의 증상 빈도를 리커트식 5점 척도(0~4)로 평가하도록 되어 있다.

절단점과 관련하여, PTSD는 Blanchard 등(1995)이 사용했던 개념으로 '재경험 증상이 있으면서 DSM-IV에서 회피나 과각성의 준거를 충족시키는 경우'로 정의하였다. 엄격한 기준(PTSD 진단에 부합되는 집단과 나머지 부분 PTSD군을 포함한 정상군과의 비교)으로 분류한 경우 민감도가 1.0이면서 특이도와 효율성이 높은 점수가 24/25점으로 나타났다. 이 절단점은 외상 후 스트레스장애를 진단하는 데 민감하게 사용될 수 있을 것으로 보인다.

광범위한 기준(PTSD 및 부분 PTSD를 합한 총 PTSD 집단과 정상군 간의 비교)으로 분류한 경우에는 민감도가 1.0이면서 특이도와 효율성이 높은 점수가 17/18점으로 나타났다. 이 절단점은 PTSD 경향이 있는 사람과 정상인을 판별하는 데 사용될 수 있을 것이다.

신뢰도와 타당도

신뢰도와 관련하여, IES-R-K의 문항-총점 간 상관은 만족할 만한 수준이었다(r = .45 -.89). Cronbach's α는 .83으로 높은 내적 합치도를 보여 주었고, Spearman-Brown 반분 신뢰도는 .71로 나타났다. 2주 간격의 검사-재검사 신뢰도는 .89로 높은 편이었다.

IES-R과 PTSD와 관련된 준거변인인 BDI, STAI-I, II 척도와의 상관계수는 각각 .61, .59, .54로 준거타당도가 입증되었다. IES-R과 진단에 유용하게 사용되는 MMPI-PTSD 척도와 임상가를 위한 외상 후 스트레스장애 척도(Clinician Administered PTSD Scale: CAPS)와의 상관은 각각 .69, .66으로 공존타당도 또한 입증되었다.

주요 참고문헌

은헌정, 권태완, 이선미, 김태형, 최말례, 조수진(2005). 한국판 사건충격 척도 수정판의 신뢰도 및 타당도 연구. 대한신경정신의학회지, 44(3), 303-310.

Weiss, D. S., Marmar, C. R. (1997). Impact of Event Scale-Revised. In Wilson, J. P., Keane, T. M.(Eds.) *Assessing psychological trauma and PTSD*. New York: Guilford Press.

척 도

한국판 사건충격 척도 수정판

다음 문항은 스트레스를 주는 생활사건을 경험한 후에 사람들이 겪는 경험목록들입니다. 다음의 목록들이 스트레스 사건 후 지난 주에 얼마나 자주 경험되었는지 각 문항에 ○표 해 주십시오. 만약 그 기간 동안 경험하지 못했다면 '전혀 없다'에 표시해 주십시오.

문항내용	전혀 없다	드물게 있다	가끔 있다	자주 있다	많이 있다
1 그 사건을 상기시켜 주는 것들이 그 사건에 대한 감정(느낌)들을 다시 되살아나게 한다.					
2 나는 수면을 지속하는 데 어려움이 있었다.					
3 나는 다른 일들로 인해 그 사건을 생각하게 된다.					
4 나는 그 사건 이후로 예민하고 화가 난다고 느꼈다.					
5 그 사건에 대해 생각하거나 떠오를 때마다 혼란스러워지기 때문에 회피하려고 했다.					
6 내가 생각하지 않으려고 해도 그 사건이 생각난다.					
7 그 사건이 일어나지 않았거나, 현실이 아닌 것처럼 느꼈다.					
8 그 사건을 상기시키는 것들을 멀리하며 지냈다.					
9 그 사건의 영상이 나의 마음속에 갑자기 떠오르곤 했다.					
10 나는 신경이 예민해졌고 쉽게 깜짝 놀랐다.					
11 그 사건에 관해 생각하지 않기 위해 노력했다.					
12 나는 그 사건에 관하여 여전히 많은 감정을 가지고 있다는 것을 알지만 신경 쓰고 싶지 않았다.					

13 그 사건에 대한 나의 감정은 무감각한 느낌이었다.					
14 나는 마치 사건 당시로 돌아간 것처럼 느끼거나 행동할 때가 있었다.					
15 나는 그 사건 이후로 잠들기가 어려웠다.					
16 나는 그 사건에 대한 강한 감정이 물밀 듯 밀려오는 것을 느꼈다.					
17 내 기억에서 그 사건을 지워 버리려고 노력했다.					
18 나는 집중하는 데 어려움이 있었다.					
19 그 사건을 떠올리게 하는 어떤 것에도 식은땀, 호흡곤란, 오심, 심장 두근거림 같은 신체적인 반응을 일으켰다.					
20 나는 그 사건에 관한 꿈들을 꾼 적이 있었다.					
21 내가 주위를 경계하고 감시하고 있다고 느꼈다.					
22 나는 그 사건에 대해 이야기하지 않으려고 노력했다.					

57 한국판 상태-특성 분노표현 척도

척도개관

분노는 스트레스에 대한 정서반응의 대표적 양상 중 하나다. 분노와 관련된 척도 중에서 현재 세계적으로 가장 많이 사용되는 척도는 Spielberger가 개발한 상태-특성 분노표현 척도(State-Trait Anger Expression Inventory: STAXI)다. 이 척도는 정상성격과 이상성격의 상세 평가를 위해 분노의 구성요소를 측정하고, 고혈압, 심장질환 및 암과 같은 질환에 분노가 미치는 영향을 평가하기 위한 목적으로 고안되었다.

이 척도는 Spielberger와 그의 동료들이 이전에 만든 분노경험 척도(State-Trait Anger Scale: STAS)와 분노표현 척도(Anger Expression Scale: AX)를 통합적으로 구성한 척도다. 구체적으로 분노의 경험적 측면을 측정하기 위하여 상태분노와 특성분노를 각각 측정한다. 또 분노의 표현적 측면을 측정하기 위하여 분노를 억압하거나 속에 감추는 분노억제, 사람이나 대상에 대해 분노를 표현하는 분노표출, 분노표현을 통제하려고 시도하는 분노통제를 각각 측정하고 있다.

전겸구 등은 1997년 이 척도의 한국판을 개발하여 소개하였고, 후에 전겸구 등(2000)은 한국문화에 적절한 상태-특성 분노표현 척도를 개발하기 위하여 분노표현과 관련된 11개 문항을 새롭게 포함시켜 신뢰도와 타당도가 높은 척도 개발을 시도하였다.

문항구성

총 44개 문항으로 구성되어 있으며, 분노경험을 측정하기 위하여 '상태분노'와 '특성분노'를 측정하는 20개의 문항, 분노반응을 측정하는 24개의 문항으로 구성되어 있다.

먼저 '상태분노'는 특별한 시간에 경험하는 화난 감정의 강도를 측정하며, 10개의 문항으로 구성되어 있다. '특성분노'는 분노를 경험하는 성향의 개인차를 측정하는 10개의 문항으로 구성되어 있다.

'분노반응'은 다른 사람에 의해 불공평하게 비판받거나 대우받을 때 분노를 표현하는 성향의 개인차를 측정하며, '분노억제' '분노통제' '분노표출'의 세 가지 양상으로 나타날 수 있다. '분노억제'는 화난 감정을 억압하는 빈도를 측정하는 8개 문항으로 구성되어 있으며, 문항번호 3, 5, 6, 10, 13, 16, 17, 21번이 해당된다. '분노표출'은 다른 삶이나 주변 환경 대상에게 얼마나 자주 분노를 표현하는가를 측정하는 8개의 문항으로 구성되어 있고, 문항번호 2, 7, 9, 12, 14, 19, 22, 23번이 해당된다. '분노통제'는 분노표현을 통제하려고 하는 빈도를 측정하는 8개의 문항으로 구성되어 있으며, 문항번호 1, 4, 8, 11, 15, 18, 20, 24번이 해당된다. '분노표현'은 표현의 방향과는 상관없이 분노가 표현되는 빈도의 일반적인 지수를 제공하는 분노억제, 분노표출, 분노통제 척도 각각 8개 문항씩 총 24개의 문항에 근거한 연구 척도다.

채점 및 평가지침

응답자는 각 문항을 4점 척도상에 평정한다. 구체적으로 상태분노 척도에서는 '전혀 그렇지 않다'에 1점, '때때로 그렇다'에 2점, '자주 그렇다'에 3점, '거의 언제나 그렇다'에 4점을 부여하고, 특성분노 및 분노표현 척도에서는 '전혀 그렇지 않다'에 1점, '조금 그렇다'에 2점, '상당히 그렇다'에 3점, '매우'에 4점을 부여한다.

상태분노, 특성분노의 점수 범위는 각각 10점에서 40점까지 나올 수 있고 점수가 높을수록 해당 영역의 분노경험을 많이 한다고 볼 수 있다. 분노억압, 분노표출, 분노통제 각각의 점수 범위는 8점에서 32점까지 나올 수 있다. 각 영역에서의 점수로 분노반응의 양상을 살펴볼 수 있다.

신뢰도와 타당도

전겸구 등(2000)의 연구에 따르면, 척도의 구성타당도를 검증하기 위하여 상태분노와 특성분노를 합하여 분노경험으로, 분노억제와 분노표출과 분노통제를 합하여 분노표현으로 요인분석을 실시하였다. 그 결과, 분노억제 척도가 .66인 것을 제외하고는 모든 척도들의 내적 일치도가 .70 이상으로 나타났고 요인 구성도 전반적으로 미국판과 비슷한 것으로 나타났다. 하위척도별 내적 일치도를 살펴보면 분노통제가 .79, 분노억제가 .66, 분노표출이 .70이었다.

주요 참고문헌

전겸구, 김동연, 이준석(2000). 한국판 상태-특성 분노표현 척도(STAXI-K) 개발 연구. 미술치료학회, 7(1), 33-50.

Spielberger, C. D.(1985). *The experience of anger: Construction and validation of Ananger expression scale*. Washington, DC: Hemisphere.

척 도

다음의 척도는 저작권 존중을 위하여 전문의 일부만을 실었다. 척도 전문이 필요한 경우 저자와의 연락을 통해 확인이 가능하다.

한국판 상태-특성 분노표현 척도

■ 상태분노 척도

문항내용	전혀 그렇지 않다	때때로 그렇다	자주 그렇다	거의 언제나 그렇다
1 나는 격분하고 있다.				
2 나는 짜증을 느끼고 있다.				
⋮				
4 나는 누군가에게 소리 지르고 싶다.				
5 나는 물건을 부수고 싶다.				
6 나는 미칠 듯이 화가 나 있다.				
7 나는 책상을 주먹으로 내리치고 싶다.				
8 나는 누군가를 때려 주고 싶다.				
9 나는 속이 부글부글 끓고 있다.				
10 나는 욕을 퍼붓고 싶다.				

특성분노 척도

문항내용	전혀 그렇지 않다	조금 그렇다	상당히 그렇다	매우 그렇다
1 나는 평소에 성질이 급하다.				
2 나는 평소에 성질이 불같다.				
⋮				
4 평소에 다른 사람의 실수로 일이 늦어지면 화가 치민다.				
5 나는 평소에 내가 잘한 일에 대해 인정 못 받을 때 화가 난다.				
6 나는 평소에 화가 나면 물불을 안 가린다.				
7 평소에 화가 나면 상대방에게 욕을 한다.				
8 평소에 사람들 앞에서 잘못한다는 소리를 들으면 화가 치민다.				
9 평소에 마음대로 안 될 때 누군가를 때리고 싶은 충동이 일어난다.				
10 평소에 좋은 일을 하고 나쁜 평가를 받으면 화가 치민다.				

분노표현 척도

문항내용	전혀 그렇지 않다	조금 그렇다	상당히 그렇다	매우 그렇다
1 나는 화를 참는다.				
2 나는 화난 감정을 표현한다.				
3 나는 화를 안에 간직한다.				
⋮				
5 나는 뚱해지거나 토라진다.				
6 나는 사람들을 피한다.				
7 나는 소리를 지른다.				

[8] 나는 냉정을 유지한다.				
[9] 나는 문을 쾅 닫아 버리는 식의 행동을 한다.				
⋮				
[11] 나는 나의 행동을 자제한다.				
[12] 나는 사람들과 말다툼한다.				
[13] 나는 아무에게도 말하지 않으나, 안으로 앙심을 품는 경향이 있다.				
[14] 나는 목소리를 높인다.				
[15] 나는 화가 나더라도 침착하게 자제할 수 있다.				
[16] 나는 속으로 다른 사람을 비판한다.				
[17] 나는 나 자신이 인정하고 싶은 것보다 화가 더 나 있다.				
[18] 나는 대부분 사람들보다 진정을 빨리 회복한다.				
[19] 나는 욕을 한다.				
[20] 나는 참고 이해하려고 노력한다.				
[21] 나는 다른 사람들이 알고 있는 것보다 분통이 더 나 있다.				
[22] 나는 자제심을 잃고 화를 낸다.				
⋮				
[24] 나는 화난 감정을 자제한다.				

58 한국판 상태-특성 불안 검사

척도개관

한국판 상태-특성 불안 검사의 개발은 Spielberger와 Grosuch, Lushene(1967)에 의해 1964년부터 착수되었고, 그 후 사용기간을 거쳐서 1970년에 이른바 상태-특성 불안 검사 X형(Spielberger's State-Trait Anxiety Inventory X form: STAI-X)으로 제작되었다. 이후 1983년 미국에서 개정판인 Y형이 출간되었다.

이에 한덕웅, 이장호, 전겸구(2000)는 이 Y형을 한국문화에 맞게 재표준화하고자 하여, 국내 실정에 맞추어 긍정문항과 부정문항을 좀 더 균형 있게 포함시키고, Y형에서 좀 더 발전된 형태인 YZ형을 개발하였으며, 체계적 표집방법을 통한 표준화 집단을 대상자로 적용하여 신뢰도 및 타당도를 밝혔다. 이 척도에서 '상태불안'이란 운동 에너지와 마찬가지로 특정한 시간에 일정한 강도로 일어나는 감지할 수 있는 반응 혹은 과정을 일컬으며, '특성불안'이란 스트레스 상황에서 다양한 정도의 상태불안으로 반응하는 성향에서의 개인차를 의미한다.

문항구성

상태불안과 특성불안을 각각 측정하기 위해서 별도의 자기보고형 척도가 구성되었다. 상태불안 척도(STAI-1형)는 반응자가 '바로 지금' 어떻게 느끼는지를 평가하는 20개 문항으로 구성되어 있으며, 특성불안 척도(STAI-2형)는 '일반적으로' 어떻게 느끼는지를 평가하는 20개 문항으로 구성되어 있다. 상태불안 척도에서 평가되는 핵심 내용은 우려, 긴장, 신경과민, 걱정 등의 느낌이며, 특성불안 척도에서 평가되는 핵심 내용은 임상적인 불안이다.

채점 및 평가지침

응답자는 각 문항에 1에서 4까지 가중 점수로 채점하도록 되어 있다. 4에 ○를 표기한 평정은 상태불안 문항 10개, 특성불안 문항 10개에서 불안 수준이 높음을 나타낸다. 나머지 10개의 상태불안과 10개의 특성불안 문항에서는 4에 ○를 표기하여 높은 득점을 나타낸다(예, 나는 평안하다, 나는 느긋하다). 불안이 있음을 측정하는 문항들에서 득점 가중치는 검사지에 제시된 숫자와 동일하다. 불안이 없음을 측정하는 문항들에서 득점 가중치는 거꾸로 채점하게 되므로 1, 2, 3, 4는 각각 4, 3, 2, 1로 채점된다. 상태불안 척도와 특성불안 척도에서 역채점되는 문항들은 다음과 같다.

- 상태불안: 1, 2, 5, 8, 10, 11, 15, 16, 19, 20번
- 특성불안: 21, 23, 26, 27, 30, 33, 34, 35, 36, 39번

신뢰도와 타당도

검사-재검사를 통해 신뢰도를 산출하였고, 요인분석을 통해 타당도를 산출하였다. 문항 전체에 대하여 Cronbach's α는 .92였다.

주요 참고문헌

한덕, 이장호, 전겸구(2000). STAI-KYZ 상태-특성 불안 검사 YZ형 전문가 지침서. 학지사 심리검사연구소.

척 도

문항내용	전혀 아니다	조금 그렇다	상당히 그렇다	매우 그렇다
1 나는 평안하다.	4	3	2	1
2 나는 안정된 느낌이다.	4	3	2	1
3 나는 긴장감을 느낀다.	1	2	3	4
4 나는 심하게 긴장된다.	1	2	3	4
5 나는 마음이 편하다.	4	3	2	1
6 나는 속상하다.	1	2	3	4
7 나는 불행이 닥쳐올까 봐 걱정이다.	1	2	3	4
8 나는 흡족하다.	4	3	2	1
9 나는 두렵다.	1	2	3	4
10 나는 편안하다.	4	3	2	1
11 나는 자신감을 느낀다.	4	3	2	1
12 나는 안절부절못한다.	1	2	3	4
13 나는 초조하다.	1	2	3	4
14 나는 무엇을 어찌해야 좋을지 모르겠다.	1	2	3	4
15 나는 느긋한 기분이다.	4	3	2	1
16 나는 만족감을 느낀다.	4	3	2	1

17 나는 불안하다.	1	2	3	4
18 나는 혼란스럽다.	1	2	3	4
19 나는 마음이 동요되지 않고 안정되어 있다.	4	3	2	1
20 나는 기분이 좋다.	4	3	2	1
21 나는 유쾌하다.	4	3	2	1
22 나는 초조하고 안절부절못한다.	1	2	3	4
23 나는 자신에 만족한다.	4	3	2	1
24 나는 쉽게 불안해지는 사람이다.	1	2	3	4
25 나는 낙오자처럼 느낀다.	1	2	3	4
26 나는 마음이 편하다.	4	3	2	1
27 나는 느긋하다.	4	3	2	1
28 나는 걱정이 많고 피로하다.	1	2	3	4
29 나는 사소한 일에도 너무 걱정한다.	1	2	3	4
30 나는 행복하다.	4	3	2	1
31 나는 생각들로 마음이 혼란스럽다.	1	2	3	4
32 나는 자신감이 없다.	1	2	3	4
33 나는 안전하게 느낀다.	4	3	2	1
34 나는 마음이 든든하다.	4	3	2	1
35 나는 평온하다.	4	3	2	1
36 나는 만족스럽다.	4	3	2	1
37 나는 대수롭지 않은 일에도 지나치게 괴로워한다.	1	2	3	4
38 나는 낙심하면 심각하게 생각해서 마음에서 떨쳐내지 못한다.	1	2	3	4
39 나는 안정되어 있는 사람이다.	4	3	2	1
40 나는 당면한 걱정거리를 생각하면 긴장하거나 혼란스럽다.	1	2	3	4

59 한국판 스트레스 대처 전략 검사

척도개관

대처(coping)는 개인의 수용 능력을 위협하는 것으로 평가되는 내적, 외적 요구(demand)들을 다루려는 모든 인지적, 행동적 노력으로, 스트레스 사건과 적응을 매개하는 핵심 기제로 여겨지고 있다. 스트레스 대처 과정에서 개인적, 상황적 요인과 함께 특정 문화의 가치관이나 규범 요인에 따라 스트레스원의 종류와 실제 대처 행동을 취할 때 활용할 수 있는 사회적 자원이 달라질 수 있다. 그리고 스트레스 상황의 인식 및 대처 전략의 선택도 달라진다.

대처 기제를 보다 정확히 이해하고자 여러 대응 전략 측정도구가 개발되어 왔는데, 그중 Amirkhan(1990)이 개발한 스트레스 대처 전략 평가지(Coping Strategy Indicator: CSI)가 여러 가지 심리측정적 요건들을 충실히 만족시키는 실용적인 대응 전략 측정도구로 평가받고 있다. 이 척도는 이론적 배경을 바탕으로 한 방식과 경험적으로 수집된 대처반응 방식을 통합하여 문항을 추출하였다. 이렇게 구성된 검사를 다양한 집단 및 스트레스 상황을 대상으로 반복적으로 실시하여 심리 측정적 요건을 안정적으로 만족시키는 문항만을 최종적으로 선별해 내는 방식을 취하였다. 또 실제 스트레스 상황에서 피험자들이 취했던 대처 양식을 보고하게 함으로써 이상적으로 정형화되었거나 기대되는 대처 양식이 아닌 실질적 대처 기제를 측정할 수 있다. 하위척도들이 뚜렷하게 상호 독립적이라 각기 다른 대처차원을 평가할 수 있으며, 다차원적 점수 구조를 갖추고 있어 개인이 여러 하위척도에 대해 복합적으로 보이는 반응들에 대한 정보도 얻을 수 있다. 또한 짧고 간편한 형태로 구성되어 있어 실시와 해석이 용이하며 효율적이다.

한국에서는 신혜진과 김창대(2002)가 한국판 스트레스 대처 전략 검사(K-Coping Strategy Indicator: K-CSI)를 개발하여 CSI가 문화적 타당도를 가지고 그 대처방식의 구성개념과 차원을 국내에서도 적용시킬 수 있는지 고찰하였다.

문항구성

총 33개 문항의 자기보고식 질문지로서 '사회적 지지 추구(social support seeking)' '문제 중심 대처(problem solving)' '회피 중심 대처(avoidance)'의 세 가지 하위척도로 이루어져 있다. 각 하위척도는 각각 11개 문항씩을 포함하고 있다.

사회적 지지 추구 척도에 해당하는 문항은 문항번호 1, 5, 7, 12, 14, 19, 23, 24, 25, 31, 32번이다. 문제 중심 대처 척도에 해당하는 문항은 문항번호 2, 3, 8, 9, 11, 15, 16, 17, 20, 29, 33번이다. 회피 중심 대처 척도에 해당하는 문항은 문항번호 4, 6, 10, 13, 18, 21, 22, 26, 27, 28, 30번이다.

채점 및 평가지침

스트레스 대처 전략 검사문항은 응답자가 최근 6개월간 경험했던 여러 가지 스트레스 상황(중요한 사람을 잃은 것부터 시험의 실패에 이르기까지 광범위한 종류의 스트레스 포함) 중 한 가지를 떠올린 후 그 스트레스 상황에서 문항이 제시하는 대처반응을 취했던 정도에 따라 3점 리커트식 척도로 표시하게 되어 있다. 응답자가 표시한 바에 따라 '전혀 하지 않았음'에 1점, '조금 했음'에 2점, '많이 했음'에 3점을 부여하며, 척도 점수는 각 문항의 점수를 합산하는 방식으로 산출된다.

각 하위척도별 점수 범위는 11점에서 33점까지이며, 점수 분포 양상으로 어떤 스트레스 대처 전략을 사용하는지 그 수준을 알 수 있다.

신뢰도와 타당도

문항 전체에 대하여 Cronbach's α는 .84였으며 하위척도에 대해서는 각각 .90, .88, .67로 내적 일치도는 매우 양호한 것으로 보인다. 하위척도 간 상관관계는 매우 낮은 것으로 나타나 각 대처차원의 상호 독립성을 뒷받침해 주고 있다.

이 척도에 문화 간 타당도를 검증하기 위해, 미국 대학생 집단과 한국 대학생 집단을 비교하였다. 그 결과, 두 집단에서 사회적 지지 추구 대처 양식만이 여학생이 남학생보다 더 선호한다는 성차를 보여 스트레스 요인의 종류에 상관없이 사회적 지지 추구 대처 차원만이 성별의 영향을 받는다는 원 검사의 보고와 일치하였다. 이에 스트레스 대처 전략 검사가 횡문화적으로 보편 타당성을 지닌 것으로 나타났다. 그러나 이 검사가 한국 문화에서 널리 활용되기 위해서는 수렴타당도, 변별타당도 등의 검증이 추가적으로 필요하다.

주요 참고문헌

신혜진, 김창대(2002). 스트레스 대처 전략 검사(Coping Strategy Indicator)의 타당화 연구. 한국심리학회지: 상담 및 심리치료, 14(4), 919-935.

Amirkhan, J. H. (1990). Manual for Coping Strategy Indicator(CSI).

척 도

한국판 스트레스 대처 전략 검사

최근 6개월 동안 경험했던 여러 가지 스트레스 상황(중요한 사람을 잃은 것부터 시험의 실패에 이르기까지 광범위한 종류의 스트레스를 포함) 중 한 가지를 떠올린 후, 그 스트레스 상황에서 문항이 제시하는 대처반응을 취했던 정도에 따라 표시해 주십시오.

문항내용	전혀 사용하지 않았음	조금 했음	많이 했음
1 가까운 사람들에게 감정을 털어놓았습니까?			
2 문제를 최대한 해결해 주기 위해 주변 상황을 다시 정리하였습니까?			
3 무엇을 할지 결정하기 전에 가능한 해결책을 모두 생각해 보았습니까?			
4 문제를 외면하려고 관심을 다른 곳으로 돌렸습니까?			
5 다른 사람들이 하는 위로나 이해의 말들을 받아들였습니까?			
6 문제가 실제로 얼마나 안 좋은지 보지 않으려고 애썼습니까?			
7 문제에 대해 말하는 것이 기분이 나아지는 데 도움이 되기 때문에 다른 사람들에게 내가 겪은 문제 상황을 이야기했습니까?			
8 문제를 다루기 위해 어떤 목표를 세웠습니까?			
9 선택한 방안들을 신중하게 검토해 보았습니까?			
10 더 좋은 때를 그리며 몽상만 하고 있었습니까?			
11 효과적인 문제 해결방법이 발견될 때까지 다양한 시도를 해 보았습니까?			
12 친구나 친지들에게 문제에 대한 걱정이나 두려움에 대해 상의하였습니까?			

13 평상시보다 혼자 보내는 시간이 더 많았습니까?			
14 이야기하는 것만으로도 해결책을 떠올리는 데 도움이 될 것이라는 생각으로 다른 사람들에게 당신의 문제 상황에 대해 이야기 했습니까?			
15 문제 상황을 바로잡기 위해 필요한 것들을 생각해 보았습니까?			
16 문제를 해결하는 데 모든 관심을 집중하였습니까?			
17 어떤 조치를 취할 것인지 마음속에 계획을 세웠습니까?			
18 평상시보다 텔레비전을 더 많이 보았습니까?			
19 기분이 나아지도록 하기 위해 가까운 사람이나 전문가를 찾아갔습니까?			
20 그 상황에서 원하는 것을 얻기 위해 문제를 피하지 않고 적극적으로 부딪혀 보았습니까?			
21 대체로 사람들을 피했습니까?			
22 문제를 잊기 위해 취미나 스포츠 활동에 몰두했습니까?			
23 문제에 대한 당신의 기분이 나아지도록 주위 사람들에게 도움을 구하였습니까?			
24 주위 사람들에게 상황을 변화시킬 수 있는 방법에 대해 조언을 구하였습니까?			
25 비슷한 문제를 경험한 주위 사람들이 당신을 이해해 주거나 위로해 주었을 때, 그것을 받아들였습니까?			
26 평상시보다 수면시간이 더 늘어났습니까?			
27 "상황이 어떻게 달라질 수 있었을까?" 하는 공상에 빠졌습니까?			
28 소설이나 영화의 등장인물과 당신 자신을 동일시하였습니까?			
29 문제를 해결하려고 노력하였습니까?			
30 사람들이 당신을 그냥 혼자 내버려 두기를 바랐습니까?			
31 친구나 가족들의 도움을 받아들였습니까?			
32 당신을 가장 잘 아는 사람들이 문제 상황에 대해 당신을 안심시켜 주기를 바랐습니까?			
33 충동적으로 행동하기보다는 문제 해결을 위해 신중하게 행동계획을 세우려고 노력하였습니까?			

60 한국판 언어성 분노행동 척도

척도개관

분노표현은 분노표출(anger-out), 분노억제(anger-in), 분노통제(anger-control)의 세 유형으로 구분되어 왔고, 이 중 분노표출과 분노억제는 심리상태나 신체질환에 부정적인 영향을 미치는 것으로 알려졌다. 하지만 이런 구분은 상대나 다른 사람에게 분노를 표현하기보다 분노에 대해 타인과 논의하는 의사소통적인 분노표현은 간과한 것이다.

Davidson 등(1998)은 분노에 대해 논의(anger discussion)하는 형식의 분노표현 방식을 언어성 분노행동(verbal anger behavior)이라 일컫고, 건설적인 언어성 분노행동과 파괴적 언어성 분노행동으로 구분하였다. 건설적 언어성 분노행동은 타인을 이해하고 갈등상황에서 개인이 취할 수 있는 역할을 명확히 인식함으로써 타인과의 갈등을 줄이려는 동기를 갖고 있는 분노표현 방식이다. 파괴적 언어성 분노행동은 자기 정당화와 변명, 타인책망적 귀인을 하며, 타인과 분노에 대해 논의하기 전보다 원망과 미움이 더 커지는 방식을 일컫는다.

여기서 소개된 것은 Chambers(1999)가 개발한 언어성 분노행동 척도(Anger Behavior-Verbal Scale)를 사용하여 서수균(2007)이 개발하고 타당성을 검증한 한국판 척도다. 이 척도는 의사소통적인 분노표현 방식에 대한 객관적인 평가를 가능하게 해 줌으로써 의사소통적인 분노표현 행동이 신체적 및 심리적 건강에 미치는 영향에 관한 연구를 활성화시키는 데 도움이 될 것으로 기대된다.

문항구성

총 23개 문항으로, 각 문항은 리커트식의 자기보고 형식이다. 문항에 따라 두 가지 지시문이 사용된다. 첫째는 언어성 분노행동의 동기를 평가하기 위한 "내가 나의 분노에 대해 이야기를 나누려는 것은 ~하기 위해서다."라는 지시문이고, 둘째는 언어성 분노행동의 결과를 평가하기 위한 "내가 나의 분노에 대해서 이야기를 나눈 뒤에 나는 ~된다."라는 지시문이다.

이 척도에는 건설적 언어성 분노행동, 정당화, 반추의 세 가지 요인이 있다.

건설적 언어성 분노행동 척도(Constructive Anger behavior-verbal Scale)는 12개 문항으로, 타인에 대한 이해와 자기 역할에 대한 인식을 넓혀 갈등 문제를 해결하려는 행동을 반영한다.

파괴적 언어성 분노행동 척도(Destructive Anger behavior-verbal Scale)는 6개 문항의 정당화(Justification)와 5개 문항의 반추 하위척도(Rumination Scale)로 구성되어 있다. 정당화는 타인을 책망하고 자신은 책임이 없다는 것을 강조하는 것으로 타인의 관점을 이해하지 않고 자신의 행동을 정당화하고 방어하려는 행동을 반영한다. 반추 하위척도는 분노사건을 반복하여 이야기하고 되씹어 생각하는 것을 반영한다.

채점 및 평가지침

각 문항에 대해 응답자는 '거의 그렇지 않다'에 1점으로 해서 '가끔 그렇다'에 2점, '자주 그렇다'에 3점, '거의 항상 그렇다'를 4점으로 평가하도록 되어 있다.

건설적 언어성 분노행동 문항번호는 1, 2, 3, 4, 6, 8, 9, 10, 19, 20, 22, 23번이고, 정당화 관련 문항번호는 5, 7, 11, 12, 13, 14번, 반추와 관련된 문항번호는 15, 16, 17, 18, 21번이다. 각 척도별 합산 점수를 통해 어떤 종류의 언어성 분노행동을 나타내는지 그 수준을 파악할 수 있다.

신뢰도와 타당도

내적 합치도는 건설적 언어성 분노행동 척도의 Cronbach's α는 .87, 파괴적 언어성 분노행동 척도의 정당화와 반추 하위척도는 각각 .84, .69로 Chambers(1999)의 연구 결과와 유사한 수준으로 양호하다.

확인적 요인분석 결과, χ^2을 제외한 NFI, RFI, TLI, CFI 모두 .90 이상의 양호한 적합도 점수를 보여 주었고 RMSEA에서도 .05 수준으로 양호한 적합도를 나타냈으므로 Chambers(1999)가 제안한 3개 요인 모델이 한국판 척도에서도 타당하게 지지된다고 볼 수 있다.

수렴 및 변별타당도와 관련하여 분노감 및 분노표현 방식을 평가하는 척도들과의 상관과 분노와 관련된 인지적 요인들과의 상관을 살펴보았다. 그 결과, 파괴적 언어성 분노행동의 정당화와 반추 하위척도가 분노표출/억제, 신체적/언어적 공격성, 분노감, 적대감 등과는 유의한 정적 상관을 보였으나 분노통제와는 부적 상관을 보였다. 이에 비해 건설적 언어성 분노행동 척도는 분노통제나 합리적 신념과는 유의한 정적 상관을 보였지만, 분노표출/억제, 비합리적 신념과는 유의한 상관을 보이지 않았으며 신체적 공격성과는 유의한 부적 상관을 나타냈다. 따라서 한국판 언어성 분노행동 척도의 신뢰도와 타당도는 양호한 수준이라고 평가할 수 있다.

주요 참고문헌

서수균(2007). 한국판 언어성 분노행동 척도의 타당화 연구. 한국심리학회지: 임상, 26(1), 239-250.

Chambers, L. (1999). *The relation among self-reported constructive and destructive anger verbal behavior and resting blood pressure.* A dissertation for the degree of doctor in the Dalhausie University.

척 도

한국판 언어성 분노행동 척도

화가 났을 때 사람들은 흔히 자신의 분노에 대해서 다른 사람과 이야기를 나누고 싶어 합니다. 다음에는 화가 났을 때 타인과 이야기를 나누고 싶어 하는 이유나 혹은 이야기를 나눈 뒤에 갖는 경험에 대한 기술들이 열거되어 있습니다. 각 문항을 읽고 여러분이 얼마나 종종 그렇게 느끼거나 행동하는지를 평가하고 해당되는 숫자에 '○' 표시를 하시면 됩니다. 옳거나 틀린 대답은 없습니다. 한 문장에서 너무 많은 시간을 소비하지는 마십시오. 여러분이 대체로 어떻게 느끼거나 행동하는지를 평가하시면 됩니다.

내가 나의 분노에 대해 이야기를 나누려는 것은 ______하기 위해서다.	거의 그렇지 않다	가끔 그렇다	자주 그렇다	거의 항상 그렇다
1 문제를 해결하기 위해서				
2 건설적인 해결에 이르는 데 다른 사람이 도움이 되지 않을까 해서				
3 그 상황에 대한 해결책을 찾을 수 있는지를 알아보기 위해서				
4 타인의 관점에서 이해해 보려는 노력으로				
5 사람들을 내 편으로 만들기 위해서				
6 그 상황에서 내가 할 수 있는 가능한 역할들을 더 잘 이해하기 위해서				
7 내가 옳다는 것을 보여 주기 위해서				
8 앞으로 닥칠 갈등을 최소화하기 위해서				
9 다음에는 그 상황에서 보다 건설적으로 대처하기 위해서				
10 양쪽이 모두 좋은 감정을 갖도록 하기 위해서				
11 다른 사람들이 얼마나 잘못했나를 보여 주기 위해서				
12 동정심을 얻기 위해서				

13 내 잘못이 없었다는 것을 남들에게 알리기 위해서				
14 모든 사람이 그 상황에서의 내 입장을 알도록 하기 위해서				

내가 나의 분노에 대해서 이야기를 나눈 뒤에 나는 ________	거의 그렇지 않다	가끔 그렇다	자주 그렇다	거의 항상 그렇다
15 나는 날 화나게 했던 상황에 대해서 반복해서 다시 이야기를 나누고 싶어진다.				
16 나는 그 일에 대해서 계속해서 곰곰이 생각한다.				
17 나는 원한을 품는다.				
18 나는 훨씬 더 불안해진다.				
19 내가 분노를 느꼈던 사람을 더 잘 이해하게 된다.				
20 다른 사람에 대해서 더 좋은 감정을 갖게 된다.				
21 내가 상대방을 싫어하는 것이 정당하다고 느낀다.				
22 내가 해결책에 좀 더 가까워졌음을 느끼게 된다.				
23 상황이 내가 생각했던 것만큼 나빠 보이지는 않게 된다.				

61 한국판 영적안녕 척도

척도개관

오래전부터 인간 의식 세계의 내용에 영성(spirituality)이 있음을 주장하는 입장이 있었다. 1968년 Maslow와 Frankle, Grof, Fadimam 등은 인성 가운데 영성을 추구하는 심리학의 이름을 자아초월 심리학(Transpersonal Psychology)이라 부르고, 주체감이나 자신에 대한 범주가 개인을 넘어서 인류, 생명, 영혼 및 우주라는 보다 넓은 면까지 확대시킨 상태에서 얻어지는 자아초월적 경험에 대해 강조해 왔다. 이러한 영적인 안녕은 스트레스에 대한 적응과 정신건강을 증진시킬 때 강조되어야만 한다.

여기서 소개된 척도는 정성덕 등(2001)이 영성과 정신건강과의 관계나 영성과 정신치료적 자세 확립이라는 관점에 대한 연구 도구의 필요성을 인지하여 1982년 Paloutzian과 Ellison이 개발한 영적안녕 척도(Spiritual Well-Being Scale: SWS)를 한국판으로 개발한 것이다. 척도가 처음 개발된 서구의 문화와 종교가 미칠 영향을 최소화하기 위해 단일 종교집단(기독교)을 대상으로 신뢰도와 타당도를 검증하였다. 따라서 다양한 종교집단과 연령집단을 반영하지 못하는 한계가 있다.

문항구성

총 20개 문항으로, 종교적 안녕(Religious Well-Being Scale: RWS)과 실존적 안녕(Existential Well-Being Scale: EWS)의 두 가지 하위척도로 구성되어 있다. 종교적 안녕 문항은 10개의 홀수 문항, 실존적 문항은 10개의 짝수 문항이다. 한국판에서 분석된 자료에는 총 5개 하위요인이 있다.

요인 1, 2, 3은 종교적 안녕 척도(RWS)에 해당된다. 요인 1과 2는 신과의 긍정적인 관계 및 미래지향적 신념과 관련된 내용으로, 요인 1은 5개 문항의 교육 수준을 반영한 종교적 안녕 척도이고(문항번호 1, 14, 15, 17, 20번), 요인 2는 5개 문항의 신체적 건강이 반영된 종교적 안녕 척도(문항번호 5, 6, 7, 10, 11번)로 구성되어 있다. 요인 3은 신앙이 더 강조된 종교적 안녕 척도로 신과의 개인적 신뢰관계에 관한 내용이며 문항번호 3, 13, 19번의 3개 문항으로 구성되어 있다.

요인 4, 5는 실존적 안녕 척도(EWS)로 실존적 현실관과 관련된 내용이다. 요인 4는 신체적 건강이 반영된 실존적 안녕의 5개 문항(문항번호 8, 9, 12, 16, 18번)이다. 요인 5는 현실관을 반영한 실존적 안녕 척도(문항번호 2, 4번)의 2개 문항으로 구성되어 있다.

채점 및 평가지침

각 문항은 1점에서 6점까지 채점하도록 구성되어 있다. 자신의 생각과 전적으로 일치하는 경우 '전적으로 그렇다'에 6점, 전혀 일치하지 않는 경우 '전혀 아니다'에 1점을 표시하도록 구성되어 있다.

1, 2, 9, 12, 13, 18번 문항은 부정적 진술문이므로 역채점되어야 한다.

점수 범위는 20점에서 120점으로 점수가 높을수록 영적인 안녕 상태가 높은 것으로 해석할 수 있다.

신뢰도와 타당도

1주일 간격으로 시행된 검사-재검사 신뢰도는 RWS는 .96, EWS는 .83, SWS는 .93으로 유의하게 평가되었다($p<.05$). 반분신뢰도는 RWS가 .78, EWS가 .55에서 .58로 유의하였다($p<.001$). Cronbach's α는 RWS가 .87, EWS는 .72였으며, 문항 전체 상관도 RWS는 .65에서 .87, EWS가 .63에서 .90으로 유의한 상관을 보여 주었다($p<.001$). 따라서 이 척도의 신뢰도는 유의한 수준에서 적절한 것으로 보인다.

구성타당도와 관련하여 요인분석 결과, Paloutzian과 Ellison이 원 척도에서 두 가지 하위척도인 종교적 안녕과 실존적 안녕으로 요인을 나눈 데 비해 한국판에서는 5개 요인으로 분석되었다.

주요 참고문헌

정성덕, 이종범, 박형배, 김진성, 배대석, 이광헌, 사공정규, 송창진, 배진우(2001). 한국판 영적안녕 척도(Spiritual Well-Being Scale)의 신뢰도 및 타당도 연구. 대한신경정신의학회지, 40(2), 230-242.

Paloutzian, R. F., Ellison, C. W. (1982). Loneliness, spiritual well-being & the quality of life. In Peplau, L. A. and Perman, D. (Eds.) *Loneliness: a Source-book of Current theory. Research & therapy.* New York: John Wiley & Son, 224-236.

척 도

다음의 척도는 저작권 존중을 위하여 전문의 일부만을 실었다. 척도 전문이 필요한 경우 참고문헌을 통해 확인이 가능하다.

한국판 영적안녕 척도

문항내용	전혀 아니다	아니다	약간 아니다	약간 그렇다	그렇다	전적으로 그렇다
1 나는 나의 기도로 인해 나타난 효과에 크게 만족한다.						
⋮						
3 나는 신이 나를 사랑하며, 나를 보살펴 준다고 믿는다.						
4 나는 인생을 하나의 좋은 경험이라고 생각한다.						
5 나는 신이 인간과는 달리 비인격적인 존재이며 나의 일상생활에 대해서는 관심이 없다고 믿는다.						
⋮						
7 나는 신과 개인적으로 중요한 관계를 맺고 있다.						
8 나는 인생에 대해 충만감과 만족감을 느낀다.						
⋮						
10 나는 나의 미래가 내가 바라는 대로 건강하고 경제적으로도 더욱 잘 살게 되리라고 생각한다.						

11 나는 신이 내 문제에 대해 관심을 가지고 있다고 믿는다.						
⋮						
13 나는 신과 개인적으로 만족스러운 관계를 갖고 있지 않다.						
14 나는 내 미래에 대해 긍정적인 느낌이다.						
⋮						
16 나는 인생이 갈등과 불행으로 가득 차 있다고 느낀다.						
17 나는 신과 밀접한 친밀한 영적 관계를 맺고 있다고 느낀다.						
⋮						
19 신과의 관계는 나의 행복에 크게 기여하고 있다고 생각한다.						
20 나의 인생에는 어떤 진정한 목적이 있다고 믿는다.						

62 한국판 외상 후 스트레스 진단 척도

척도개관

외상성 사건을 경험한 후 나타나는 심리적인 후유증은 외상 후 스트레스 장애로 이어지기도 한다. 그런데 외상 후 스트레스 장애를 진단하는 과정은 매우 복잡하고 어렵다. 외상성 사건들이 면담과정 중 밝혀지지 않았을 때 진단을 놓치거나 오진하는 경우가 생길 수 있다.

일반적으로 외상 후 스트레스 장애에 대한 평가는 임상적 면담과 자기보고식 검사로 이루어진다. 자기보고식 척도를 활용한 검사는 시간과 경제적인 면에서 효율적이고 외상 후 스트레스 진단군을 선별하는 데 효과적이다. 국내에서는 사건충격척도 수정판, 한국판 Davidson 외상척도, 한국판 MMPI 하위척도 등이 표준화되어 사용되고 있다. 그런데 이들 척도는 외상 후 증상의 심각도에 주로 초점을 맞추고 있어 진단도구로 사용되기에는 제한점이 있다.

여기서 소개하는 외상 후 스트레스 진단 척도(Posttraumatic Disorder Scale: PDS)는 Foa 등이 1997년에 개발한 것을 한국판으로 개발한 것이다. 이 척도는 앞서 소개한 척도들과는 달리 외상성 사건의 경험 여부를 확인할 수 있으며, DSM-IV의 여섯 가지 진단 기준과 심각성에 대한 평가를 모두 포함하고 있으므로 외상 후 스트레스 장애에 대한 일차적 선별 도구로 활용될 수 있다. 또한 심각한 외상성 경험 이후에 나타날 수 있는 다양한 증상을 평가할 수 있어서 외상성 사건의 후유증에 대해 폭넓게 평가할 수 있다.

문항구성

총 4개의 장으로 구성되어 있다.

제1장에서는 외상적인 사건 열두 가지를 제시하여, 이 중 자신이 겪었던 외상 사건을 표시하고 그 사건에 대해서 간략하게 기술하도록 되어 있다.

제2장에서는 제1장에서 응답했던 사건들 중에서 현재의 증상들에 가장 큰 영향을 주는 사건 하나를 표시하고 간략하게 그 사건에 대해 기록한다. 외상 사건 후 현재까지의 경과 시간을 확인하는 문항이 있다. 그리고 신체적 상해가 있었는지, 생명의 위협을 느꼈는지, 무력감을 느꼈는지, 공포를 느꼈는지에 대해서 '예' 또는 '아니요'로 답하도록 하여 외상 후 스트레스 장애의 진단 기준 A1과 A2를 평가한다.

제3장에서는 환자가 지난 1개월 동안 증상을 경험한 빈도를 보고하는 문항들로 되어 있다. 재경험에 대해서 5개 문항, 회피에 대해서 7개 문항, 증가된 각성 반응에 대해서 5개 문항으로(DSM-IV-TR의 진단 기준 B, C, D), 총 17개의 문항으로 되어 있다. 문항들은 증상의 빈도가 지난 1개월 동안 얼마나 되는지를 4점 척도로 평정하도록 되어 있어서 0점부터 3점까지 중에서 선택한다. 또 증상이 얼마 동안 지속되고 있는지도 확인한다(진단 기준 E).

제4장에서는 증상으로 인한 장해의 정도를 측정한다(진단 기준 F).

채점 및 평가지침

제3장에서 응답자는 증상을 경험한 빈도를 4점의 리커트식 척도에 표시하도록 되어 있다. 이때 각 문항은 0점에서 3점 중에 선택할 수 있는데 이를 합산하여 증상 정도를 파악할 수 있다.

외상 후 스트레스 장애를 감별할 때의 절단점으로 20이라는 점수가 제안되었다. 그때의 민감도가 1.00, 특이도는 .84로 최대로 나타났다.

신뢰도와 타당도

문항 전체에 대하여 PDS-K 총점에 대한 Cronbach's α는 .95로 높은 내적 일치도를 나타냈다. 각 증상군에 대한 소척도의 신뢰도는 재경험 소척도가 .90, 회피 소척도가 .87, 증가된 각성 증상 소척도는 .81로 나타났다. 재경험, 회피, 각성 각각의 진단군에 대한 소척도 점수들과 전체 점수의 상관은 .71에서 .95의 범위로 비교적 높은 상관을 나타냈다. 따라서 PDS-K가 전반적으로 일관성 있는 개념을 평가하고 있다고 볼 수 있다. 2주 간격으로 실시한 검사-재검사 신뢰도는 전체 척도의 r = .81(P <.01)로 비교적 높은 수준이며, 재경험 소척도를 제외한 나머지 소척도의 검사-재검사 신뢰도도 r = .79에서 .88(P<.05)로 양호하였다.

PDS-K와 IES-R-K(r = .70), BDI(r = .69), BAI(r = .69)와의 상관관계로 수렴타당도를 확인해 보면, 각 척도들과 PDS-K 전체 점수는 비교적 높은 상관을 나타내고 있다(P<.01). 또 SCID-I를 통한 진단과도 높은 일치도를 나타내고 있다(r = .84).

ROC 곡선 분석을 통해 절단점이 20일 때 민감도는 1.00, 특이도는 .84로, 외상 후 스트레스 진단도구로서의 유용성도 확인되었다.

주요 참고문헌

남보라, 권호인, 권정혜(2010). 한국판 외상 후 스트레스 진단 척도의 신뢰도 및 타당도 연구. 한국심리학회지: 임상, 29(1), 147-167.

Foa, E. B., Cashman, L., Jaycox, L., & Perry, K. (1997). The Validation of a Self-Report Measure of Posttraumatic Stress Disorder: The Posttraumatic Diagnostic Scale. *Psychological Assessment*, 9, 445-451.

척 도

저자의 의사를 존중하여 척도 전문을 수록하지 않았다. 척도의 전문이 필요한 경우 주요 참고문헌을 통해 확인이 가능하다.

63 한국판 정서조절곤란 척도

척도개관

스트레스 상황에서 발생하는 정서조절곤란(Difficulties in emotion regulation)에 대한 관심이 점차 증가하고 있으나 성인을 대상으로 이것을 적절하게 다룬 연구는 많지 않다. 정서조절에 대한 합의된 개념화가 부족하고 복잡한 구성개념을 적절하게 평가하는 포괄적인 측정도구가 없기 때문이다. 지금까지 정서조절이나 정서조절곤란을 측정하기 위해 흔히 사용되어 온 도구들에는 Trait Meta-Mood Scale(TMMS), Generalized Expectancy for Negative Mood Regulation Scale(NMRS) 그리고 Acceptance and Action Questionnaire(AAQ) 등이 있다. 그러나 이러한 검사들은 맥락을 고려하지 않거나 정서조절곤란이라는 구성개념을 포괄적이고 다차원적으로 평가하고 있지 못하다.

Gratz와 Roemer(2004)는 정서조절을 ① 정서의 자각과 이해, ② 정서의 수용, ③ 부정적인 정서를 경험할 때 충동적인 행동을 조절하고 개인이 바라는 목표에 일치되게 행동하는 능력, 그리고 ④ 개별적인 목표와 상황적인 요구를 충족시키기 위하여, 개인이 바라는 대로 정서적 반응들을 조절하기 위해 상황적으로 적절한 정서조절 전략들을 융통성 있게 사용하는 능력으로 정의하였다. 이에 기초하여 앞의 연구자들은 정서조절곤란 척도(Difficulties in Emotion Regulation Scale: DERS)를 개발하였다. 이 척도는 정서조절곤란의 다차원을 포괄적으로 평가할 뿐 아니라 적응적인 정서조절 전략들의 맥락 의존적 효과에 대한 평가도 측정한다는 장점이 있다.

우리나라에서는 조용래(2007)가 성인들의 정서조절곤란을 포괄적으로 평가하기 위해 정서조절곤란 척도를 우리나라 말로 번역한 후 대학생 표본을 대상으로 신뢰도와 타당도를 검증하였다.

문항구성

총 36개 문항의 자기보고형 검사로 구성되어 있으나 한국판에서는 요인분석 결과에 따라 17번 문항을 제외한 35개 문항이 사용된다. '충동통제곤란' '정서에 대한 주의와 자각의 부족' '정서에 대한 비수용성' '정서적 명료성의 부족' '정서조절 전략에 대한 접근 제한' '목표지향행동 수행의 어려움'의 6개의 하위요인으로 구성되어 있다.

'충동통제곤란' 요인은 5개 문항으로 '나는 화가 나거나 기분이 나쁘면 내 행동을 통제하기가 어렵다' 등의 문항으로 구성되어 있고, '정서에 대한 주의와 자각의 부족' 요인은 7개 문항으로 '내가 어떻게 느끼는지에 주의를 기울인다' 등의 내용이다. '정서에 대한 비수용성' 요인은 7개 문항으로 '나는 화가 나거나 기분이 나쁘면 그렇게 느끼는 것에 대해 죄책감을 느낀다.' 등의 내용이다. '정서적 명료성의 부족' 요인은 3개 문항으로 '내 감정을 이해하기 어렵다' 등의 내용으로 구성되어 있다. '정서조절 전략에 대한 접근 제한' 요인은 5개 문항으로 '나는 화가 나거나 기분이 나쁘면 내 기분이 더 좋아지는 데 오랜 시간이 걸린다' 등의 내용을 포함한다. '목표지향행동 수행의 어려움' 요인은 3개 문항으로 '나는 화가 나거나 기분이 나쁘면 다른 일들에 집중하기가 어렵다' 등의 문항으로 구성되어 있다.

채점 및 평가지침

응답자는 각 문항내용이 평소 자신에게 얼마나 자주 해당되는지 그 정도를 5점 척도상에 평정하도록 되어 있다. '거의 그렇지 않다'에 1점, '때때로 그렇다'에 2점, '대략 반쯤 그렇다'에 3점, '대부분 그렇다'에 4점, '거의 언제나 그렇다'에 5점을 부여한다.

36개 문항 중 11개는 반대로 채점하도록 되어 있다. 역채점 문항은 문항번호 1, 2, 6, 7, 8, 10, 17, 20, 22, 24, 34번이다(한국판에서는 17번을 제외).

총점의 범위는 36점에서 180점이며, 총점이 높을수록 정서조절곤란의 정도가 더 크다는 것을 의미한다.

신뢰도와 타당도

한국판 35개 문항에 대해 교정된 문항-전체 상관은 r = .06에서 .69 범위에 있었고 하위척도들에 속한 문항들 모두 비교적 높은 상관을 보였으므로 6개 각 하위척도에 속한 문항들의 내용 동질성은 적절하다 볼 수 있다. Cronbach's α는 .93이었고, 6개 하위척도들의 Cronbach's α는 .73에서 .90 범위에 있었다. 따라서 한국판 DERS의 내적 일치도는 양호하다고 볼 수 있겠다. 2주 간격의 재검사 신뢰도는 r = .90($p<0.001$)으로 높은 편으로 나타났다.

한국판 DERS의 수렴타당도를 확인하기 위해 정서조절곤란과 비슷하거나 관련성이 높은 구성개념들인 정서지능, 현재 경험에 대한 주의와 자각, 경험적 회피 그리고 사고억제의 각 측정도구들인 TMMS, MAAS, AAQ 및 WBSI와의 상관을 살펴보았다. 그 결과, 정서조절과 비슷한 구성개념을 측정하는 척도들과의 상관은 높은 데 비해 정서조절과 개념적으로 뚜렷이 구분되는 불안민감성의 사회적 염려 차원과의 상관은 유의하지 않았다. 또 정서조절곤란의 특정 차원들은 TMMS의 정서지능의 세 가지 차원들과의 관계에서 차별적인 양상을 보였다. 이러한 결과들은 한국판 DERS의 수렴 및 변별타당도를 지지한다. 또한 한국판 DERS는 우울 및 불안 정도, 긍정적 및 부정적 정서경험빈도, 심리적 안녕감 및 삶의 만족도 등과 유의미한 상관을 보임으로 준거관련 타당도를 지지하였다.

주요 참고문헌

조용래(2007). 정서조절곤란의 평가: 한국판 척도의 심리측정적 속성. 한국심리학회지: 임상, 26(4), 1015-1038.

Gratz, K. L., & Roemer, L. (2004). Multidimensional Assessment of emotion regulation and dysregulation: Development, factor structure, and initial validation of the Difficulties in Emotion Regulation Scale. *Journal of Psychopathology and Behavioral Assessment, 26*, 41-54.

척 도

* 한국판은 17번이 제외되었다.

한국판 정서조절곤란 척도

문항내용	거의 그렇지 않다	때때로 그렇다	대략 반쯤 그렇다	대부분 그렇다	언제나 그렇다
1 나는 내 감정에 대해 분명하게 알고 있다.					
2 내가 어떻게 느끼는지에 주의를 기울인다.					
3 나는 감정에 압도되고 감정을 통제하기 힘들다고 여긴다.					

4 내가 어떻게 느끼고 있는지를 알지 못한다.					
5 내 감정을 이해하기 어렵다.					
6 나는 내 감정에 주의를 기울인다.					
7 내가 어떻게 느끼고 있는지를 정확하게 안다.					
8 내가 느끼고 있는 것에 관심이 있다.					
9 내가 느끼는 감정(방식)에 대해 혼란스럽다.					
10 나는 화가 나거나 기분이 나쁠 때, 내 감정을 알아차린다.					
11 나는 화가 나거나 기분이 나쁘면, 그렇게 느끼는 내 자신에게 화가 난다.					
12 나는 화가 나거나 기분이 나쁘면, 그렇게 느끼는 것에 대해 당황하게 된다.					
13 나는 화가 나거나 기분이 나쁘면, 일을 끝마치기가 어렵다.					
14 나는 화가 나거나 기분이 나쁘면, 자제하지 못한다.					
15 나는 화가 나거나 기분이 나쁘면, 오랫동안 내가 그런 상태로 있을 것이라고 믿는다.					
16 나는 화가 나거나 기분이 나쁘면, 결국에는 내가 아주 우울하게 느낄 것이라고 믿는다.					
17 나는 화가 나거나 기분이 나쁘면, 내 감정이 타당하고 중요하다고 믿는다.					
18 나는 화가 나거나 기분이 나쁘면, 다른 일들에 집중하기가 어렵다.					
19 나는 화가 나거나 기분이 나쁘면, 자제하지 못한다고 느낀다.					
20 나는 화가 나거나 기분이 나쁘더라도, 여전히 일은 끝마칠 수 있다.					
21 나는 화가 나거나 기분이 나쁘면, 그렇게 느끼는 것에 대해 부끄럽게 느낀다.					

22 나는 화가 나거나 기분이 나쁘면, 궁극적으로 기분이 더 좋아지는 방법을 내가 찾아낼 수 있다고 믿는다.					
23 나는 화가 나거나 기분이 나쁘면, 내가 나약한 사람처럼 느껴진다.					
24 나는 화가 나거나 기분이 나쁘더라도, 내 행동을 통제할 수 있는 것처럼 느껴진다.					
25 나는 화가 나거나 기분이 나쁘면, 그렇게 느끼는 것에 대해 죄책감을 느낀다.					
26 나는 화가 나거나 기분이 나쁘면, 집중하기가 어렵다.					
27 나는 화가 나거나 기분이 나쁘면, 내 행동을 통제하기가 어렵다.					
28 나는 화가 나거나 기분이 나쁘면, 내 기분을 더 좋아지게 하기 위하여 내가 할 수 있는 일이 아무것도 없다고 믿는다.					
29 나는 화가 나거나 기분이 나쁘면, 그렇게 느끼는 나 자신에게 짜증이 난다.					
30 나는 화가 나거나 기분이 나쁘면, 나 자신에 대해 기분이 매우 나빠지기 시작한다.					
31 나는 화가 나거나 기분이 나쁘면, 그 상태에 빠져 허우적거리는 것이 내가 할 수 있는 모든 것이라고 믿는다.					
32 나는 화가 나거나 기분이 나쁘면, 내 행동에 대한 통제력을 잃어버린다.					
33 나는 화가 나거나 기분이 나쁘면, 다른 어떤 일에 대해서도 생각하기가 어렵다.					
34 나는 화가 나거나 기분이 나쁘면, 내가 진정으로 느끼고 있는 것이 무엇인지 신중하게 이해한다.					

35 나는 화가 나거나 기분이 나쁘면, 내 기분이 더 좋아지는데 오랜 시간이 걸린다.					
36 나는 화가 나거나 기분이 나쁘면, 내 감정들에 의해 압도당하는 것처럼 느껴진다.					

64 한국판 지각된 스트레스 척도

척도개관

심리적 스트레스의 중요한 구성개념 중 하나인 주관적 스트레스는 객관적 스트레스 사건보다 질병에 대한 높은 예측력을 가지는 것으로 보고되었다. 국내 스트레스 연구에서도 주관적 스트레스를 강조한 상호거래적 스트레스 모형(Transactional Stress Model)을 대부분 수용하고 있지만, 이것을 이용한 표준화된 주관적 스트레스 척도가 부족한 실정이다.

주관적 스트레스를 측정하는 척도는 특정 사건을 언급하지 않고 전반적인 상황에 대한 개인의 인지 및 정서적 평가를 항목의 내용으로 한다. 해외에서는 Levenstein 등(1993)의 Perceived Stress Questionnaire(PSQ), Cohen과 Williamson(1988)의 지각된 스트레스 척도(Perceived Stress Scale for Koreans: PSS-10) 등이 주관적 스트레스를 측정하는 신뢰도와 타당도가 검증된 도구로 널리 쓰이고 있다.

이 중 Cohen과 Williamson(1988)의 지각된 스트레스 척도는 가장 문항 수가 적으면서 외국에서 좋은 신뢰도와 타당도가 반복적으로 검증된 척도인데, 백영묘(2010)가 정상 노인을 대상으로 신뢰도와 타당도를 검증한 것을 소개한다.

문항구성

총 10개 문항으로 구성되어 있으며, 스트레스 경험의 핵심적 주제가 되는 예측 불가능성, 통제 불가능성, 과중성을 내용으로 하고 있다. '스트레스 관련 부정적 경험'과 '대처 자원에 의한 긍정적 경험'의 2개 요인 구조를 지녔다.

'스트레스 관련 부정적 경험' 요인은 1, 2, 3, 6, 9번 문항으로 스트레스와 관련된 경험 중 부정적 경험과 관련된 문항이고, '대처 자원에 의한 긍정적 경험' 요인은 4, 5, 7, 8번 문항으로 스트레스와 관련된 경험 중 당면한 문제를 대처할 수 있고 통제감을 느꼈는지와 관련된 문항들로 구성되어 있다.

채점 및 평가지침

응답자는 6점 리커트식 척도에 최근 한 달 동안의 스트레스 지각 정도를 평정하도록 되어 있다. 각 문항의 응답에 따라 '전혀 그렇지 않다'에 0점, '매우 그렇다'에 4점, '항상 그렇다'에 5점까지 부여될 수 있다.

4, 5, 7, 8번 문항은 역채점을 해야 한다. 총점의 범위는 0점에서 50점으로 총점이 높을수록 지각된 스트레스 정도가 높은 것을 의미한다.

신뢰도와 타당도

Cronbach's α는 .83으로 매우 신뢰할 수 있는 수준이다. 문항-총점 간 상관도 r = .46에서 .78($p<.01$)의 범위로 내적 일치도가 우수한 것이 확인되었다. 검사-재검사 신뢰도(r = .42, $p<.05$) 도 다소 낮긴 하지만 유의한 것으로 보고되어 검사의 시간적 안정성을 확인할 수 있었다.

타당도를 알아보기 위하여 주관적 스트레스와 밀접한 개념인 우울, 생활사건 스트레스, 자아존중감, 성격 및 기질 척도와 이 척도 간 상관분석을 실시하였다. 그 결과, 1년간의 스트레스 사건 경험 및 우울을 측정하는 노인용 생활스트레스 척도(Elders Life Stress Inventory), 노인 우울 검사(Geriatric Depression Scale), 성인용 한국판 기질 및 성격검사(The Korean Temperament and Character Inventory)의 위험회피 척도와 정적 상관을 보였고(각각 r = .435, .51, .30), 자아존중감(Self-Esteem Scale) 및 성인용 한국판 기질 및 성격검사(The Korean Temperament and Character Inventory)의 자율성 척도와는 부적 상관을 나타내어(각각 r = -.41, -.42), 적절한 수렴 및 변별타당도가 확인되었다.

주요 참고문헌

백영묘(2010). 지각된 스트레스: 척도 표준화 및 기억 기능에 대한 영향 탐색. 서울대학교 석사학위논문.

Cohen, S. & Williamson., G. M. (1988). Perceived Stress in a Probability Sample of the United States. in S. Spacapan & S. Oskamp (Eds.), *The Social Psychology of Health* . Newbury Park, CA: Sage.

척 도

한국판 지각된 스트레스 척도

다음 질문들은 지난 한 달 동안 느꼈던 기분이나 생각에 대해 묻는 질문입니다. 각 질문에 대해 본인의 기분과 생각을 잘 나타내는 숫자에 표시해 주시기 바랍니다. 스트레스는 보편적이고 적응적인 현상이므로 어느 정도는 존재하며, 이 설문지는 주로 어느 종류의 스트레스를 받는지 조사할 목적임을 참고하십시오.

0 절대 그렇지 않다
1 거의 그렇지 않다
2 가끔 그렇다
3 종종 그렇다(2와 4의 중간)
4 자주 그렇다
5 항상 그렇다

경험한 기분이나 생각	느낀 정도					
1 지난 한 달 동안, 얼마나 자주 예상치 못한 일 때문에 화가 났습니까?	0	1	2	3	4	5
2 지난 한 달 동안, 얼마나 자주 자신의 힘으로 중요한 일들을 처리하지 못했다고 느꼈습니까?	0	1	2	3	4	5
3 지난 한 달 동안, 얼마나 자주 불안하거나 '스트레스'를 받았습니까?	0	1	2	3	4	5
4 지난 한 달 동안, 얼마나 자주 개인적인 문제를 잘 처리하고 있다는 자신감을 느꼈습니까?	0	1	2	3	4	5
5 지난 한 달 동안, 얼마나 자주 자신의 일들이 순조롭게 풀린다고 느꼈습니까?	0	1	2	3	4	5
6 지난 한 달 동안, 얼마나 자주 자신이 할 일을 제대로 하지 못하고 있다는 생각을 했습니까?	0	1	2	3	4	5
7 지난 한 달 동안, 얼마나 자주 살면서 자신의 짜증을 잘 조절할 수 있었습니까?	0	1	2	3	4	5
8 지난 한 달 동안, 얼마나 자주 주변 상황을 잘 파악하고 관장하고 있다는 느낌이 들었습니까?	0	1	2	3	4	5
9 지난 한 달 동안, 얼마나 자주 일이 뜻대로 되지 않아 화가 났습니까?	0	1	2	3	4	5
10 지난 한 달 동안, 얼마나 자주 힘에 부치는 일이 너무 많이 쌓여 헤어날 수 없다고 느꼈습니까?	0	1	2	3	4	5

65 한국판 직무스트레스 검사

척도개관

개인이 경험하는 직무스트레스는 스트레스 요인, 개인의 주관적인 지각, 스트레스에 대한 개인적 대처기술 및 지지환경을 포함하는 포괄적이고 역동적인 개념으로 이해되고 있다. Osipow와 Spokane(1992)은 다원적으로 직무스트레스를 이해하기 위해 '지각된 스트레스(perceived stress)' '경험된 긴장(experienced strain)' '대처기술(coping skill)'을 구별하고 종합적으로 설명할 수 있는 통합적 모형을 제공하였다. 또한 이 통합 모형을 바탕으로 여러 직종의 직무스트레스를 측정할 수 있는 직무스트레스 검사를 개발하였다.

여기서는 미국에서 개발된 Osipow와 Spokane(1992)의 이론적 모형에 기초한 직무스트레스 검사를 이동수 등(1999)이 우리나라 실정에 적합하게 번안 수정하여 다양한 직업인들을 대상으로 신뢰도 및 타당도를 검증한 척도를 소개한다. 이 척도를 개발한 연구자들은 성별 직종, 직급, 연령, 연봉 그리고 직업기간 등의 인구통계학적 변인에 따라서 직무스트레스에 대한 반응이 달라짐을 확인하였는데, 특히 중요한 영향을 미치는 성별에 따른 규준도 제공하였다.

이 한국판 직무스트레스 검사(The Korean Version of Occupational Stress Inventory: K-OSI)는 직장인의 직무스트레스 경험을 체계적으로 이해하는 데 유용하게 활용될 수 있는 도구로서, 조직 및 임상적 차원의 선별검사나 자기 관리나 대처 전략의 측면에서 나타나는 문제점을 파악하여 개입의 기초자료로 사용될 수 있을 것이다.

문항구성

개인의 직무스트레스와 관련된 총 140개 문항으로 구성되어 있다. 세 가지 영역인 '직무 역할(Occupational Role Questionnaire: ORQ)' '개인적 긴장(Personal Strain Questionnaire: PSQ)' '개인적 자원(Personal Resource Questionnaire: PRQ)'을 14개 하위척도로 측정하는 자기 평가식 설문이다.

14개 하위척도는 각 10개 문항으로 구성되어 있으며 측정 내용은 다음과 같다.

역할 과부하(Role Overload: RO) 척도는 직무상 요구가 개인의 역량이나 환경적 여건을 초과하는 정도, 그리고 요구되는 직무를 수행할 수 있는 개인적 능력 정도를 측정한다. ① 역할 불충분(Role Insufficiency: RI) 척도는 기술훈련, 교육, 경험 정도가 직무 역할에 적합한 정도를 측정한다. ② 역할 모호성(Role Ambiguity: RA) 척도는 업무의 우선순위, 업무에 대한 기대, 평가 기준이 개인에게 명확한 정도를 측정한다. ③ 역할 경계(Role Boundary: RB) 척도는 직무 상황에서 상충되는 역할 요구 및 충성심을 경험하는 정도를 측정한다. ④ 책임감(Responsibility: RR) 척도는 자신의 업무 수행과 다른 사람의 복지에 대해 느끼는 과도한 책임감의 정도를 측정한다. ⑤ 물리적 환경(Physical Environment: PE) 척도는 유해한 물리적 직무 환경에 노출되는 정도를 측정한다. ⑥ 직무긴장(Vocational Strain: VS) 척도는 직무의 특성과 관련되어 느끼는 고충 및 직무 태도 등을 측정한다. ⑦ 심리적 긴장(Psychological Strain: PSY) 척도는 심리적 및 정서적 어려움을 겪는 정도를 측정한다. ⑧ 대인관계 긴장(Interpersonal Strain: IS) 척도는 대인관계에서 느끼는 갈등과 어려움의 정도를 측정한다. ⑨ 신체적 긴장(Physical Strain: PHS) 척도는 신체적 질병이나 건강에 좋지 않은 자기관리 습관을 측정한다. ⑩ 여가 활동(Recreation: RE) 척도는 규칙적인 여가 활동을 통해서 기쁨을 얻고 이완하는 정도를 측정한다. ⑪ 자기관리(Self-care: SC) 척도는 만성적인 스트레스를 해소하기 위해 규칙적인 자기관리 활동을 하는 정도를 측정한다. ⑫ 사회적 지지(Social Support: SS) 척도는 주변 사람들에게서 지지와 도움을 받는다고 느끼는 정도를 측정한다. ⑬ 합리적/인지적 대처(Rational/Cognitive Coping: RC) 척도는 직무와 관련된 스트레스에 대해 합리적인 인지적 대처기술을 사용하는 정도를 측정한다.

채점 및 평가지침

K-OSI의 연구자들은 우리나라 직장인들의 성별, 직종, 직급 등 관련 변인들의 관계를 파악하여 직무스트레스 경험의 통합적 해석을 위한 기초를 마련하였다. 특히 남성과 여성에 따라서 직무스트레스의 경험과 그에 따른 대처 행동, 반응에서 뚜렷하게 유의한 차이가 나타났으므로 연구자들이 제시한 성별에 따른 규준을 참고하여 평가와 해석에 활용할 수 있다.

신뢰도와 타당도

직무 역할, 개인적 긴장, 개인적 자원의 세 가지 하위영역에 각각에 대한 Cronbach's α는 각각 .90, .92, .89로 매우 높아 각 측정 영역이 동질적 구성개념을 측정하고 있는 것으로 볼 수 있다. 또한 14개 하위척도에 대해서는 .70에서 .88의 높은 내적 일관성 신뢰도 계수를 보였다.

8주 간격으로 검사-재검사를 실시한 결과 신뢰도 계수는 .62에서 .79였으며, 영어와 한국어 모두에 능숙한 2개 언어 사용자를 대상으로 한국어판 검사와 영어판 검사를 모두 실시하였을 때의 상관계수는 .82에서 .96으로 나타나서 전반적으로 높은 수준의 신뢰도를 확인하였다.

타당도와 관련하여, 개인이 경험하는 직무스트레스의 수준은 대처자원과 유의한 부적 상관관계($r = -.29$)를 나타냈고 스트레스로 인한 긴장과는 유의한 정적 상관관계(r = .68)를 나타냈으며 개인의 대처자원은 스트레스로 인한 긴장과 유의한 부적 상관관계를 나타냈다(r = −.40).

전체 직무스트레스 검사에 대한 요인분석 결과, 전반적인 스트레스 요인과 그에 따른 반응, 스트레스에 대한 개인의 대처기술, 스트레스에 대한 개인의 심리적, 신체적, 행동적 반응 등 세 가지 요인이 추출됨으로써 이론적 모형에 따른 구성타당도가 입증되었다.

주요 참고문헌

이동수, 김지혜, 한우상, 우종민, 강동우, 고영건, 연병길, 김이영(1999). 직무스트레스 평가를 위한 측정도구 개발 및 표준화 연구(I)−신뢰도와 타당도−. 대한신경정신의학회지, 38(5), 1026−1037.

이동수, 김지혜, 한우상, 우종민, 강동우, 고영건, 연병길, 김이영(1999). 직무스트레스 평가를 위한 측정도구 개발 및 표준화 연구(II)−인구통계학적 변인의 영향 및 규준 수립−. 대한신경정신의학회지, 38(6), 1335−1350.

Osipow, S. H., Spokane, A. R. (1992). *Occupational Stress Inventory: Manual-research version*. Florida: PAR.

척 도

저자의 의사를 존중하여 척도의 전문을 수록하지 않았다. 척도의 전문이 필요한 경우 저자와의 연락을 통해 확인이 가능하다.

66 한국판 직무스트레스 척도

척도개관

기존 직무스트레스 평가 척도들은 특수한 직종에 관련되는 스트레스를 측정하거나, 지나치게 광범위한 영역을 다루는 경우도 있어 실제 현장에서 사용하기가 어려웠다. 또한 대부분의 척도는 직무스트레스의 단일차원만을 측정하고 있다. 이러한 한계점을 고려하여 Spielberger와 Vagg(1999)가 개발한 미국판 직무스트레스 척도(Job Stress Survey: JSS)는 다양한 작업 장면에서 근로자들이 경험하는 직무스트레스의 공통적이고 일반적인 근원을 평가하기 위해 설계되었다. 미국판 직무스트레스 척도는 적은 시간에 간편하게 실시할 수 있는 도구로 개인-환경 적합성 이론, 요구-통제력 모형, 상호교섭 과정 모형 등 기존의 직무스트레스 이론의 종합에 기초하고 있고, 제어 이론적 접근과도 일맥상통한다. 또 주관적 측정 대 객관적 측정의 쟁점을 통합하려는 시도도 담고 있으며 신뢰도와 시간적 안정성 그리고 타당도 면에서도 검증을 거쳤다.

국내에서는 박창남(2004)이 문항 수는 적으면서 특정 직무나 직업에서만 나타나는 것이 아닌, 보다 광범위한 직무스트레스의 일반적 근원을 다차원적으로 평가하기 위하여 Spielberger와 Vagg(1995)의 직무스트레스 척도를 한국어로 번안하였다. 또한 이 척도가 한국의 직무스트레스를 평가하는 데도 신뢰성 있고 타당하게 적용될 수 있을지에 대한 가능성을 탐색하였다.

문항구성

심리적 스트레스를 유발하기 쉬운 일반적인 직무 관련 스트레스원을 나타내는 30개 문항으로 구성되어 있다. 이 30개 문항은 '직무 자체에서 유래하는 압력'에 대한 10개 문항과 '조직으로부터 받는 지원의 부족' 10개 문항의 하위척도를 포함하고 있다.

채점 및 평가지침

응답자에게 직무스트레스원 30개 문항 각각에 '자신에게 얼마나 심각하게 느껴지는지(심각도 혹은 강도)'와 '지난 6개월 동안 얼마나 빈번하게 경험했는지'를 평가하도록 요청한다.

우선 직무스트레스 사건 심각도(Job Stress Severity: JS-S)는 직무스트레스 사건들에 대한 심각성 지각 정도를 반영한다. 응답자는 '하기 싫은 업무에 할당됨'을 척도의 중간점에 해당하는 5점의 심각도로 기준을 잡고 그에 비해 '낮다'에 1점, '높다'에 9점까지로 평가한다. 기준 문항을 포함한 30개 문항의 심각도 평가의 평균 점수를 구하여 심각도 지수를 구한다. 점수는 0점에서 9점까지 부여될 수 있다.

다음으로 직무스트레스 경험빈도(Job Stress Frequency: JS-F)는 스트레스 사건들을 지난 6개월 동안 얼마나 자주 경험했는지를 나타낸다. 발생 빈도의 평균으로 얻어지며, 0점에서 9점 사이다.

직무스트레스 전체 지수(Job Stress Index: JS-X)는 한 개인이나 집단이 경험하는 전체 직무스트레스의 정도를 추정하는 지수로, 심각도 평가와 경험빈도 평가 점수를 곱한 다음 30개 문항에 대한 평균 점수를 구해서 얻어진다. 0점에서 81점 사이의 값을 가질 수 있다.

이런 세 가지 직무스트레스 지수는 다시 직무 압력과 조직 지원 결여라는 두 하위척도의 경우에도 적용될 수 있어 모두 아홉 가지의 지수를 산출할 수 있다(심각도, 경험빈도, 전체 지수 × 전체 척도, 직무압력, 조직 지원 결여의 하위척도). 이렇게 산출된 지수들을 비교함으로써 사건항목별 또는 전체나 하위척도별 스트레스 원인과 수준을 검토 분석할 수 있다.

신뢰도와 타당도

다양한 표본에서 모두 Cronbach's α 값이 .73 이상으로 높은 내적 합치도를 보였으므로 다양한 표본에 걸쳐서 신뢰롭다고 평가할 수 있다.

준거관련 타당도를 살펴보면, 개별 문항 수준이나 전체 척도와 하위척도 수준에서 준거관련 변인들(병리 증상과 건강 증상)과 예측되는 방향의 의미 있는 상관을 보였다. 구체적으로 전체 직무스트레스 점수와 하위척도의 전체 점수와 신체 및 정서적 병리 증상은 정적 상관을 보이고 주관적 안녕과 건강 지각과는 부적 상관을 보였다. 전체 지수와 경험빈도 지수는 심각도 지수에 비해 준거변인들과 더 높은 상관을 보였다. 직무스트레스 척도 지수들은 건강이나 안녕을 나타내는 준거변인보다 병리 증상을 나타내는 준거변인들과 더 높은 상관을 보인다. 이상을 종합해 보면 한국판 JSS 지수들은 비교적 양호한 준거관련 타당도를 보인다고 볼 수 있다.

주요 참고문헌

박창남(2004). 한국판 직무스트레스 척도(Job Stress Survey: JSS)의 개발. 충남대학교 대학원 석사학위논문.

Spielberger, C. D. & Vagg, P. R. (1999). *JSS: Job Stress Surevey.* Professional Manual. Odessa FL: Psychological Assessment Resources.

척 도

한국판 직무스트레스 척도

■ 지시문 1

만약 하기 싫은 업무에 할당됨과 같은 정도의 스트레스로서 판단되시면, '5'에 동그라미를 하시기 바랍니다. 그리고 만약 기준적인 사건-하기 싫은 업무에 할당됨-보다 더 스트레스적이라고 느끼시면, '5'보다 큰 쪽의 해당되는 숫자에 동그라미를 하시고, 반면에 만약 기준적인 사건보다 덜 스트레스적이라고 느끼시면, '5'보다 작은 쪽의 해당되는 숫자에 동그라미를 하시기 바랍니다.

스트레스적인 직무관련 사건	스트레스 정도		
	낮다	중간	높다
예, 하기 싫은 업무에 할당됨	1 2 3 4 ⑤ 6 7 8 9		

스트레스적인 직무관련 사건	스트레스 정도		
	낮다	중간	높다
1 하기 싫은 업무에 할당됨	1 2 3 4 5 6 7 8 9		
2 잔업 근무를 함	1 2 3 4 5 6 7 8 9		
3 승진의 기회나 희망이 결여됨	1 2 3 4 5 6 7 8 9		
4 새롭거나 잘 알지 못하는 일에 할당됨	1 2 3 4 5 6 7 8 9		
5 자신의 일을 잘하지 않는 동료들이 있음	1 2 3 4 5 6 7 8 9		
6 상급자로부터 불충분한 지원을 받음	1 2 3 4 5 6 7 8 9		
7 화급을 다투는 일이나 위기상황을 다룸	1 2 3 4 5 6 7 8 9		
8 일을 잘하고도 인정받지 못함	1 2 3 4 5 6 7 8 9		
9 직무 명세서에 없는 과제를 수행함	1 2 3 4 5 6 7 8 9		

10 부적절하거나 빈약한 장비로 과제를 수행함	1	2	3	4	5	6	7	8	9
11 책임이 증가됨	1	2	3	4	5	6	7	8	9
12 휴직(정직) 기간을 경험함	1	2	3	4	5	6	7	8	9
13 상급자와 좋은 관계를 유지하지 못함	1	2	3	4	5	6	7	8	9
14 조직에 대하여 부정적인 태도를 경험함	1	2	3	4	5	6	7	8	9
15 할당된 업무를 적절하게 수행하기에 인원이 부족함	1	2	3	4	5	6	7	8	9
16 중요한 사항에 대하여 성급하게 의사를 결정함	1	2	3	4	5	6	7	8	9
17 고객/소비자/동료로부터 개인적인 모욕을 당함	1	2	3	4	5	6	7	8	9
18 의사결정과정에 참여하지 못함	1	2	3	4	5	6	7	8	9
19 부적절한 보수를 받음	1	2	3	4	5	6	7	8	9
20 승진을 위하여 경쟁함	1	2	3	4	5	6	7	8	9
21 부적절하거나 불충분한 지시, 감독을 받음	1	2	3	4	5	6	7	8	9
22 소란하고 부적합한 직무 환경에 노출됨	1	2	3	4	5	6	7	8	9
23 빈번하게 작업이 방해됨	1	2	3	4	5	6	7	8	9
24 따분한 작업과 세심한 작업이 너무 자주 오락가락함	1	2	3	4	5	6	7	8	9
25 불필요하다고 인정되는 과다한 서류작업을 경험함	1	2	3	4	5	6	7	8	9
26 마감 시간에 맞추어야 했음	1	2	3	4	5	6	7	8	9
27 개인시간(예, 커피 마시기, 점심시간)이 불충분함	1	2	3	4	5	6	7	8	9
28 다른 동료를 위해 일을 대신해야 했음	1	2	3	4	5	6	7	8	9
29 동기가 부족한 동료들이 있음	1	2	3	4	5	6	7	8	9
30 다른 부서와의 갈등을 경험함	1	2	3	4	5	6	7	8	9

■ 지시문 2

앞에서 제시된 각 직무관련 사건들에 대해서 최근 6개월 동안에 귀하가 개인적으로 경험했던 일수를 표시하여 주시기 바랍니다. 만약 지난 6개월 동안 그 사건이 전혀 발생하지 않았다면 '0'에 동그라미하시기 바랍니다. 그리고 만약 지난 6개월 동안 개인적으로 9일(횟수) 이상 경험했을 경우에는 '9⁺'에 표시하기 바랍니다.

스트레스적인 직무관련 사건	최근 6개월 내 발생한 빈도(일/횟수)
1 하기 싫은 업무에 할당됨	0 1 2 3 4 5 6 7 8 9+
2 잔업 근무를 함	0 1 2 3 4 5 6 7 8 9+
3 승진의 기회나 희망이 결여됨	0 1 2 3 4 5 6 7 8 9+
4 새롭거나 잘 알지 못하는 일에 할당됨	0 1 2 3 4 5 6 7 8 9+
5 자신의 일을 잘하지 않는 동료들이 있음	0 1 2 3 4 5 6 7 8 9+
6 상급자로부터 불충분한 지원을 받음	0 1 2 3 4 5 6 7 8 9+
7 화급을 다투는 일이나 위기상황을 다룸	0 1 2 3 4 5 6 7 8 9+
8 일을 잘하고도 인정받지 못함	0 1 2 3 4 5 6 7 8 9+
9 직무 명세서에 없는 과제를 수행함	0 1 2 3 4 5 6 7 8 9+
10 부적절하거나 빈약한 장비로 과제를 수행함	0 1 2 3 4 5 6 7 8 9+
11 책임이 증가됨	0 1 2 3 4 5 6 7 8 9+
12 휴직(정직) 기간을 경험함	0 1 2 3 4 5 6 7 8 9+
13 상급자와 좋은 관계를 유지하지 못함	0 1 2 3 4 5 6 7 8 9+
14 조직에 대하여 부정적인 태도를 경험함	0 1 2 3 4 5 6 7 8 9+
15 할당된 업무를 적절하게 수행하기에 인원이 부족함	0 1 2 3 4 5 6 7 8 9+
16 중요한 사항에 대하여 성급하게 의사를 결정함	0 1 2 3 4 5 6 7 8 9+
17 고객/소비자/동료로부터 개인적인 모욕을 당함	0 1 2 3 4 5 6 7 8 9+
18 의사결정과정에 참여하지 못함	0 1 2 3 4 5 6 7 8 9+
19 부적절한 보수를 받음	0 1 2 3 4 5 6 7 8 9+
20 승진을 위하여 경쟁함	0 1 2 3 4 5 6 7 8 9+
21 부적절하거나 불충분한 지시, 감독을 받음	0 1 2 3 4 5 6 7 8 9+
22 소란하고 부적합한 직무 환경에 노출됨	0 1 2 3 4 5 6 7 8 9+
23 빈번하게 작업이 방해됨	0 1 2 3 4 5 6 7 8 9+
24 따분한 작업과 세심한 작업이 너무 자주 오락가락함	0 1 2 3 4 5 6 7 8 9+
25 불필요하다고 인정되는 과다한 서류작업을 경험함	0 1 2 3 4 5 6 7 8 9+

26 마감 시간에 맞추어야 했음	0 1 2 3 4 5 6 7 8 9⁺
27 개인시간(예, 커피 마시기, 점심시간)이 불충분함	0 1 2 3 4 5 6 7 8 9⁺
28 다른 동료를 위해 일을 대신해야 했음	0 1 2 3 4 5 6 7 8 9⁺
29 동기가 부족한 동료들이 있음	0 1 2 3 4 5 6 7 8 9⁺
30 다른 부서와의 갈등을 경험함	0 1 2 3 4 5 6 7 8 9⁺

67 한국판 청소년 분노평가 척도

척도개관

청소년은 발달상 급격한 변화를 경험하면서 많은 스트레스에 노출된다. 청소년기에는 좌절이나 분노와 같은 스트레스에 대한 반응을 흔히 경험하게 되는데, 자기 통제력이 약하거나 효율적 대처 전략을 갖고 있지 못한 청소년들은 쉽게 분노하게 되고 범죄나 일탈 행동을 저지르게 된다. 분노의 정서적, 인지적, 행동적 표현이 청소년 발달의 여러 측면에 부정적 영향을 미칠 수 있으며 이러한 영향은 성인이 되어서도 지속되는 문제들과 연관이 있다. 따라서 청소년들의 분노에 대해 조기 선별과 예방적 개입의 필요하다. 이를 위해 청소년 분노를 정확히 측정하고 평가할 수 있는 객관적인 척도가 필요하다.

Burney(2001)는 청소년 분노의 원인 요인에 관심을 갖고 청소년의 분노표현에 의한 폭력을 줄이는 방법을 고안하기 위해 청소년 분노평가 척도(Adolescent Anger Rating Scale: AARS)를 개발하였다. 이 척도는 11세부터 19세 사이의 청소년 연령층의 분노표현을 도구적 분노, 반응적 분노 그리고 분노통제로 구분해 측정하고 있다. 이 책에서는 Burney(2001)의 청소년 분노평가 척도를 신현균과 임지영(2003)이 번안하여 신뢰도와 타당도를 검증한 척도를 소개한다.

문항구성

총 41개 문항의 청소년 분노평가 척도는 '도구적 분노' '반응적 분노' '분노통제'의 세 가지 하위척도로 구성되어 있다.

'도구적 분노(Instrumental Anger: IA)'는 20개 문항으로 구성되어 있으며 복수나 보복을 낳는 지연된 분노반응의 정도를 측정하는 척도다. 보통 이런 분노는 위협 행동으로 나타나며 반사회적 행동이나 비행과 연관될 가능성이 있다.

'반응적 분노(Reactive Anger: RA)'는 8개 문항으로 구성되어 있고, 어떤 사건을 부정적이거나 위협적이라고 지각할 때 즉각적으로 표현되는 분노반응의 정도를 측정한다. 이런 분노는 충동적이고 과잉 행동적인 반응으로 나타나며 인지과정, 사회적 기술, 분노통제의 결함의 특징을 지닌다.

'분노통제(Anger Control: AC)'는 13개 문항으로 구성되어 있고, 도구적 혹은 반응적 분노반응을 좋게 해결하려는 경향성을 측정한다. 분노통제를 잘하는 청소년들은 분노와 관련된 행동을 다루기 위해 인지과정과 기술들을 사용하며, 분노통제를 못하는 청소년들은 그러한 인지 행동 방략들이 결핍되어 있다.

채점 및 평가지침

자기보고형 평정 척도로, 4점 척도로 구성된 각 문항은 그 행동이 얼마나 자주 일어나는지를 '거의 그렇지 않다'에 1점으로 해서 '매우 자주 그렇다'에 4점까지 평정하게 되어 있다.

'도구적 분노'의 원점수 범위는 20~80점, '반응적 분노'의 원점수 범위는 8~32점, '분노통제'는 13~52점이다. 문항 29번은 역채점된다.

신뢰도와 타당도

내적 일관성과 관련하여 하위척도별 Cronbach's α계수를 살펴보면, 도구적 분노 하위척도는 .88, 반응적 분노 하위척도는 .88, 분노통제 하위척도는 .83으로 세 하위척도 모두 내적 일관성이 양호하였다. 교정된 문항-총점관 상관은 분노 하위척도의 한 문항을 제외하고 세 하위척도 .3에서 .7 정도로 높게 나타났다.

타당도 검증을 위한 요인분석 결과, 원 논문과 마찬가지로 3개 요인 모델이 확인되었다. 공존타당도와 관련하여, 청소년 분노와 관련된 구성개념인 청소년 공격성을 측정하는 척도 두 가지와의 상관을 살펴보았다. 그 결과, 청소년용 공격행동 척도와 한국판 청소년 자기행동평가 척도(K-YSR)의 공격성 척도와의 상관은 청소년 분노의 반응적 분노와 도구적 분노와는 유의미한 정적 상관을, 분노통제와는 부적 상관을 보였다. 또 학업 스트레스, 지난 1년간 정학을 받은 횟수, 친구의 수, 가족관계의 갈등 등과도 유의미한 상관을 보였다. 정상집단과 문제집단의 점수를 비교를 통한 준거타당도를 알아본 결과, 분노통제에서는 차이가 없었으나 도구적 분노와 반응적 분노 점수가 정상집단에 비해 문제집단에서 더 높았다.

주요 참고문헌

신현균, 임지영(2003). 한국판 청소년 분노평가 척도의 신뢰도와 타당도 연구. 한국심리학회지: 임상, 22(2), 449-462.

Burney, D. M. (2001). *Adolescent Anger Rating Scale Professional Manual.* F. L.: Psychological Assessment Resources.

척 도

저자의 의사를 존중하여 척도의 전문을 수록하지 않았다. 척도의 전문이 필요한 경우 저자와의 연락을 통해 확인이 가능하다.

68 한국판 청소년 상태-특성 분노표현 척도

척도개관

분노는 대개 약간 화난 정도에서 격노, 격분까지 다양한 정도의 느낌이며 자율신경계의 각성을 동반하는 정서상태를 의미한다. 분노는 일차적인 기본 정서이며, 대인관계 및 신체적, 정신적 건강, 만족 등 인간 삶의 여러 측면에서 중요한 역할을 한다. 그 중요성과 관심에도 불구하고 청소년을 대상으로 분노의 주관적 경험, 분노의 표현이나 억압에 관여하는 요인 등에 관한 연구는 부족한 편이다.

여기에 소개된 척도는 Spielberger가 1988년 처음 개발한 상태-특성 분노표현 척도(State-trait Anger Expression Inventory: STAXI)이며, 12~18세 청소년에게 적용할 수 있는 자기보고형 척도다. 이를 이영식과 조주연이 1999년에 표준화 연구를 진행하여 한국판 버전으로 발표한 것을 실었다. 이 척도가 분노와 관련된 청소년의 정신병리 연구 등 분노에 대한 체계적인 연구와 분노표현의 횡문화적 차이에 대한 연구를 위해 활용될 것으로 기대된다.

문항구성

총 44개 문항으로, '상태분노' '특성분노' '내향화된 분노' '외향화된 분노' '분노조절'의 5개 소척도로 구성되어 있다.

'상태분노(State Anger)'는 10개 문항으로, 검사 당시 분노감정의 정도를 측정하는 것으로 특정상황에서 일시적으로 경험되는 분노 상태를 의미한다.

'특성분노(Trait Anger)'는 10개 문항으로 이루어져 있으며, 분노를 경험하였을 때 개인 간의 차이를 측정하는 것이다. 하위척도로 4개 문항으로 이루어진 기질성(temperament)척도가 있으며, 이는 특정한 유발요인 없이 분노를 경험하거나 표현하는 일반적인 경향을 측정한다. 또 다른 하위척도로 4개의 반응성(reactive) 문항이 있는데, 다른 사람에게 비평받거나 부당하게 취급받을 때 분노를 표현하는 개인 간 차이를 측정한다.

'내향화된 분노(Anger/In)'는 8개 문항으로, 분노감정을 참거나 억압하는 빈도를 측정하는 것이다.

'외향화된 분노(Anger/Out)'는 8개 문항으로 이루어져 있으며 얼마나 자주 주위의 다른 사람이나 물건에 분노를 표현하는지를 측정하는 것이다.

'분노조절(Anger/Control)'은 9개 문항으로 개인이 분노의 표현을 조절하려고 시도하는 빈도를 측정한다.

채점 및 평가지침

각 문항은 4점 척도로 평정하게 되어 있다. 각 문항에 대한 응답은 '전혀 아니다'에서 '아주 그렇다' 범위로, 4점까지 부여할 수 있다. 하위척도 24개 문항을 토대로 하는 전체 점수는 분노표현의 방향(외향화, 내향화)에 관계없이 분노가 표현되는 빈도의 일반적인 지표다.

각 하위척도별 점수가 의미하는 것은 다음과 같다.

'상태분노' 문항에서의 높은 점수는 상대적으로 강렬한 분노감정을 경험하는 것을 나타낸다.

'특성분노' 문항에서의 높은 점수는 분노감정을 자주 경험하고 다른 사람에게 불공평하게 취급받는다고 평소에 느끼고 있음을 의미한다. 특성분노 중 기질성 척도의 높은 점수는 특별한 이유 없이 타고난 기질에 의해 쉽게 흥분하고 쉽게 분노감정을 표현하는 경향을 의미한다. 특성분노 중 반응성 척도의 높은 점수는 다른 사람의 비난이나 부정적인 평가에 매우 예민한 것을 의미한다.

'내향화된 분노' 문항에서 높은 점수는 자주 강렬한 분노감정을 경험하지만 이것을 신체적으로, 언어적 행동으로 표현하기보다는 자신의 감정을 억압하는 경향을 보여 준다.

'외향화된 분노' 문항에서 높은 점수를 받은 사람은 다른 사람이나 물건에 직접적으로 공격적인 행동을 표현함으로써 자신의 분노감정을 나타내게 된다.

'분노조절' 점수가 높은 사람은 분노의 경험과 표현을 통제하고 조절하는 데 많은 에너지를 투자하는 것을 의미한다.

신뢰도와 타당도

4주 간격으로 실시한 검사-재검사 신뢰도에서 각 소척도에 대한 상관계수는 .44에서 .60의 범위였다($p<.001$). 각 소척도별로 Cronbach's α는 .52에서 .94 범위였다. 각 문항과 전체 점수와의 상관은 상태분노 $r=.68\sim.80$, 특성분노 $r=.46\sim.58$, 분노표현 $r=.15\sim.41$의 범위로 유의하였다. 따라서 이 척도는 시간적 안정성과 문항 간 내적 일치도 면에서 신뢰성이 높은 척도인 것으로 나타났다.

한국판 STAXI와 CBCL 공격성 척도, Barratt 충동성 척도와의 상관계수로 공존타당도를 살펴본 결과, 상태분노와 충동성을 제외하고 한국판 STAXI의 각 소척도와 공격성, 충동성 간에 유의한 상관관계를 보였으며, 분노조절 소척도는 의미 있는 역상관관계를 보였다. 이러한 결과는 STAXI-K가 타당도가 양호한 것을 시사한다.

주요 참고문헌

이영식, 조주연(1999). 한국판 청소년 상태-특성 분노표현 척도의 표준화 연구. 신경정신의학, 38(4), 794-804.

Spielberger, C. D. (1988). *State-trate anger expression inventory-professional manual.* Odessa, Florida: Psychological Assessment Resources.

척 도

분노 감정표현 설문

지금 당신의 기분 상태는 어떠한가요? 해당 질문에 다음 네 가지 중 가장 잘 당신의 기분을 표현한 것을 골라 번호 위에 ✓표 하십시오. 빠짐없이 답해 주십시오. 너무 깊이 생각할 필요는 없습니다.

문항내용	전혀 아니다	약간 그렇다	상당히 그렇다	아주 그렇다
1 나는 지금 분노에 차 있다.				
2 나는 지금 짜증 나 있다.				
3 나는 지금 화가 나 있다.				
4 나는 지금 누군가에게 소리를 지르고 싶은 심정이다.				
5 나는 지금 뭔가를 부숴 버리고 싶은 심정이다.				
6 나는 지금 격분해 있다.				
7 나는 지금 책상을 치고 싶은 심정이다.				
8 나는 지금 누군가를 때리고 싶은 심정이다.				
9 나는 지금 열 받았다.				
10 나는 지금 누군가에 욕을 퍼붓고 싶은 심정이다.				

평소에 당신은 어떻습니까? 다음 기술된 네 가지 중 가장 자신을 잘 표현한다고 생각되는 것 하나를 선택하여 ✓표 하십시오.

문항내용	그렇지 않다	가끔 그렇다	자주 그렇다	항상 그렇다
11 나는 평소에 성질이 급하다.				
12 나는 평소에 성질이 불같다.				
13 나는 평소에 쉽게 열받는 성격이다.				
14 평소에 딴 사람의 실수로 일이 늦어지면 화가 치민다.				
15 나는 평소에 내가 잘한 일에 대해 인정을 못 받을 때 화가 난다.				
16 나는 평소에 화가 나면 물불을 안 가린다.				
17 평소에 화가 나면 상대방에 욕을 한다.				
18 평소에 사람들 앞에서 잘못한다는 소리를 들으면 화가 치민다.				
19 평소에 맘대로 안 될 때 누군가를 때리고 싶은 충동이 일어난다.				
20 평소에 좋은 일을 하고 나쁜 평가를 받으면 화가 치민다.				

누구나 가끔 화를 내게 되는데 사람들마다 화내는 방식이 각기 틀립니다. 당신은 화가 날 때 어떻게 행동합니까? 다음 기술된 네 가지 중 가장 자신의 경우에 해당된다고 생각하는 것에 ✓표 하십시오.

문항내용	그렇지 않다	가끔 그렇다	자주 그렇다	항상 그렇다
21 화난 감정을 자제한다.				
22 화난 감정을 밖으로 표현한다.				
23 화난 감정을 밖으로 안 드러낸다.				
24 화가 나도 참고 인내한다.				

25 화나면 골이 나서 말도 안 하고 삐친다.				
26 화나면 사람들과 상대를 안하고 피해 버린다.				
27 화나면 상대방에게 뼈아픈 얘기를 한다.				
28 화날 때 냉정하고 차분하게 있는다.				
29 화가 나면 문을 쾅 닫아 버린다.				
30 속으로 화가 치밀지만 겉으로 드러내지 않는다.				
31 화날 때 내 행동을 자제한다.				
32 화나면 사람들과 말다툼을 벌인다.				
33 남 모르게 상대방에게 원한을 품는다.				
34 나를 화나게 하면 가만두지 않는다.				
35 화날 때 내 성질을 자제할 수 있다.				
36 화나면 상대방 모르게 뒤에서 욕하고 험담한다.				
37 내 의도보다 지나치게 화를 내게 된다.				
38 다른 사람보다 빨리 화난 마음을 진정시킨다.				
39 화나면 상대방에게 듣기 싫은 소리를 한다.				
40 일단 화가 나지만 참고 상대방을 이해하려고 한다.				
41 다른 사람들이 느끼는 정도보다 훨씬 속이 상한다.				
42 화나면 나는 이성을 잃어버린다.				
43 화나게 한 상대방에게 직접 내 기분을 얘기한다.				
44 나는 화난 감정을 잘 진정시킨다.				

69 한국판 Beck 우울 척도

척도개관

우울증은 스트레스와 가장 밀접한 관련이 있는 정신병리다. 스트레스에 대한 정서적 반응을 평가할 때 우울 증상은 필수 측정 영역에 해당한다. 우울 증상을 객관적이고 손쉽게 평가할 수 있는 우울 척도의 개발이 꾸준히 이루어져 왔다. 그중에서도 Beck(1967)이 개발한 우울 척도(K-BDI)는 전 세계적으로 번안되어 다양한 집단에 걸쳐 신뢰도와 타당도가 높은 척도로 여겨져 널리 사용되고 있다. 이 척도는 우울 증상의 유무와 증상의 심각성 정도를 평가하기 위한 목적으로 제작된 자기보고형 척도이며, 기존의 MMPI의 우울증 개념의 이질적 요인구조와 묵종반응경향성 등의 문제를 극복하고 있고 표준적인 지시만으로도 쉽게 실시할 수 있어 효율적이다. 또 개별 증상의 심한 정도를 단순히 리커트식으로 평가하는 대신, 이미 평가가 되어 있는 구체적인 진술문에 응답함으로써 반응자들이 자신의 심리상태를 수량화하는 데서 겪게 되는 혼란을 줄일 수 있는 장점을 지녔다.

여기서는 이민규 등(1995)이 전국에서 표집된 정상 성인 집단을 대상으로 Beck의 우울 척도의 한국판을 신뢰도와 타당도를 검증하여 표준화한 척도를 소개한다.

문항구성

우울증의 인지적, 정서적, 동기적, 신체적 증상 영역을 포함하는 21개 문항으로 이루어져 있으며, 4개 요인으로 구성되어 있다.

요인 1은 '죄책감/자기혐오(Guilty and Self-Dislike)'에 대한 내용으로 문항 1, 3, 5, 6, 7, 8, 9번이 해당된다. 요인 2는 '부정적 자기상/정신운동지연(Negative Self Image and Psychomotor Retardation)'에 대한 내용으로 문항 12, 13, 14, 15, 21번이 해당된다. 요인 3은 '신체적 측면(Somatic Aspect)'에 대한 내용으로 16, 17, 18, 19, 20번이 해당된다. 요인 4는 '우울증의 정서적인 표현/부정적 인지(Emotional Expression and Negative Cognition)'에 대한 내용으로 문항 2, 4, 10, 11번이 해당된다.

채점 및 평가지침

각 문항마다 0점에서 3점으로 채점되며 총점의 범위는 0점에서 63점까지고, 점수가 높을수록 우울 정도가 심함을 나타낸다.

우울증을 진단하거나 연구에서 우울증 피험자를 선발하기 위하여 제시된 절단점은 T = 65를 기준으로 남자는 23점, 여자는 24점, 전체적으로는 24점이 제시되었다.

우울증의 심한 정도를 평가하기 위해 STEN 점수를 이용하여 제시된 기준은 남자의 경우 16~19점, 여자의 경우 17~20점이 우울 경향성이 있는 사람, 남자의 경우 20~23점, 여자의 경우 21~24점이 우울증, 남자의 경우 24점 이상이 여자의 경우 25점 이상이 심한 우울증으로 분류될 수 있다.

신뢰도와 타당도

내적 일관성 계수와 Spearman-Brown의 교정 반분계수를 산출하여 신뢰도를 알아보았다. 그 결과, 남자의 경우 Spearman-Brown의 반분계수와 Cronbach's α가 각각 .75, .85였고, 여자의 경우 각각 .75, .84였으며 전체적으로 각각 .75, .85로 만족할 만한 수준이었다.

DSM-III-R로 진단 내린 주요 우울장애 환자군에서 K-BDI 총점수와 각 문항점수 및 하위요인 점수가 정상대조군뿐 아니라 정신분열병환자군, 양극성장애환자군, 인격장애환자군, 물질사용장애환자군, 불안장애 및 신체형 장애환자군과의 비교에서도 통계적으로 유의한 차이를 보여 주었다[총점 $F(7,518) = 27.05$, $p<.00010$]. 따라서 K-BDI가 우울 증상을 잘 기술하고 있음을 보여 주는 내용타당도가 높을 뿐 아니라 타 정신장애와의 감별에도 높은 변별력을 지닌 척도임을 보여 준다.

주요 참고문헌

이민규, 이영호, 박세현, 손창호, 정영조, 홍성국, 이병관, 장필립, 윤애리(1995). 한국판 Beck 우울 척도의 표준화 연구 I: 신뢰도 및 요인분석. 정신병리학, 4(1), 77-95.

이민규, 이영호, 정한용, 최종혁, 김승현, 김용구, 이수경(1995). 한국판 Beck 우울 척도의 표준화 연구 II: 타당화연구. 정신병리학, 4(1), 96-104.

Beck, A. T. (1978). *The Beck Depression Inventory*. Philadelphia: Center for cognitive therapy.

척 도

다음의 척도는 저작권 존중을 위하여 전문의 일부만을 실었다. 척도 전문이 필요한 경우 참고문헌을 통해 확인이 가능하다.

한국판 BECK 우울 척도

다음 글을 주의 깊게 읽어 보시고 각 번호의 네 가지 문항 중 오늘을 포함하여 지난 1주 동안의 자신의 상태를 가장 잘 나타낸다고 생각되는 문항 하나를 골라 해당 □란에 ✓표 해 주십시오. 하나도 빠뜨리지 말고 반드시 한 가지로만 답해 주시기 바랍니다.

1
- □ 나는 슬픔을 느끼지 않는다.
- □ 나는 슬픔을 느낀다.
- □ 나는 항상 슬픔을 느끼고 그것을 떨쳐 버릴 수 없다.
- □ 나는 너무나도 슬프고 불행해서 도저히 견딜 수가 없다.

2
- □ 나는 앞날에 대해 별로 걱정하지 않는다.
- □ 나는 앞날에 대해 별로 기대할 것이 없다고 느낀다.
- □ 나는 앞날에 대해 기대할 것이 하나도 없다고 느낀다.
- □ 나는 앞날이 암담하고 전혀 희망이 없다고 느낀다.

⋮

4
- □ 나는 전과 다름없이 일상생활에 만족하고 있다.
- □ 나의 일상생활은 예전처럼 즐겁지 않다.
- □ 나는 무엇을 해도 만족스럽지 않다.
- □ 나는 만사가 불만스럽고 짜증이 난다.

⋮

6
- □ 나는 내가 벌을 받고 있다고 느끼지 않는다.
- □ 나는 내가 벌을 받을지도 모른다고 느낀다.
- □ 나는 내가 벌을 곧 받을 것이라고 느낀다.
- □ 나는 현재 벌을 받고 있다고 느낀다.

7 □ 나는 나 자신에 대해 실망하지 않는다.
□ 나는 나 자신에 대해 실망할 때가 많다.
□ 나는 나 자신이 지긋지긋하게 느껴진다.
□ 나는 자신을 증오한다.

⋮

9 □ 나는 죽고 싶다는 생각을 해 본 적이 없다.
□ 나는 가끔 죽고 싶은 생각이 들지만 실행하지는 못할 것이다.
□ 나는 죽고 싶다는 생각을 할 때가 많다.
□ 나는 기회만 있으면 자살할 것이다.

10 □ 나는 요사이 평소보다 더 울거나 하지 않는다.
□ 나는 요사이 전보다 더 자주 우는 편이다.
□ 나는 요즈음은 항상 울고 있다.
□ 나는 울고 싶어도 나올 눈물조차 없다.

⋮

12 □ 나는 다른 사람들과 여전히 잘 어울린다.
□ 나는 다른 사람들과 어울리지 못할 때가 가끔 있다.
□ 나는 거의 대부분 다른 사람들과 어울리지 못한다.
□ 나는 다른 사람들에 대해 전혀 흥미가 없다.

⋮

14 □ 전보다 내 모습이 못하지는 않다.
□ 내가 늙거나 매력이 없어진 것 같아 걱정이다.
□ 내 모습이 변해 매력이 없어진 것이 분명하다.
□ 내 모습은 확실히 추해져서 남들이 불쾌하게 생각한다.

15 □ 나는 전과 같이 일을 잘할 수 있다.
□ 나는 전처럼 일을 하려면 조금 힘이 든다.
□ 나는 무슨 일이든지 시작하려면 무척 힘이 든다.
□ 나는 너무 지쳐서 아무 일도 할 수가 없다.

⋮

17 □ 나는 별로 피곤한지 모르고 지낸다.
□ 나는 전보다 쉽게 피로해진다.
□ 나는 사소한 일에도 곧 피로해진다.
□ 나는 너무 피로해서 아무 일도 할 수 없다.

18 □ 나의 입맛은 평소와 같다.
□ 나의 입맛이 전과 같이 좋지는 않다.
□ 나는 요사이 입맛이 매우 나빠졌다.
□ 나는 전혀 입맛이 없다.

19 □ 나의 몸무게는 변함이 없다.
□ 근래 와서 몸무게가 3kg가량 줄었다.
□ 근래 와서 몸무게가 5kg가량 줄었다.
□ 근래 와서 몸무게가 7kg가량 줄었다.

⋮

21 □ 성(섹스 sex)에 대한 관심이 전보다 떨어진 것 같지는 않다.
□ 성(섹스 sex)에 대한 관심이 전보다 약간 떨어졌다.
□ 성(섹스 sex)에 대한 관심이 확실히 줄어들었다.
□ 성(섹스 sex)에 대해 전혀 흥미를 느끼지 않는다.

70 한국학생의 스트레스 측정

척도개관

한국의 중 · 고등학생은 기존 사회질서와 규범의 붕괴, 가치관의 혼돈, 새로운 문화의 유입과 적응, 학교생활에서 부딪히는 과중한 성취압력, 맹목적인 부모의 기대와 요구, 비인간적인 인간관계 등 여러 가지 사회심리적 압력 때문에 다른 어떤 집단보다도 심각한 스트레스를 경험하고 있다. 게다가 이들 연령층은 감정과 정서의 기복이 심하고 다원적 가치에 대한 고려가 부족하며, 이성보다는 감정에 치우쳐 판단할 경향성이 크고, 과격하고 격렬한 행동을 표출하기 쉬운 특수한 발달단계에 놓여 있기 때문에 다른 연령 집단이 경험하지 않는 독특한 스트레스를 경험하고 표출하는 경향이 있다.

스트레스를 측정하기 위한 다양한 척도들이 개발되었지만 스트레스의 성격, 종류, 강도 등은 집단의 성질에 따라 달라지므로, 한국 중 · 고등학생의 특수 상황을 고려한 스트레스 평가 척도가 필요하다. 이에 생활사건의 스트레스 양을 측정하기 위해 Holmes와 Rahe(1967)가 사용한 정신물리적 측정법에 따라 황정규(1990)는 한국의 중 · 고등학생에게 적용할 수 있는 척도를 제작하였다. 그는 스트레스를 경험할 수 있는 생활사건 79개를 선택하여 중 · 고등학생에게 주관적으로 지각하는 스트레스 양을 판단하도록 하여 이를 평균한 값을 각 생활사건의 스트레스 척도치로 결정하고 제시하였다.

문항구성

일상생활 속에서 경험할 가능성이 있는 생활사건이 79개 문항으로 제시되어 있다. 응답자는 생활사건 목록에 대해 과거 1년 사이에 경험하였는지의 여부를 표시하고 그때 느낀 감정, 행동을 자유 반응형태로 기술하게 되어 있다.

채점 및 평가지침

응답자는 생활사건 목록에 대해 과거 1년 사이에 경험 여부를 표시한다. 응답자가 표시한 문항에 대해 '스트레스 양' 척도치에 따라 스트레스 양을 계산하고 그 값들을 합산한 값이 스트레스 양이 된다. 연구자가 제시한 생활사건 문항에 대한 스트레스 양 척도치를 척도 하단에 제시하였으니 참고하길 바란다.

신뢰도와 타당도

스트레스 척도치의 신뢰도를 검증하기 위하여 성별, 학교 수준별의 상이한 판단 집단 사이의 일치도를 산출한 결과 최저 .81에서 최고 .96의 높은 상관을 얻었다. 따라서 이 척도는 중 · 고등학생의 스트레스를 연구하기 위하여 어떤 집단, 어떤 상황에도 적용될 수 있을 것으로 보인다.

타당도와 관련하여 이 척도의 스트레스 수준과 간이정신검사의 하위척도와 상관을 알아본 결과, 적대감은 r = .37, 정신증은 r = .36, 우울은 r = .34, 편집증은 r = .34로 스트레스와 관련이 있다는 정신 증상들과 정적 상관을 나타내었다.

주요 참고문헌

황정규(1990). 한국학생의 스트레스 측정과 형성. 서울대학교 사대논의, 41, 25-66.

척 도

한국학생의 스트레스 측정

안녕하십니까?

이 설문지는 여러분의 스트레스를 정확히 파악하여 교육적 자료로 삼기 위한 것입니다. 정확하고 성실하게 응답해 주시기 바랍니다.

사람들은 누구나 일상생활 속에서 여러 가지 사건(생활사건)을 경험하면서 살아가기 마련입니다. 이러한 경험을 할 때마다 우리는 많건 적건 '신경을 써야 하며' '스트레스를 받게' 됩니다. 이러한 스트레스를 극복하고 정상적인 상태로 돌아가려면 무척 힘이 듭니다.

다음 페이지에는 여러분이 일상생활 속에서 경험할 가능성이 있는 생활사건이 79개 기록되어 있습니다. 각 생활사건을 읽고 다음 요령에 따라 답해 주십시오.

〈답하는 요령〉

(1) '가'란에는 약 1년 사이에 그 생활사건을 경험한 일이 있는지를 생각하여, 있었다면 ✓표를 하십시오.

(2) '나'란에는 그 사건을 경험했을 때, '어떤 느낌' '어떤 감정'을 가졌었는지를 자세히 기록해 주십시오. 예컨대, '창피해서 죽고 싶었다'든가 '한없이 기뻤다'든가 하는 느낌을 자세히 기록해 주십시오.

(3) '다'란에는 그 사건을 경험했을 때, '어떤 행동'을 했었는지를 기억을 더듬어 자세히 기록해 주십시오. 예컨대, '가출을 했다'든가 '밥을 이틀 동안 굶었다'든가 하는 등으로 기록해 주십시오.

생활사건	'가' 경험유무	'나' 어떤 느낌, 감정을 가졌었나?	'다' 어떤 행동을 했었나?
1 선생님으로부터 꾸중, 벌 받음			
2 나의 병원 입원			
3 가족의 죽음			
4 선생님의 차별대우(무관심, 편애 등)			
5 길을 잃어버림			
6 학교 선배에게 구타당함			
7 동성친구와 다툼, 싸움			
8 여드름, 두드러기 많음			
9 자위행위를 함			
10 담배를 피움			
11 성적 저하로 부모에게 야단맞음			
12 선생님의 칭찬(상) 받음			
13 학교 선배와의 마찰			
14 동성친구와 비밀 이야기 나눔			
15 가까운 친척의 죽음			
16 가까운 사람의 부정한 행동 목격			
17 부모의 실직			
18 동성친구와 선물, 편지, 전화 교환			
19 동성친구의 배신, 절교			
20 집안 물건의 파손			
21 아버지와 어머니 사이의 불화			
22 친구의 가출			
23 부모의 회갑(은혼식, 금혼식 등)			
24 이성친구와 육체적 접촉(애무, 키스, 손잡기 등)			

25 이성친구와 데이트함			
26 동성친구에게서 놀림(욕) 받음			
27 학교 교칙 위반			
28 시험에서 실패			
29 사춘기의 신체적 변화 경험(변성, 월경, 체모, 사정, 유방 등)			
30 도둑, 강도 당함			
31 화재 당함			
32 불량배에게서 피해 봄			
33 학교 기물의 파손			
34 이성친구와 의견 충돌(말다툼)			
35 여드름 많음			
36 몸무게가 너무 많이(또는 적게) 나감			
37 선생님과의 이별(전근, 사직, 사망 등)			
38 부모에게 매 맞음			
39 서클에 가입			
40 이성친구와 소풍, 여행, 영화관 감			
41 몸을 다침(중상)			
42 중요한 물건 분실			
43 가족의 사고(입원)			
44 신체적 기형(코, 이, 다리 등)			
45 선생님에게 매 맞음			
46 나와 부모 사이의 의견 충돌			
47 눈이 나빠짐(시력 저하)			
48 형제간의 불화(싸움)			
49 친구의 탈선 목격(흡연, 음주, 도벽 등)			
50 가출을 함			

51 학교(학급) 임원이 됨			
52 이성친구와의 이별(전학, 유학, 결별 등)			
53 싫은 이성친구가 나를 좋아함			
54 부모의 지나친 간섭			
55 음란물(서적, 비디오, 만화 등) 관람			
56 동성친구의 사고, 입원			
57 부모의 이혼			
58 형제들의 (중요한) 시험 실패			
59 이성친구에게서 처음 편지, 선물, 카드 받음			
60 동성친구와 여행, 영화관 감			
61 좋지 못한 습관 생김(도벽, 말버릇, 잠버릇 등)			
62 동성친구와의 이별(전학, 죽음, 이민 등)			
63 가족들 중 누군가 결혼			
64 통증(요통, 생리통, 위통, 복통, 두통 등)			
65 학교 성적의 부진			
66 술을 마시게 됨			
67 이성친구에 대한 짝사랑			
68 신앙을 갖게 됨			
69 가족이 경제적으로 어렵게 됨			
70 이성친구의 무반응, 냉담, 무관심			
71 몸이 허약해짐(잦은 병)			
72 키가 너무 작다(또는 크다)			
73 더 작은 집으로 이사			
74 유해업소(술집, 디스코장 등) 출입			
75 오락실에서 돈 낭비			

생활사건 문항에 대한 스트레스 양 척도치

생활사건	척도치(스트레스 양)
1 선생님으로부터 꾸중, 벌 받음	60
2 나의 병원 입원	52
3 가족의 죽음	94
4 선생님의 차별대우(무관심, 편애 등)	66
5 길을 잃어버림	83
6 학교 선배에게 구타 당함	75
7 동성친구와 다툼, 싸움	68
8 여드름, 두드러기 많음	47
9 자위행위를 함	47
10 담배를 피움	48
11 성적 저하로 부모에게 야단맞음	79
12 선생님의 칭찬(상) 받음	26
13 학교 선배와의 마찰	87
14 동성친구와 비밀 이야기 나눔	36
15 가까운 친척의 죽음	68
16 가까운 사람의 부정한 행동 목격	64
17 부모의 실직	79
18 동성친구와 선물, 편지, 전화 교환	32
19 동성친구의 배신, 절교	76
20 집안 물건의 파손	77
21 아버지와 어머니 사이의 불화	81
22 친구의 가출	56
23 부모의 회갑(은혼식, 금혼식 등)	38

24 이성친구와 육체적 접촉(애무, 키스, 손잡기 등)	51
25 이성친구와 데이트함	45
26 동성친구에게서 놀림(욕) 받음	72
27 학교 교칙 위반	52
28 시험에서 실패	82
29 사춘기의 신체적 변화 경험(변성, 월경, 체모, 사정, 유방 등)	54
30 도둑, 강도 당함	75
31 화재 당함	82
32 불량배에게서 피해 봄	77
33 학교 기물의 파손	48
34 이성친구와 의견 충돌(말다툼)	69
35 여드름 많음	55
36 몸무게가 너무 많이(또는 적게) 나감	55
37 선생님과의 이별(전근, 사직, 사망 등)	56
38 부모에게 매 맞음	69
39 서클에 가입	40
40 이성친구와 소풍, 여행, 영화관 감	42
41 몸을 다침(중상)	69
42 중요한 물건 분실	81
43 가족의 사고(입원)	82
44 신체적 기형(코, 이, 다리 등)	79
45 선생님에게 매 맞음	68
46 나와 부모 사이의 의견 충돌	74
47 눈이 나빠짐(시력 저하)	58
48 형제간의 불화(싸움)	67
49 친구의 탈선 목격(흡연, 음주, 도벽 등)	63

50 가출을 함	71
51 학교(학급) 임원이 됨	48
52 이성친구와의 이별(전학, 유학, 결별 등)	68
53 싫은 이성친구가 나를 좋아함	64
54 부모의 지나친 간섭	68
55 음란물(서적, 비디오, 만화 등) 관람	56
56 동성친구의 사고, 입원	60
57 부모의 이혼	92
58 형제들의 (중요한) 시험 실패	74
59 이성친구에게서 처음 편지, 선물, 카드 받음	43
60 동성친구와 여행, 영화관 감	31
61 좋지 못한 습관 생김(도벽, 말버릇, 잠버릇 등)	68
62 동성친구와의 이별(전학, 죽음, 이민 등)	67
63 가족들 중 누군가 결혼	35
64 통증(요통, 생리통, 위통, 복통, 두통 등)	68
65 학교 성적의 부진	80
66 술을 마시게 됨	57
67 이성친구에 대한 짝사랑	67
68 신앙을 갖게 됨	36
69 가족이 경제적으로 어렵게 됨	73
70 이성친구의 무반응, 냉담, 무관심	72
71 몸이 허약해짐(잦은 병)	68
72 키가 너무 작다(또는 크다)	63
73 더 작은 집으로 이사	60
74 유해업소(술집, 디스코장 등) 출입	59
75 오락실에서 돈 낭비	58

76 이성친구에게서 놀림(욕) 당함	77
77 가족과의 이별(전근, 이민, 유학, 이사 등)	76
78 친구(동성, 이성)가 약속 어김	68
79 용모에 대한 자신감 상실	68

71 한국형 이차적 외상스트레스 척도

척도개관

외상(trauma)은 재해, 재난, 사고, 폭력 등의 사고나 사건으로 인해 개인이 경험하는 현저한 심리적 충격이나 고통을 의미하는 정신의학 용어다. 개인의 대처능력의 범위를 넘어서는 외상의 경험은 공포, 급성불안, 정서적 무감각, 슬픔 등과 같은 심한 스트레스 반응을 유발하게 된다. 이러한 외상스트레스는 외상을 직접 경험한 사람에게만 국한되는 것이 아니라, 타인의 외상피해를 목격했거나 직접적 피해자를 가족이나 친지로 둔 사람, 피해자 원조업무를 담당하는 실무자 등과 같이 간접적으로 외상사건을 경험한 경우에도 발생할 수 있다. 연구자들은 이를 이차적 외상스트레스라는 용어로 표현하였다.

특히 외상 피해자를 보호하고 원조서비스를 제공하는 실무자들은 클라이언트가 겪었던 고통을 확인하고 감정이입을 하는 등 정서적으로 긴밀한 상호작용을 하는 과정에서 클라이언트의 피해경험에 지속적으로 노출되므로 심리적 고통을 겪을 가능성이 높다. 원조자의 정신건강상 문제는 클라이언트에게 영향을 미치므로 원조자의 이차적 외상스트레스를 다루는 것은 매우 중요하다. 그러나 현실적으로는 클라이언트의 피해상황에 가려 원조자의 업무와 관련한 정신건강상 변화나 문제에 대한 관심은 상대적으로 낮은 편이다. 이차적 외상스트레스는 적절히 다루어질 경우 단기간에 회복되기 쉬우므로 문제를 조기 발견하는 것이 중요하며 그 징조와 증상들을 인식하기 위해 타당하고 신뢰성 있는 도구가 필요하다.

Bride 등(2004)은 이차적 외상스트레스를 일차 피해자의 외상 후 스트레스 장애 증상과 거의 유사한 것으로 보고 이차적 외상스트레스 척도(Secondary Traumatic Stress Scale: STSS)를 개발하였다. 기존의 일차 피해자를 대상으로 만들어진 척도들이 외상을 간접적으로 접한 개인의 충격을 측정할 때는 타당하지 않을 수 있다.

이 척도는 간단하고 시행이 쉽다는 이점으로 인해 현장 활용성이 높은 것으로 평가되고 있다. 국내에서는 박지영(2011)이 이를 번안, 수정하여 아동보호전문기관 직원을 대상으로 한국형 이차적 외상스트레스 척도(K-STSS)를 실증적으로 검증하였다. 이 척도는 아동보호전문기관뿐 아니라 다양한 외상피해 원조기관에서 실무자의 정신건강 수준을 평가하는 조사연구의 단초가 될 것으로 생각된다.

문항구성

서구의 원 척도는 총 17개 문항의 세 가지 하위차원으로 구성되었으나, 한국형 이차적 외상스트레스 척도는 '침습' '회피'의 두 가지 하위차원의 13개 문항으로 구성되어 있다.

'침습(intrusion)' 하위차원은 총 9개 문항으로 문항번호 1번에서 9번까지이며, 반복적이고 집요하게 충격적 영향이 머릿속에서 떠나질 않는 현상을 의미하는 내용으로 구성되었다.

'회피(avoidance)' 하위차원은 총 4개 문항이고, 문항번호 10번에서 13번으로 외상충격을 연상시키는 어떤 것도 피하려고 하는 증상 내용으로 구성되었다.

채점 및 평가지침

누적된 직장생활스트레스로부터의 영향력을 최소화하기 위해 모든 문항은 지난 일주일 동안의 경험을 묻는 것으로 한정시켰다. 응답자는 각 문항에 대해 리커트식의 5점 척도상에 자기보고식으로 응답하도록 되어 있다. 응답에 따라 '전혀 그렇지 않다'에 1점, '그렇지 않다'에 2점, '보통이다'에 3점, '그렇다'에 4점, '매우 그렇다'에 5점을 부여한다. 역문항은 포함되지 않았다.

전체 점수 범위는 13점에서 65점까지이며, 점수가 높을수록 높은 수준의 스트레스를 의미한다.

신뢰도와 타당도

문항 전체에 대하여 Cronbach's α는 침습 영역에서 .894였고 회피 영역에서는 .723으로 나타났다.

한국형 이차적 외상스트레스 척도의 하위 차원과 한국판 CES-D로 우울 정도를 측정하고 Spielberger(1970)의 상태불안 척도로 불안 정도를 측정하여 상관관계 분석을 한 결과, 침습은 우울(.509)과 불안(.637) 양쪽 모두와 유의미한 상관성을 지니고 있으며, 회피와 우울(.469) 및 불안(.602) 간 상관성 역시 유의하였다. 이에 수렴타당도가 성립하고 있음을 확인하였다.

그러나 한국형 이차적 외상스트레스 척도와 소진척도 Maslach Burnout Inventory (MBI)와의 상관관계 수준이 .60 이상으로 매우 높아 이 척도가 이들 영역을 상당부분 중복적 개념으로 측정하고 있을 가능성을 보여 주므로 개념 구성타당도 성립에는 한계가 있었다.

주요 참고문헌

박지영(2011). 한국형 이차적 외성스트레스 척도(Secondary Traumatic Stress Scale)의 구성타당화 연구. 한국사회복지학, 63(4), 33-57.

Bride, B. E., Robinson, M. M., Wegidis, B. & Figley, C. R.(2004). Development and Validation of the Secondary Traumatic Stress Scale. *Research on Social Work Practice*, 14(1), 27-35.

척 도

한국형 이차적 외상스트레스 척도

문항내용	전혀 그렇지 않다	그렇지 않다	보통이다	그렇다	매우 그렇다
1 클라이언트와의 업무를 생각할 때면 가슴이 쿵쾅거렸다.	1	2	3	4	5
2 클라이언트가 겪은 충격을 내가 다시 겪는 것 같았다.	1	2	3	4	5
3 클라이언트와 관련된 일이 떠올라서 당황스러웠다.	1	2	3	4	5
4 의도하지 않았는데도 클라이언트와 관련된 일이 생각났다.	1	2	3	4	5
5 클라이언트와 관련된 뒤숭숭한 꿈을 꾸었다.	1	2	3	4	5
6 미래에 대해 암담함을 느꼈다.	1	2	3	4	5
7 클라이언트와 관련된 것을 떠올리게 하는 사람, 장소 혹은 그 어떤 것이라도 피하고 싶었다.	1	2	3	4	5
8 잠을 설쳤다.	1	2	3	4	5

9 뭔가 나쁜 일이 일어날 것 같았다.	1	2	3	4	5
10 내가 감정적으로 무감각하다고 느꼈다.	1	2	3	4	5
11 주변 사람들에게 관심이 가지 않았다.	1	2	3	4	5
12 클라이언트와 면담내용 중 일부는 기억하려 해도 할 수 없었다.	1	2	3	4	5
13 화를 쉽게 냈다.	1	2	3	4	5

72 한국형 일몰입 척도

척도개관

최근 심리학에서는 과거의 병리학적 중심의 연구 경향을 지양하고 인간의 행복한 삶과 심리적 안녕의 조건들을 탐색하는 데 주된 관심을 두고 있다. 이러한 관점에서 이슈가 되고 있는 긍정 심리학(positive psychology)은 낙관적 삶의 지향점을 찾고 자신의 기술과 도전 상황의 일치를 통해 자신의 활동에 깊이 몰두하는 현상을 연구함으로써 개인의 안녕을 증진시키고자 한다.

긍정 심리학의 핵심 주제 중 하나는 '몰입(flow)'으로 Csikszentmihalyi(1977)는 사람들이 자신들의 활동에 완전 관여했을 때 느끼는 전체적인 감정이나 기분이라고 정의하였다. 이후 다양한 학문 분야에서 이 개념의 이론적 유용함을 인지하고 광고, 마케팅, 교육, 의학 분야 등에서 많은 연구가 이루어졌다. 특히 성인 작업자가 몰입을 경험하는 곳이 대부분 작업활동을 하는 시간인 것을 고려할 때 작업 세계에서의 일몰입(work flow)은 인간의 삶의 질에 영향을 미치는 중요한 개념이다. 그럼에도 불구하고 산업 및 조직심리학 분야에서는 이와 관련된 연구가 부족한 실정이다.

여기서는 일몰입(work flow)의 개념을 확인하고 그것을 측정할 수 있는 것으로, 박근수와 유태용(2007)이 개발한 척도를 소개한다. 이 척도는 Csikszentmihalyi(1990)의 몰입 하위 구성개념에 기초하여 Jackson과 Marsh(1996)가 개발했던 FSS-2(Flow State Scale-2)와 최근에 Bakker(2005)가 개발한 WOLF(WOrk-reLated Flow inventory)의 문항내용들을 검토하여 중복 문항을 제거하고 번안하여 개발되었다. 이 척도는 긍정적 심리 경험인 일몰입(work flow)의 개념을 소개하고 국내 작업 장면에서의 일몰입을 타당하고 신뢰성 있게 측정함으로써 향후 몰입 관련 연구에 유용하게 활용될 것으로 생각된다.

문항구성

문항은 총 45개로, 다음의 5개 문항씩 9개 하위요인으로 구성되어 있다.

'도전과 기술의 균형(challenge-skill balance)' 요인은 다음 척도 문항번호를 기준으로 1~5번에 해당되며, 작업자가 지각하는 도전 수준과 개인이 보유하고 있는 기술 수준 간의 조화를 뜻하는 것으로 개인이 주관적으로 지각한 자신의 능력이 중요한 영향을 미친다.

'자기목적적 경험(autotelic experience)' 요인은 다음 척도 문항번호를 기준으로 6~10번에 해당되며, 작업자가 자신의 작업 수행을 통해 얻게 되는 경험 자체가 최고의 보상이라 느껴지며, 작업 수행 자체가 작업자에게 큰 기쁨과 즐거움을 의미하는 것이다.

'명확한 목표(clear goals)' 요인은 다음 척도 문항번호를 기준으로 11~15번에 해당되며, 작업 목표가 얼마나 명확하고 작업자 자신이 해당 목표를 얼마나 분명하게 인식하고 있는지를 나타내는 문항들로 구성되어 있다.

'시간감각의 왜곡(altered sense of time)' 요인은 다음 척도 문항번호를 기준으로 16~20번에 해당되며, 작업을 수행할 때 시간의 흐름을 의식하지 못하거나 혹은 평소와는 다르게 시간의 흐름이 빠르게 느껴지는 등의 경험을 측정하는 문항들로 구성되어 있다.

'당면 과제에 대한 집중(concentration on the task at hand)' 요인은 다음 척도 문항번호를 기준으로 21~25번에 해당되며, 작업자 자신의 모든 주의가 현재 수행하고 있는 작업에 맞춰져 있는지의 여부, 주어진 작업에 대한 완전 몰입에의 여부 등을 측정하는 문항들로 이루어져 있다.

'통제감(sense of control)' 요인은 다음 척도 문항번호를 기준으로 26~30번에 해당되며, 작업에 대한 통제감을 의미하는 요인으로서 작업에 대해 인위적인 노력을 기울이지 않아도 자연스러운 통제감을 느끼는지의 여부를 알아보는 문항들로 구성되어 있다.

'자의식의 상실(loss of self-consciousness)' 요인은 다음 척도 문항번호를 기준으로 31~35번에 해당되며, 몰입을 경험할 때 개인의 자의식에 대한 염려와 자기 의심으로부터 자유로워지는 것을 의미하는 문항들로 구성되어 있다.

'활동과 인식의 통합(merger of action and awareness)' 요인은 다음 척도 문항번호를 기준으로 36~40번에 해당되며, 몰입 상태에서 활동이 자동적이고 무의식적으로 행해짐을 말한다. 작업자 자신과 작업 간의 일체감 그리고 자신과 작업이 분리되어 있지 않고 하나가 된 듯한 느낌 등을 측정하기 위한 문항들로 구성되어 있다.

'즉각적 피드백(immediate feedback)' 요인은 다음 척도 문항번호를 기준으로 41~45번에 해당되며, 작업 수행에 대한 즉각적이고 구체적인 피드백과 관련된 문항들로 이루어져 있다. 구체적으로 작업자가 자신의 수행에 대한 피드백을 즉각적으로 받고 있는지 자신의 수행이 어떻게 진행되고 있는지에 대해 명확히 알고 있는지 묻는 문항들로 구성되어 있다.

채점 및 평가지침

각 문항에 대해 응답자는 '전혀 그렇지 않다'에 1점으로 하여 '매우 그렇다'에 5점으로 리커트식 5점 척도에 평정하게 되어 있다. 역채점 문항은 문항번호 13, 14, 35, 45번이다.

각 문항의 점수를 합산하여 총점을 내는데, 역코딩 문항이 있으므로 주의하여 채점한다. 총점의 범위는 45점에서 225점까지이며, 점수가 높을수록 일몰입 수준이 높은 것을 나타낸다.

신뢰도와 타당도

각 요인 구조의 Cronbach's α는 '당면 과제에 대한 집중' 요인이 .91, '도전과 기술의 균형' .87, '활동과 인식의 통합' .90, '자의식의 상실' .85, '통제감' .86, '명확한 목표' .86, '시간감각의 왜곡' .83, '자기목적적 경험' .81, '즉각적 피드백' .72였다.

구성타당도와 관련하여 확인적 요인분석을 실시한 결과, 9개 요인 모형의 전반적인 부합지수가 좋은 부합도를 나타내는 기준들을 모두 상회하였다.

준거관련 타당도를 살펴본 결과, 일몰입 척도가 과업수행, 직무만족, 이직의도, 정신건강, 생애만족, 긍정정서, 부정정서(각각의 $r = .56, .20, -.46, .31, .50, .12, -.27, p < .01$)의 준거변인들과 유의하게 관련되어 있는 것으로 밝혀졌다.

또한 기존의 유사개념과 일몰입 구성개념 간의 변별성을 살펴본 결과, 일몰입과 기존의 유사 개념들인 직무열의(job engagement), 직무관여(job involvement), 조직몰입(organizational commitment)이 확연히 구분되는 것으로 밝혀졌다.

주요 참고문헌

박근수, 유태용(2007). 한국형 일몰입 척도 개발 및 타당화 연구. 한국심리학회지: 산업 및 조직, 20(2), 81-112.

척 도

다음 척도 내용은 요인분석표의 내용을 토대로 재구성한 것이므로 실제 문항 순서와 구성이 원 척도와 다를 수 있으니 참고하시기 바랍니다.

한국형 일몰입 척도

문항내용	전혀 그렇지 않다	그렇지 않다	보통이다	그렇다	매우 그렇다
1 내가 보유하고 있는 지식과 기술, 능력은 작업수행 시 어떤 높은 수준의 도전 과제가 주어지더라도 감당할 수 있는 수준이다.					
2 높은 도전 수준의 작업이 주어진다 하더라도 내가 보유하고 있는 지식과 기술, 능력을 통해 능히 극복할 수 있다.					
3 나는 도전적인 과제 상황에서도 나의 지식과 기술로써 그 도전을 극복할 수 있으리라 믿는다.					
4 작업 상황에서의 도전 과제와 내가 보유하고 있는 기술은 모두 높은 수준에 있다.					
5 나는 주어진 도전 상황을 극복할 수 있는 기술을 보유하고 있다.					
6 작업을 수행하는 것은 내게 큰 기쁨이자 즐거움이다.					
7 나는 작업 수행을 통해 행복감을 느낀다.					
8 나는 나의 작업 수행을 통해 얻게 되는 경험을 진심으로 즐기고 있다.					
9 작업을 수행한다는 것 자체가 내가 얻을 수 있는 큰 보상이다.					
10 나는 작업 수행을 통해서 항상 좋은 느낌을 갖는다.					
11 나의 작업 목표는 명확하다.					
12 나의 작업 목표가 무엇인지 분명하게 알고 있다.					
13 나는 나의 작업 목표가 무엇인지 잘 모른다.					
14 나의 작업 목표는 항상 모호하다.					
15 나는 달성해야 할 목표에 대해 명확히 알고 있다.					

16 나는 작업을 수행할 때 시간이 언제 그만큼 흘렀는지 의식하지 못할 때가 있다.					
17 나는 작업을 수행할 때 시간이 빠르게 지나가는 것처럼 느껴진다.					
18 나는 작업을 수행할 때 시간의 흐름을 의식하지 못할 때가 있다.					
19 나는 작업을 집중하여 수행할 때 시간이 어떻게 흘러가는지 의식하지 못할 때가 있다.					
20 나는 작업을 수행할 때 시간의 흐름이 매우 빠르게 느껴진다.					
21 나는 내게 주어진 작업을 항상 집중하여 수행한다.					
22 나의 모든 관심과 주의는 내 작업에 맞춰져 있다.					
23 나는 현재 수행하고 있는 작업에 모든 주의가 집중되어 있다.					
24 나는 항상 당면 과제에 대해 집중하고 있다.					
25 나는 주어진 작업에 완전 몰입하고 있다.					
26 나는 내가 수행하고 있는 작업에 대해 통제력을 발휘하고 있다고 느낀다.					
27 나는 작업 수행을 완전하게 통제하고 있다는 느낌을 갖고 있다.					
28 나는 내가 수행하고 있는 작업에 대해 통제하고자 하는 인위적인 노력을 기울이지 않아도 자연스러운 통제감을 느끼곤 한다.					
29 나는 내가 수행하고 있는 작업에 대해 통제력을 가지고 있다.					
30 나는 나의 통제하에 작업을 수행하고 있다.					
31 나는 작업을 수행할 때 다른 사람들이 나를 어떻게 생각하는지 별로 신경 쓰지 않는다.					
32 나는 작업을 수행할 때 내 자신이 다른 사람들에게 어떻게 보이는지에 대해 걱정하지 않는다.					

33 나는 작업을 수행할 때 다른 사람들에게 어떻게 비춰지는지에 대해 관심이 없다.					
34 나는 작업을 수행할 때 다른 사람들이 나를 어떻게 생각하는지 걱정하지 않는다.					
35 나는 작업을 수행할 때 다른 사람들이 나를 어떻게 생각하는지에 대해 항상 관심을 기울이고 있다.					
36 나는 작업을 수행할 때 작업과 내 자신의 일체감을 느낀다.					
37 내가 작업을 수행하는 것은 마치 숨 쉬는 것과 같이 자연스럽고 자동적인 행위처럼 느껴진다.					
38 나는 작업에 집중하게 되면 내 자신과 작업이 분리되어 있지 않고 하나가 된 듯한 느낌을 받는다.					
39 나는 작업을 수행할 때 작업과 내 자신이 하나가 된 듯한 느낌이다.					
40 나는 어떤 작업을 수행하는 것에 대하여 특별히 의식하지 않더라도 정확히 행동할 수 있다.					
41 나는 평소 나의 작업 수행에 대한 피드백을 즉각적으로 받고 있다.					
42 나의 작업 수행이 어떻게 진행되고 있는지에 대해 명확히 알고 있다.					
43 나의 작업 수행이 성공적인지 여부에 대해 항상 피드백을 통해 확인하고 있다.					
44 나는 내게 주어진 작업을 얼마나 잘 수행하고 있는지 또는 잘못 수행하고 있는지 피드백을 통해 알고 있다.					
45 내 작업 수행에 대한 피드백은 항상 더디게 주어진다.					

73 한국형 직무스트레스 측정도구

척도개관

그동안 국내의 많은 연구자들이 직무스트레스를 측정하기 위하여 Job Content Questionnaire(JCQ; Karasek, 1979), Effort-Reward Imbalance(ERI; Siegrist, 1996), Occupational Stress Index(OSI; Belkik, 2003) 등의 도구를 번안하여 사용하였다. 그러나 이러한 측정도구가 우리나라의 조직 문화적 특성에 대한 고려 없이 사용되어 우리나라 직장인들에게 특수한 직무스트레스 요인을 찾아내고, 조직구조와 문화적 특성에 맞는 직무스트레스를 측정하는 데 한계가 있었다.

이에 한국 직무스트레스 학회에서는 산업안전 공단의 용역을 받아 2년에 걸쳐 한국형 직무스트레스 측정도구(Korean Scale of Occupational Stress: KSOS)를 개발하였다. 연구자들은 직장인들의 직무스트레스 경험을 측정하기 위해서 Karasek(1979)의 JCQ, NIOSH 직업 스트레스 조사표, Siegrist 등의 Effort-Reward, Belkic의 OSI 등 외국에서 사용되는 스트레스 척도를 종합하는 한편, 한국적 현실을 정확히 반영하기 위한 질적 연구를 통해 문항을 개발하였다. 또 전국 30,146명의 근로자를 대상으로 신뢰도와 타당도 검증의 과정을 거쳐서 표준화하여 한국인의 모든 직업에 적용할 수 있도록 척도를 개발하고 성별 규준을 제공하였다.

문항구성

한국형 직무스트레스 측정도구는 기본형 43개 문항, 단축형 24개 문항으로 되어 있다. '물리환경' '직무요구' '직무자율' '직무불안정' '관계 갈등' '조직체계' '보상부적절' '직장문화'의 총 8개의 영역으로 구성되어 있다.

영역별 내용을 구체적으로 살펴보면 다음과 같다. '물리환경' 영역에는 직무스트레스에 영향을 줄 수 있는 근로자가 처해 있는 일반적인 물리적 환경을 일컫는 것으로서, 근무하는 곳의 공기오염, 작업방식의 위험성 그리고 신체부담 정도가 포함된다. '직무요구'는 직무에 대한 부담 정도를 의미하며, 시간적 압박, 업무중단 상황 발생에 관한 내용, 업무량 증가, 책임감, 과도한 직무부담감 그리고 직장과 가정의 양립, 업무다기능 등이 여기에 속한다. '직무자율'은 직무에 대한 의사결정의 권한과 자신의 직무에 대한 재량활용성의 수준을 의미하며, 기술적 재량, 업무상 예측불가능성, 요구되는 기술적 재량, 직무수행권한 등이 포함된다. '직무불안정'은 자신의 직업 또는 직무에 대한 안정성의 정도로 구직기회, 고용에 대한 불안정성을 포함한다. '관계갈등'은 회사 내에서의 상사 및 동료 간의 도움 또는 지지부족 등의 대인관계를 평가하는 것이며, 상사의 지지, 동료의 지지 및 전반적 지지 등이 포함된다. '조직체계'는 조직의 정략 및 운영체계와 조직의 지원, 조직 내 갈등, 목적과 이해의 동질성, 합리적 의사소통 결여, 승진 가능성, 직위 부적합 등의 내용을 포함한다. '보상부적절'은 업무에 대하여 기대하고 있는 보상의 정도가 적절한지를 평가하는 것으로 기대 부적합, 금전적 보상, 존중, 내적 동기, 기대보상, 기술개발 기회의 내용을 포함한다. '직장문화'는 서양의 형식적 합리주의 직장문화와는 다른 한국적인 집단주의적 문화, 비합리적인 의사소통체계, 비공식적 직장문화 등의 직장문화 특징이 스트레스 요인으로 작용하는지를 평가한다.

채점 및 평가지침

응답자는 리커트식 4점 척도에 응답하도록 되어 있다. 응답에 따라 '전혀 그렇지 않다'에 1점, '그렇지 않다'에 2점, '그렇다'에 3점, '매우 그렇다'를 4점으로 채점한다. 기본형 문항번호 1, 9, 12, 14, 15, 16, 17, 18, 19, 20, 21, 22, 24, 27, 28, 29, 30, 31, 32, 33, 35, 36, 37, 38, 39번은 역채점한다.

점수가 높을수록 직무스트레스가 높은 것을 의미한다. 점수를 내는 방식은 각 점수를 영역별로 단순 합산하는 법과 100점으로 환산하는 방식이 있다. 단순 합산하는 방식은 계산이 쉽고 실제점수를 전국 근로자의 점수분포와 직접 비교할 수 있는 장점이 있으나, 각 영역의 문항 수가 다르기 때문에 일부 영역 점수가 과도하게 반영될 수 있는 한계점이 있다. 환산법은 '(실제점수-문항 수) × 100 / (예상 가능한 최고 점수-문항 수)'로 100점으로 환산하여 이를 8로 나누는 방식이다. 이 방법은 계산이 더 복잡하지만 직무스트레스 수준 평가에 더 적합하다고 할 수 있다.

전체적인 직무스트레스를 알아보고자 할 때는 '각 8개 영역 환산점수의 총합/8'로 평가를 할 수 있으나 해석 시 주의를 필요로 한다.

연구자들은 남녀에 따른 기본형과 단축형의 참고치를 제시하였으니 참고논문을 통해 해석에 참조할 수 있겠다.

신뢰도와 타당도

신뢰도와 관련하여 Cronbach's α값은 직장문화 .512에서 조직체계 .822 범위로 나타났다. 또 대상군이 달라져도 전체적으로 점수차가 크지 않고, 조사-재조사법에 의하여 한국인 직무스트레스 측정도구의 신뢰도를 측정한 결과, 측정도구 항목별, 하위척도별 신뢰도가 높다고 평가되었다.

타당도의 검증을 위해 가장 보편적인 직무스트레스 측정도구로 알려진 JCQ와의 상관 그리고 직무스트레스와 밀접한 관련성이 있는 것으로 알려져 있는 사회심리적 스트레스(PWI-SF)와 피로(MFS)와의 상관을 분석하였다. 그 결과, KOSS의 8개 하부 영역과 JCQ의 직무요구도, 직무통제성 그리고 사회적 지지와 유의한 상관관계가 발견되었으며, 특히 KOSS의 직무요구, 직무자율성 결여, 대인관계 갈등 등은 JCQ의 유사한 내용으로 범주화된 직무요구도(r = -.506, P<.01), 직무통제성(r = -.579, P<.01), 사회적 지지(r = -.444, P<.01)와 높은 상관관계를 보여 주었다. 사회심리적 스트레스와 피로 역시 수치가 증가할수록 직무스트레스 하부 영역의 값이 모든 영역에서 유의하게 변화하는 양상을 보여 KOSS의 하부 영역은 사회심리적 스트레스 및 피로와 유의한 관련성이 있음이 입증되었다.

또 직무스트레스 요인과 우울증 간 단면연구에서 물리환경, 조직체계를 제외한 스트레스 요인, 즉 직무요구가 높을수록, 직무자율이 낮을수록, 관계갈등이 많을수록, 보상이 적절하지 못한 경우, 직장문화가 좋지 않은 경우 우울증의 유병분포가 증가하여 한국인 직무스트레스 측정도구가 스트레스 요인 수준을 평가하는 데 있어 타당성(정확성)이 검증된 도구라고 할 수 있다.

주요 참고문헌

장세진, 고상백, 강동묵, 김성아, 강명근, 이철갑, 정진주, 조정진, 손미아, 채창호, 김정원, 김정일, 김형수, 노상철, 박재범, 우종민, 김수영, 김정연, 하미나, 박정선, 이경용, 김형렬, 공정옥, 김인아, 김정수, 박준호, 현숙정, 손동국(2005). 한국인 직무스트레스 측정도구의 개발 및 표준화. 대한산업의학회지, 17(4), 297-317.

장세진, 고상백, 강동묵, 강명근, 김성아, 김수영, 김정연, 김정원, 김정일, 김형수, 노상철, 박재범, 손미아, 우종민, 이철갑, 조정진, 채창호, 공정옥, 정진주, 김인아, 김정수, 김형렬, 박준호, 현숙정, 손동국(2006). 한국인 직무스트레스 측정도구의 개발 및 표준화 연구(2차년도). 한국산업안전공단 산업안전보건연구원.

조정진, 강동묵, 고상백, 김성아, 김수영, 김용규, 김정원, 김정일, 김지용, 김형수,

노상철, 박재범, 변정수, 우종민, 이철갑, 장세진, 정진주, 채창호, 최영호, 최환석, 김인아, 김은숙, 정형진(2005). 한국인 직무스트레스 측정도구의 개발 및 표준화 연구(1차년도). 한국산업안전공단 산업안전보건연구원.

척 도

한국형 직무스트레스 측정도구(기본형)

다음은 귀하의 직무 환경 및 스트레스 정도를 알아보기 위한 문항들입니다. 자세히 읽으시고 귀하께 가장 합당하다고 해당되는 곳에 ✓표 해 주십시오.

문항내용	전혀 그렇지 않다	그렇지 않다	그렇다	매우 그렇다
1 근무 장소가 깨끗하고 쾌적하다.	4	3	2	1
2 내 일은 위험하며 사고를 당할 가능성이 있다.	1	2	3	4
3 내 일은 불편한 자세로 오랫동안 일을 해야 한다.	1	2	3	4
4 나는 일이 많아 항상 시간에 쫓기며 일한다.	1	2	3	4
5 현재 하던 일을 끝내기 전에 다른 일을 하도록 지시 받는다.	1	2	3	4
6 업무량이 현저하게 증가하였다.	1	2	3	4
7 나는 동료나 부하직원을 돌보고 책임져야 할 부담을 안고 있다.	1	2	3	4
8 내 일은 장시간 동안 집중력이 요구된다.	1	2	3	4
9 일하는 중에 충분한 휴식(짬)이 주어진다.	4	3	2	1
10 일이 많아서 직장과 가정에 다 잘하기가 힘들다.	1	2	3	4
11 여러 가지 일을 한꺼번에 해야 한다.	1	2	3	4
12 내 일은 창의력을 필요로 한다.	4	3	2	1

13 업무관련 사항(업무의 일정, 업무량, 회의시간 등)이 예고 없이 갑작스럽게 정해지거나 바뀐다.	1	2	3	4
14 내 일을 수행하기 위해서는 높은 수준의 기술이나 지식이 필요하다.	4	3	2	1
15 작업시간, 업무수행 과정에서 어떤 사안에 대해 결정할 권한이 주어지며 영향력을 행사할 수 있다.	4	3	2	1
16 나의 업무량과 작업 스케줄을 스스로 조절할 수 있다.	4	3	2	1
17 나의 상사는 업무를 완료하는 데 도움을 준다.	4	3	2	1
18 나의 동료는 업무를 완료하는 데 도움을 준다.	4	3	2	1
19 직장에서 내가 힘들 때 내가 힘들다는 것을 알아주고 이해해 주는 사람이 있다.	4	3	2	1
20 직장생활의 고충을 함께 나눌 동료가 있다.	4	3	2	1
21 지금의 직장을 옮겨도 나에게 적합한 새로운 일을 쉽게 찾을 수 있다.	4	3	2	1
22 현재의 직장을 그만두어도 현재 수준만큼의 직업(직장)을 쉽게 찾을 수 있다.	4	3	2	1
23 직장사정이 불안하여 미래가 불확실하다.	1	2	3	4
24 나의 직업은 실직하거나 해고당할 염려가 없다.	4	3	2	1
25 앞으로 2년 동안 현재의 내 직업을 잃을 가능성이 있다.	1	2	3	4
26 나의 근무조건이나 상황에 바람직하지 못한 변화(예, 구조조정)가 있었거나 있을 것으로 예상된다.	1	2	3	4
27 우리 직장은 근무평가나 승진, 부서 배치 등 인사제도가 공정하고 합리적이다.	4	3	2	1
28 업무수행에 필요한 인원, 공간, 시설, 장비, 훈련 등의 지원이 잘 이루어지고 있다.	4	3	2	1
29 우리 부서와 타 부서 간에는 마찰이 없고 업무협조가 잘 이루어진다.	4	3	2	1
30 근로자, 간부, 경영주 모두가 직장을 위해 한마음으로 잘 이루어진다.	4	3	2	1
31 일에 대한 나의 생각을 반영할 수 있는 기회와 통로가 있다.	4	3	2	1

32 나의 경력개발과 승진은 무난히 잘될 것으로 예상된다.	4	3	2	1
33 나의 현재 직위는 나의 교육 및 경력에 비추어 볼 때 적절하다.	4	3	2	1
34 나의 직업은 내가 평소 기대했던 것에 미치지 못한다.	1	2	3	4
35 나의 모든 노력과 업적을 고려할 때, 내 봉급/수입은 적절하다.	4	3	2	1
36 나의 모든 노력과 업적을 고려할 때, 나는 직장에서 제대로 존중과 신임을 받고 있다.	4	3	2	1
37 나는 지금 하는 일에 흥미를 느낀다.	4	3	2	1
38 내 사정이 앞으로 더 좋아질 것을 생각하면 힘든 줄 모르고 일하게 된다.	4	3	2	1
39 나의 능력을 개발하고 발휘할 수 있는 기회가 주어진다.	4	3	2	1
40 회식자리가 불편하다.	1	2	3	4
41 기준이나 일관성이 없는 상태로 업무지시를 받는다.	1	2	3	4
42 직장의 분위기가 권위적이고 수직적이다.	1	2	3	4
43 남성, 여성이라는 성적인 차이 때문에 불이익을 받는다.	1	2	3	4

한국형 직무스트레스 측정도구(단축형)

문항내용	전혀 그렇지 않다	그렇지 않다	그렇다	매우 그렇다
1 나는 일이 많아 항상 시간에 쫓기며 일한다.	1	2	3	4
2 업무량이 현저하게 증가하였다.	1	2	3	4
3 업무수행 중에 충분한 휴식(짬)이 주어진다.	4	3	2	1
4 여러 가지 일을 한꺼번에 해야 한다.	1	2	3	4
5 내 업무는 창의력을 필요로 한다.	4	3	2	1

6 내 업무를 수행하기 위해서는 높은 수준의 기술이나 지식이 필요하다.	4	3	2	1
7 작업시간, 업무수행 과정에서 나에게 결정할 권한이 주어지며 영향력을 행사할 수 있다.	4	3	2	1
8 나의 업무량과 작업스케줄을 스스로 조절할 수 있다.	4	3	2	1
9 나의 상사는 업무를 완료하는 데 도움을 준다.	4	3	2	1
10 나의 동료는 업무를 완료하는 데 도움을 준다.	4	3	2	1
11 직장에서 내가 힘들 때 내가 힘들다는 것을 알아주고 이해해 주는 사람이 있다.	4	3	2	1
12 직장사정이 불안하여 미래가 불확실하다.	4	3	2	1
13 나의 근무조건이나 상황에 바람직하지 못한 변화(예, 구조조정)가 있었거나 있을 것으로 예상된다.	1	2	3	4
14 우리 직장은 근무평가, 인사제도(승진, 부서배치)가 공정하고 합리적이다.	1	2	3	4
15 업무수행에 필요한 인원, 공간, 시설, 장비, 훈련 등의 지원이 잘 이루어지고 있다.	4	3	2	1
16 우리 부서와 타 부서 간에는 마찰이 없고 업무협조가 잘 이루어진다.	4	3	2	1
17 일에 대한 나의 생각을 반영할 수 있는 기회와 통로가 있다.	4	3	2	1
18 나의 모든 노력과 업적을 고려할 때, 나는 직장에서 제대로 존중과 신임을 받고 있다.	4	3	2	1
19 내 사정이 앞으로 더 좋아질 것을 생각하면 힘든 줄 모르고 일하게 된다.	4	3	2	1
20 나의 능력을 개발하고 발휘할 수 있는 기회가 주어진다.	4	3	2	1
21 회식자리가 불편하다.	1	2	3	4
22 기준이나 일관성이 없는 상태로 업무지시를 받는다.	1	2	3	4
23 직장의 분위기가 권위적이고 수직적이다.	1	2	3	4
24 남성, 여성이라는 성적인 차이 때문에 불이익을 받는다.	1	2	3	4

74 한국형 코너-데이비슨 자아탄력성 척도

척도개관

자아탄력성은 역경과 외상 경험에서도 개인이 긍정적인 적응을 발휘하는 역동적 작용이며 성공적인 스트레스 대처능력의 측정치다. 탄력성이 높은 개인은 직장에서, 사회적 상황에서, 심리적, 신체적 건강상태에서 잘 적응할 수 있는 광범위한 능력을 지니고 있다.

Connor와 Davidson은 2003년에 Connor-Davidson Resilience Scale(CD-RISC)을 개발하였고, 이 측정도구는 외상 후 스트레스 장애와 다른 정신과 질환을 다루는 정신건강 영역에서 널리 사용되고 있다. 이 도구는 미국에서 신뢰도와 타당도가 검증된 좋은 정신측정도구로 평가받고 있으며, 서양에서 스트레스 대처와 같은 탄력성 연구에서 폭넓게 사용되고 있다.

국내에서는 백현숙(2010)이 Connor와 Davidson의 자아탄력성을 번안하여 병원 근무 직원을 대상으로 신뢰도와 타당도를 검증하여 국내에서 적용 가능성을 알아보았다.

문항구성

총 25개 문항으로, 강인성(hardness) 요인, 인내력(persistence) 요인, 낙관성(optimism) 요인, 통제감(control) 요인, 영성 요인(spiritual in nature)의 5개 하위요인으로 이루어졌다.

강인성 요인은 8개 문항으로, 문항번호 10, 11, 12, 16, 17, 23, 24, 25번이 해당된다. 이는 평소 높은 기준을 가지고 자신을 대하며 역경상황을 마주했을 때 쉽게 좌절하지 않고 강한 내적 신념을 보이는 능력을 포괄한다.

인내력 요인은 7개 문항으로, 문항번호 6, 7, 14, 15, 18, 19, 20번이 해당된다. 인내력은 부정적인 정서에 대한 인내와 스트레스 상황에서도 심사숙고하며 대처방안을 생각하고 의사결정을 하는 능력과 관련된다.

낙관성 요인은 5개 문항으로, 문항번호 1, 2, 4, 5, 8번이 해당된다. 미래에 성공할 것에 대한 희망을 가지는 것, 문제의 긍정적인 측면을 보고 좋든 나쁘든 그 일이 일어날 것에 대해 그만한 이유가 있다고 여길 수 있는 것과 관련된다.

통제감 요인은 3개 문항이며 문항번호 13, 21, 22번이다. 삶에 대한 목표의식과 필요시 타인의 도움을 얻을 수 있는지, 도움을 요청할 수 있는 사람이 있는지, 의미 있는 관계를 맺고 있는 이들이 있는지 등의 안정된 인간관계를 내용으로 하고 있다.

영성 요인은 문항번호 3, 9번의 2개 문항으로 구성되어 있으며, 살아 있는 것들, 세상과의 상호 연결감과 신과의 친밀감을 느낄 수 있는 능력을 의미한다.

채점 및 평가지침

응답자들은 5점 척도상에 자기보고식으로 평정한다. 응답에 따라 '전혀 그렇지 않다'에 0점, '약간 그렇지 않다'에 1점, '보통이다'에 2점, '약간 그렇다'에 3점, '매우 그렇다'에 4점을 부여한다.

총점의 범위는 0점에서 100점까지이며, 점수가 높을수록 자아탄력성이 높은 것으로 해석할 수 있다.

신뢰도와 타당도

문항 전체의 내적 일치도는 .93, 검사-재검사 신뢰도도 .93이었다. 하위요인의 내적 일치도를 각각 살펴보면, 강인성 요인이 .91, 인내력 요인이 .76, 낙관성 요인이 .76, 통제감 요인이 .64, 영성 요인이 .30의 내적 일치도를 나타내었다.

다른 척도와의 상관성을 통해 타당도를 살펴보면, 로젠버그 자존감 척도(RSES)와는 정적 상관성을 보였고(r = .56, p<.01), Beck 우울 척도(BDI r = -.46, p<.01), 스트레스 척도(PSS r = -.32, p<.01), 사건 충격 척도(IES-R r = -.26, p<.01)와는 부적 상관성을 보였다.

주요 참고문헌

백현숙(2010). Reliability and validity of the Korean version of the Connor-Davidsion Resilience Scale(K-CD-RISC). 을지대학교 대학원 석사학위논문.

이나빈(2012). 정신과 외래 성인 우울 및 불안 환자의 인지적 정서조절전략과 심리증상 간 관계에서 리질리언스의 매개효과. 이화여자대학교 대학원 석사학위논문.

Connor, K. M. & Davidson, J. R. T. (2003). Development of a new reislience scale the connor-davidson resilience scale (CD-RISC). *Depression and anxiety*, 18(2), 76-82.

척 도

원 저자의 의사를 존중하여 척도의 전문을 수록하지 않았다. 척도 전문이 필요한 경우 저자와의 연락(mail@cd-risc.com)을 통해 확인이 가능하다. 참고로 외국 원저자가 개설한 홈페이지의 주소는 www.cd-risc.com이니 필요한 자료와 관련하여 도움을 받을 수 있다.

75 해외여행객의 스트레스 측정 척도

척도개관

사람들은 스트레스 해소를 위해 여행을 하지만 여행객들은 관광지에서의 활동뿐 아니라 이를 준비하고 다시 집으로 돌아오는 여행의 전체 과정에서 오히려 스트레스를 경험하기도 한다. 여행객들은 여행 과정에서 환경적응, 과잉부담, 무료함 등 다양한 형태의 스트레스를 경험한다. 지금까지 여행객들이 경험하는 스트레스는 상품이나 서비스에 대한 불만족이나 불편 등의 요소에만 치중하여 연구되어온 경향이 있으며, 낯선 환경에서 겪을 수 있는 개인적 문제점이나 심리적 스트레스는 간과되어 왔다. 이에 김민화(2011)는 스트레스를 환경과 개인의 상호작용에서 일어나는 심리적 과정으로 보고, 여행객들이 겪을 수 있는 다양한 스트레스의 원인들을 가능한 한 모두 포괄할 수 있는 문항으로 구성된 척도를 개발하였다.

해외여행객의 스트레스 측정 척도(Stress Measurement Scales for Outbound Travelers)는 해외여행객의 스트레스를 측정하여 여행스트레스의 구조와 발생과정, 종류 등을 이해하고자 하는 데 그 목적이 있다. 다양한 여행 상황에서 스트레스를 유발하는 공통적인 원인을 찾고 어떠한 요인이 스트레스의 크기와 내용을 결정하는지 알아봄으로써, 여행객이 어떻게, 어디로, 누구와 여행을 할 것이고, 어떠한 상품을 구매할 것인지 선택하는 의사결정 구조를 이해할 수 있게 된다. 또한 스트레스가 적은 여행을 위해 소비자, 상품 개발자, 판매자, 산업 종사자들이 어떻게 해야 하는지에 대한 기초 자료를 확보하는 데 도움을 줄 것이다.

문항구성

여행 형태에 따라 '개별 여행객 스트레스'와 '단체 여행객 스트레스'의 2개 측정척도 중 하나를 선택할 수 있다.

'개별 여행객 스트레스' 척도는 총 34개 문항으로 이루어져 있으며 9개 차원으로 구분되었다. 차원별로 보면 '교통 및 편의'가 9개 문항, '정보'가 4개 문항, '가격'이 3개 문항, '숙식'이 6개 문항, '쇼핑'과 '항공'이 각각 3개 문항, '현지 적응' '일정' '일정 계획'은 각각 2개 문항으로 구성되었다.

'단체 여행객 스트레스' 척도는 총 47개 문항에 10개 차원으로 구성되었다. 차원별로 보면 '가이드'가 10개 문항, '정보'가 7개 문항, '현지 적응'이 6개 문항, '항공'이 2개 문항, '식사' '숙소' '현지 교통'이 각각 4개 문항, '관광지 매력성'이 5개 문항, '가격'이 3개 문항, '쇼핑'이 2개 문항이다.

채점 및 평가지침

응답은 리커트식 5점 척도에서 이루어진다. 응답에 따라 '전혀 받지 않았다'에 1점, '거의 받지 않았다'에 2점, '보통 받았다'에 3점, '많이 받았다'에 4점, '매우 많이 받았다'에 5점을 부여한다.

차원별 점수 합산을 통해 각 유발 원인별 스트레스 수준을 알 수도 있고 전체 점수로 여행객의 전체 스트레스 점수를 알 수도 있다.

신뢰도와 타당도

개별 여행객 스트레스 척도의 35개 문항 전체에 대하여 Cronbach's α는 .94로 매우 신뢰할 수 있는 수준이다. 반분법으로 알아본 신뢰도는 Cronbach's α가 .966이었다.

확인적 요인분석 결과, 모형 적합도 중 Normed X^2는 3.664로 적합한 수준이고 나머지 지수는 기준치에 다소 미치지 못하나 초기 연구임을 감안하면 모형 적합성에 문제는 없을 것으로 판단하였다. 또한 기각비(Critical Ratio)를 보면 9개 차원이 하나의 스트레스 차원으로 집중되는 것을 알 수 있다. 9개 차원들 간의 상관계수들은 통계적으로 모두 유의한 수준에서 .114에서 .627 사이에 분포되어 높은 관계성을 갖는 차원은 없는 것으로 나타났으며, 평균분산추출 값이 차원 간 결정계수 값보다 높아 차원들 간 판별 타당도를 확보한 것으로 보인다.

단체 여행객 스트레스 척도의 47개 문항 전체에 대하여 Cronbach's α는 .967로 매우 안정된 척도임을 증명하였다. 반분법으로 알아본 신뢰도는 Cronbach's α가 .981이었다.

확인적 요인분석 결과, 모형 적합도 중 Normed X^2는 2.409로 적합한 수준이고 나머지 지수는 기준치에 다소 미치지 못하나 모형 적합성에 문제는 없는 것으로 판단하였다. 또한 기각비가 모두 유의하여 10개 차원이 하나의 스트레스 차원으로 집중됨을 알 수 있었다. 10개 차원들 간의 상관계수들은 통계적으로 모두 유의한 수준에서 .282에서 .683 사이에 분포되어 높은 관계성을 갖는 차원은 없는 것으로 나타났으며, 평균분산추출 값이 차원 간 결정계수 값보다 높아 차원들 간 판별타당도를 확보한 것으로 해석될 수 있다.

주요 참고문헌

김민화(2011). 해외여행객의 스트레스 측정척도 개발. 세종대학교 대학원 박사학위 청구논문.

척 도

해외여행객의 스트레스 측정 척도

여행 준비과정 또는 여행을 하면서 겪을 수 있는 각각의 스트레스 상황들이 귀하에게 어느 정도의 스트레스를 유발하였는지 가장 적절한 항목을 선택해 주십시오.

■ 다음은 해외여행 전 여행을 계획하고 정보를 탐색하는 과정에서 일어날 수 있는 스트레스 유발 원인들입니다. 각각의 문항들이 어느 정도의 스트레스를 일으켰는지 체크해 주십시오.

여행계획 및 정보탐색	스트레스를				
	전혀 받지 않았다	거의 받지 않았다	보통 받았다	많이 받았다	매우 많이 받았다
1 여행지, 출발일, 기간 등 여행계획을 세우는 데 있어서	1	2	3	4	5
2 여행지에서의 세부 일정을 세우기 어려워서	1	2	3	4	5
3 여행 경비가 적어서	1	2	3	4	5
4 내가 찾은 여행 정보들이 신뢰성이 없어서	1	2	3	4	5
5 여행 정보를 찾기가 어려워서	1	2	3	4	5
6 여행 정보를 이해하기 어려워서	1	2	3	4	5
7 여행 정보가 부족해서	1	2	3	4	5
8 상품 판매자가 제공하는 정보나 광고를 믿을 수 없어서	1	2	3	4	5
9 항공권, 숙박 등 상품의 가격을 믿을 수 없어서	1	2	3	4	5
10 항공권, 숙박 등 상품의 가격비교가 어려워서	1	2	3	4	5
11 상품 판매자의 불친절, 불성실 때문에	1	2	3	4	5

■ 다음은 항공편 및 현지 교통과 관련해 일어날 수 있는 스트레스 유발 원인들입니다. 각각의 문항들이 어느 정도의 스트레스를 일으켰는지 체크해 주십시오.

항공 및 현지 교통	스트레스를				
	전혀 받지 않았다	거의 받지 않았다	보통 받았다	많이 받았다	매우 많이 받았다
1 공항 이용이 불편해서	1	2	3	4	5
2 비행기 좌석이 불편해서	1	2	3	4	5
3 비행기 내 주변 탑승객들 때문에	1	2	3	4	5
4 비행기 내 서비스 때문에	1	2	3	4	5
5 비행기의 안전이 걱정되어서	1	2	3	4	5
6 비행기 탑승 시간이 길어서	1	2	3	4	5
7 비행기가 연발, 연착해서	1	2	3	4	5
8 버스 등 현지 교통편이 좋지 않아서	1	2	3	4	5
9 현지 도로사정이 좋지 않아서	1	2	3	4	5
10 현지 교통편을 이용하는 데 있어서	1	2	3	4	5
11 현지 교통편의 안전 및 질서 때문에	1	2	3	4	5
12 현지에서의 이동 시간이 길어서	1	2	3	4	5

■ 다음은 숙박 및 식사와 관련해 일어날 수 있는 스트레스 유발 원인들입니다. 각각의 문항들이 어느 정도의 스트레스를 일으켰는지 체크해 주십시오.

숙박 및 식사	스트레스를				
	전혀 받지 않았다	거의 받지 않았다	보통 받았다	많이 받았다	매우 많이 받았다
1 숙소가 예상과 달라서	1	2	3	4	5
2 숙박 시설이 좋지 않아서	1	2	3	4	5
3 숙박업소의 서비스가 좋지 않아서	1	2	3	4	5

[4] 숙소 위치가 좋지 않아서	1	2	3	4	5
[5] 현지 음식이 입맛에 안 맞아서	1	2	3	4	5
[6] 식사의 품질과 위생이 좋지 않아서	1	2	3	4	5
[7] 식당 시설이 좋지 않아서	1	2	3	4	5
[8] 식당 선택과 이용이 불편해서	1	2	3	4	5
[9] 음식 가격이 비싸서	1	2	3	4	5

■ 다음은 쇼핑 및 위락활동과 관련해 일어날 수 있는 스트레스 유발 원인들입니다. 각각의 문항들이 어느 정도의 스트레스를 일으켰는지 체크해 주십시오(5~12번은 패키지 여행객을 대상으로 함).

쇼핑 및 위락활동	스트레스를				
	전혀 받지 않았다	거의 받지 않았다	보통 받았다	많이 받았다	매우 많이 받았다
[1] 쇼핑할 만한 상품이 없어서	1	2	3	4	5
[2] 쇼핑할 장소가 마땅치 않아서	1	2	3	4	5
[3] 쇼핑 상품과 직원을 믿을 수 없어서	1	2	3	4	5
[4] 쇼핑 상품의 가격이 비싸서	1	2	3	4	5
[패키지] [5] 쇼핑 일정/시간이 많아서	1	2	3	4	5
[패키지] [6] 관광객을 전문적으로 상대하는 쇼핑센터만 방문해서	1	2	3	4	5
[패키지] [7] 쇼핑을 강요하는 것 같아서	1	2	3	4	5
[패키지] [8] 옵션을 강요하는 것 같아서	1	2	3	4	5
[패키지] [9] 쇼핑, 옵션이 터무니없이 비싸서	1	2	3	4	5
[패키지] [10] 가이드가 금전적 부담을 주어서	1	2	3	4	5
[패키지] [11] 가이드가 안내나 설명을 불성실하게 해서	1	2	3	4	5
[패키지] [12] 가이드가 하는 얘기를 믿을 수 없어서	1	2	3	4	5

■ 다음은 관광지 및 일정과 관련해 일어날 수 있는 스트레스 유발 원인들입니다. 각각의 문항들이 어느 정도의 스트레스를 일으켰는지 체크해 주십시오.

관광지 및 일정	스트레스를				
	전혀 받지 않았다	거의 받지 않았다	보통 받았다	많이 받았다	매우 많이 받았다
1 관광지에 생각보다 볼 게 없어서	1	2	3	4	5
2 개인적으로 할 것, 놀 것이 없어서	1	2	3	4	5
3 오염, 소음으로 관광지 환경이 좋지 않아서	1	2	3	4	5
4 관광지를 이용하기 불편해서	1	2	3	4	5
5 관광지 물가가 비싸서	1	2	3	4	5
6 관광지의 바가지요금 때문에	1	2	3	4	5
7 관광할 시간이 부족해서	1	2	3	4	5
8 여행 일정이 빡빡해서	1	2	3	4	5
9 계획한 일정대로 되지 않아서	1	2	3	4	5

■ 다음은 비용관리 및 현지 적응 등과 관련해 일어날 수 있는 스트레스 유발 원인들입니다. 각각의 문항들이 어느 정도의 스트레스를 일으켰는지 체크해 주십시오.

비용관리 및 현지 적응	스트레스를				
	전혀 받지 않았다	거의 받지 않았다	보통 받았다	많이 받았다	매우 많이 받았다
1 예상하지 못한 추가 비용이 발생해서	1	2	3	4	5
2 높은 환율 때문에	1	2	3	4	5
3 환전, 카드 사용 등이 어려워서	1	2	3	4	5
4 내가 알고 있던 가격 정보와 실제가 달라서	1	2	3	4	5
5 치안 및 안전이 걱정되어서	1	2	3	4	5
6 언어가 통하지 않아서	1	2	3	4	5

7 날씨가 좋지 않아서	1	2	3	4	5
8 현지문화(법규, 예절 등) 차이 때문에	1	2	3	4	5
9 현지인의 거부감, 불친절, 차별 등 때문에	1	2	3	4	5
10 화장실, 안내소 등 편의시설이 불편해서	1	2	3	4	5
11 시차, 잠자리 등 신체적으로 적응이 안 되어서	1	2	3	4	5
12 동행인과의 갈등 때문에	1	2	3	4	5

76 회복탄력성 검사

척도개관

이 척도는 신우열 등(2009)이 회복 탄력성에 대한 기존 연구들을 토대로 회복탄력성에 대한 개념적 정의와 이론적 틀에 근거하여 회복탄력성의 구조와 내용을 측정할 수 있도록 개발한 것이다. 연구자들은 회복탄력성을 '곤란에 직면했을 때 이를 극복하고 환경에 적응하여 정신적으로 성장하는 능력'이라 정의하였다. 즉, 회복탄력성을 타고난 것이 아니라 매우 역동적이어서 시간의 흐름에 따라 변하며, 환경 요인들의 상호작용에 의해 영향을 받는 특징을 가지고 있는 것으로 보고 있다.

이 검사에서는 회복탄력성을 개인의 내적 요인뿐만 아니라 정서요인과 사회성을 포괄하는 총체적이면서도 다면적이고 위계적인 구조로 가정하였다. 즉, 위계적 모형의 정점에 회복탄력성을 두고 3개의 2차 요인과 9개의 1차 요인으로 분화되는 위계적 3차 요인 모형을 가정하여 회복탄력성을 측정하는 모형의 구조를 고찰하고 타당도를 검증하였다.

이 척도는 위계적 요인분석을 통해 회복탄력성이 내포하는 통제성, 긍정성, 사회성의 다면적 성향을 측정할 수 있다는 장점이 있다. 이는 향후 학술적 관점에서의 연구뿐 아니라 일선 교육 및 상담 현장에서 청소년을 상담하거나 지도하는 데 필요한 도구로 활용될 가능성을 보여 준다. 그렇지만 청소년 회복탄력성의 내적, 심리적 자원에 기반을 두고 있기 때문에 표집 집단 청소년들의 지역사회, 학교, 가정, 또래 차원의 외적 보호요인을 검사 도구 내에 포함시키지 못했다는 한계점도 지니고 있다.

문항구성

총 27개 문항으로, 원인분석력(다음 척도 기준 문항번호 1~3번), 감정통제력(다음 척도 기준 문항번호 4~6번), 충동통제력(다음 척도 기준 문항번호 7~9번), 감사하기(다음 척도 기준 문항번호 10~12번), 생활만족도(다음 척도 기준 문항번호 13~15번), 낙관성(다음 척도 기준 문항번호 16~18번), 관계성(다음 척도 기준 문항번호 19~21번), 커뮤니케이션능력(다음 척도 기준 문항번호 22~24번), 공감능력(다음 척도 기준 문항번호 25~27번)에 대해 각각 3개 문항으로 구성되었다.

이 검사에서는 회복탄력성의 유형을 원인분석력, 감정통제력, 충동통제력, 감사하기, 생활만족도, 낙관성, 관계성, 커뮤니케이션능력, 공감능력의 아홉 가지로 분류한 후 이 아홉 가지 유형들이 다시 통제성, 긍정성, 사회성의 2차 요인에 묶인다고 보고 있다.

채점 및 평가지침

응답자는 각 문항에 대해 리커트식 5점 척도에 표시하도록 구성되어 있다.

역채점 문항은 다음 척도의 문항번호를 기준으로 9, 10, 12, 19, 20, 21번이다.

이 검사의 개발자는 문항별 점수의 평균과 표준편차를 이용한 통계적 기준을 통해 잠재적 상위 집단을 분류하였다. 평균 50, 표준편차 10을 중심으로 표준편차 1.5(+1.5SD)를 상위 집단 기준점으로 삼았을 경우, 중학생 상위 집단의 표준점수는 65.26(원점수 113), 고등학생 상위 집단의 표준점수는 63.81(원점수 112), 대학생 상위 집단의 표준점수는 63.85(원점수 114)로 나타났다. 앞의 기준점은 임상집단을 대상으로 분석이 이루어지지 않은 상황이므로 상황에 따라 조금 더 완화된 기준[+1SD: 중학생 표준점수 58.72(원점수 105), 고등학생 59.40(원점수 107), 대학생 59.24(원점수 109)] 이나 엄격한 기준[+2SD: 중학생 70.16(원점수 119), 고등학생 69.99(원점수 119), 대학생 70.31(원점수 121)]을 적용할 수 있겠다.

신뢰도와 타당도

모든 문항들의 내적 일관성을 검토한 결과 Cronbach's α는 중학생 집단에서 .719에서 .784로 모든 유형에서 내적 일관성을 저해하는 문항은 없었다. 고등학생의 집단에서는 .618에서 .817, 대학생 집단의 경우 .674에서 .846이었다.

회복탄력성이 9개의 다른 유형으로 구성되었으며, 각 유형을 설명하는 3개의 문항이 동일한 유형을 설명하는지 확인하기 위해 주성분 분석을 통해 일차원성을 검증한 결과 단일 차원을 측정하고 있음을 확인할 수 있었다.

확인적 요인분석을 통해 구인타당도, 수렴타당도, 판별타당도를 분석하였다. 또 일반화 검증을 위해 교차타당도와 수렴타당도 그리고 판별타당도를 확인하였다. 교차타당도 검증을 위해 중학생, 고등학생, 대학생 집단에 대해 '형태 동일성 → 측정 동일성 → 절편 동일성'의 순서로 구인동등성 검증을 실시한 결과, 회복탄력성의 위계적 3차 요인 모형이 각 집단에서 동일한 방식으로 작동하고 있음을 알 수 있었으며 이를 통해 교차타당도를 확인하였다. 수렴타당도를 검증하기 위해 회복탄력성과 부모-자녀 관계와 온라인 게임중독 간 상관관계를 분석한 결과, 회복탄력성과 부모-자녀 관계와 온라인 게임중독은 각 집단 모두에서 통계적으로 유의미한 상관관계를 보였다. 이를 통해 이 척도의 수렴타당도를 확인할 수 있었다. 또한 회복탄력성이 여타 부모-자녀 관계와 온라인 게임 중독의 하위개념이거나 같은 개념을 중복적으로 측정하는 척도인지 검증하기 위해 판별타당도 분석을 실시하였다. 즉, 회복탄력성과 여러 잠재변인 간의 상관계수를 자유롭게 추정한 모형과 상관계수를 1로 제약을 가한 모형의 비교를 통해 판별타당도를 확인할 수 있었다.

주요 참고문헌

신우열, 김민규, 김주환(2009). 회복탄력성 검사 지수의 개발 및 타당도 검증. 한국청소년연구, 20(4), 105-131.

척 도

다음은 척도 내용을 토대로 재구성한 것이므로 실제 문항 순서와 구성이 원 척도와 다를 수 있으니 참고하시기 바랍니다.

회복탄력성 검사

문항내용	전혀 그렇지 않다	그렇지 않다	보통이다	그렇다	매우 그렇다
1 문제가 생기면 여러 가지 가능한 해결 방안에 대해 먼저 생각한 후에 해결하려고 노력한다.					
2 어려운 일이 생기면 그 원인이 무엇인지 신중하게 생각한 후에 해결하려고 노력한다.					
3 나는 대부분의 상황에서 문제의 원인을 잘 알고 있다고 믿는다.					
4 나는 어려운 일이 닥쳤을 때 감정을 통제할 수 있다.					
5 내가 무슨 생각을 하면, 그 생각이 내 기분에 어떤 영향을 미칠지 잘 알아챈다.					
6 이슈가 되는 문제를 가족이나 친구들과 토론할 때 감정을 잘 통제할 수 있다.					
7 당장 해야 할 일이 있으면 나는 어떠한 유혹이나 방해도 잘 이겨낼 수 있다.					

8 아무리 당황스럽고 어려운 상황이 닥쳐도 나는 내가 어떤 생각을 하고 있는지 스스로 잘 안다.					
9 일이 생각대로 잘 안 풀리면 쉽게 포기하는 편이다.					
10 나는 감사해야 할 것이 별로 없다.					
11 내가 고맙게 여기는 것들을 모두 적는다면, 아주 긴 목록이 될 것이다.					
12 세상을 둘러볼 때 내가 고마워 할 것이 별로 없다.					
13 내 인생의 여러 가지 조건들은 만족스럽다.					
14 나는 내 삶에 만족한다.					
15 나는 내 삶에서 중요하다고 생각한 것들은 다 갖고 있다.					
16 열심히 일하면 언제나 보답이 있으리라고 생각한다.					
17 맞든 아니든, '아무리 어려운 문제라도 나는 해결할 수 있다.'고 믿는 것이 좋다고 생각한다.					
18 어려운 상황이 닥쳐도 나는 모든 일이 다 잘 해결될 거라고 확신한다.					
19 나와 정기적으로 만나는 사람들은 대부분 나를 싫어하게 된다.					
20 서로 마음을 터놓고 얘기할 수 있는 친구가 거의 없다.					
21 서로 도움을 주고받는 친구가 별로 없는 편이다.					
22 나는 재치 있는 농담을 잘한다.					
23 나는 내가 표현하고자 하는 바에 대한 적절한 문구나 단어를 잘 찾아낸다.					
24 나는 분위기나 대화 상대에 따라 대화를 잘 이끌어 갈 수 있다.					
25 사람들의 얼굴표정을 보면 어떤 감정인지 알 수 있다.					
26 슬퍼하거나 화를 내거나 당황하는 사람을 보면 그들이 어떤 생각을 잘하는지 잘 알 수 있다.					
27 동료가 화를 낼 경우 나는 그 이유를 꽤 잘 아는 편이다.					

77 CCQ 자아탄력 척도와 자아통제 척도

척도개관

자극상황에서 아동들이 보이는 반응의 적응성을 연구하는 방법의 하나로 Block과 Block(1980)은 성격변인의 일종인 자아탄력성과 자아통제 개념(Ego Resiliency/Ego Control Model)을 제안하였다. 자아탄력성은 스트레스와 같은 상황적인 문제에 융통성 있게 반응하는 경향성을 말한다. 자아통제는 정서, 동기 그리고 행동으로 자신의 충동을 표현하거나 표현하지 않는 경향성을 말한다. Block과 Block은 자아탄력성이 높고 적절한 수준의 자아통제를 유지하는 집단을 자아탄력집단으로 분류하였고, 자아탄력성이 낮은 집단(자아 취약집단)은 다시 자아통제를 기준으로 자아통제가 지나치게 강한 과잉통제집단과 자아통제가 지나치게 약한 과소통제집단으로 분류하였다.

California Child Q-Set(CCQ)는 성인용으로 개발된 California Adult Q-Set(Block, 1978)의 문항내용을 Block과 Block(1980)이 연령에 맞게 수정한 것으로 아동과 청소년들의 행동, 정서, 인지적 특성을 포괄적으로 기술하고 있다. 국내에서는 구형모와 황순택(2001)이 이를 번안하여 타당도 연구를 하였고, 여기서 최종적으로 선정된 57개 문항을 수록하여 소개한다.

문항구성

자아탄력 척도가 33개 문항, 자아통제 척도가 30개 문항으로 구성되었다. 이 중 두 척도에 6개 문항의 중복되는 문항이 있으므로 전체 문항 수는 57개 문항이다.

자아탄력 척도는 자아탄력 18개 문항(문항번호 2, 3, 4, 6, 11, 15, 16, 19, 21, 22, 34, 36, 37, 39, 40, 41, 48, 54번)과 자아취약 15개 문항(문항번호 1, 5, 8, 13, 23, 26, 27, 28, 38, 42, 43, 44, 49, 52, 57번)으로 구성되며, 자아통제 척도는 과소통제 17개 문항(문항번호 7, 9, 10, 12, 17, 25, 27, 29, 30, 31, 32, 35, 45, 46, 50, 51, 53번)과 과잉통제 13개 문항(문항번호 5, 14, 18, 20, 23, 24, 26, 33, 38, 42, 47, 55, 56번)들로 구성되어 있다.

채점 및 평가지침

보호자가 9점 척도상에 평정하도록 되어 있다. 각 문항당 '전혀 그렇지 않다'에 1점부터 '전적으로 그렇다'에 9점까지 부여될 수 있다.

점수의 합산이 아닌 전문가들의 평정치 평균값과 보호자가 응답한 점수와의 상관 비교를 통해 자아탄력성과 자아통제 정도를 계산한다. 높은 상관은 응답 대상이 자아탄력성과 자아통제의 정도가 가설적 원형과 유사함을 의미하며 낮거나 부적인 상관은 가설적인 원형과 반대되는 특성을 지니고 있음을 의미한다. 예로, 한 응답 대상의 점수가 가설 원형과 높은 상관을 보였다면 이는 그 대상이 자아탄력적임을 의미하고, 낮거나 부적인 상관을 보였다면 자아취약적임을 의미한다. 또 자아통제에 대해 가설적 원형과 높은 상관을 보였다면 과소통제적임을 의미하고 낮거나 부적인 상관을 보이면 과잉통제적인 참가자임을 의미한다고 볼 수 있다.

신뢰도와 타당도

문항 전체에 대하여 Cronbach's α는 .82이며 자아탄력 척도의 자아탄력은 .87, 자아취약 척도는 .78, 자아통제 척도의 과소통제는 .81, 과잉통제는 .62로 나타났다.

타당도와 관련하여, 이 척도의 점수와 한국아동인성검사(Korea Personality Inventory for Children: KPI-C)의 자아탄력성 척도(Ego-Resiliency Scale: ERS)와 MMPI의 자아통제 척도와의 상관을 알아보았다. 그 결과, CCQ 자아탄력 척도와 ERS에는 $r = .57 (p < .001)$의 정적 상관이 나타났으며, MMPI 자아통제 척도와도 $r = .24 (p < .001)$의 정적인 상관이 나타났다.

주요 참고문헌

구형모, 황순택(2001). CCQ 자아탄력 척도와 자아통제 척도의 타당도 연구. 한국심리학회지: 임상, 20(2), 345-358.

Block, J. & Block, J. H. (1980). *The California Child Q-Set.* Palo alto, CA: Consulting Psychologists Press (Original work published 1967).

척 도

CCQ 자아탄력 척도와 자아통제 척도

문항내용	전적으로 그렇지 않다								전적으로 그렇다
1 자기 생각이나 느낌, 감정 등을 행동으로 표현하지만 말로는 표현하지 않는다.	1	2	3	4	5	6	7	8	9
2 사려 깊고 배려할 줄 안다.	1	2	3	4	5	6	7	8	9
3 다른 아이들이 우리 아이를 잘 따른다.	1	2	3	4	5	6	7	8	9
4 다른 아이들을 잘 도와준다.	1	2	3	4	5	6	7	8	9
5 자기 생각이나 감정을 잘 드러내지 않는다.	1	2	3	4	5	6	7	8	9
6 다른 아이들과 친하게 지낸다.	1	2	3	4	5	6	7	8	9
7 친구가 자주 바뀐다.	1	2	3	4	5	6	7	8	9
8 자기 잘못을 남의 탓으로 돌리려 한다.	1	2	3	4	5	6	7	8	9
9 어려움에 처하거나 스트레스를 받으면 어린애처럼 행동한다.	1	2	3	4	5	6	7	8	9
10 규칙을 악용하려 한다.	1	2	3	4	5	6	7	8	9
11 자기가 한 일에 자부심을 가진다.	1	2	3	4	5	6	7	8	9
12 화가 나면 자기 감정을 자제하지 못한다.	1	2	3	4	5	6	7	8	9
13 신경질적이고 겁이 많다.	1	2	3	4	5	6	7	8	9
14 어떤 일을 오랫동안 생각하는 편이다.	1	2	3	4	5	6	7	8	9
15 타인의 입장을 생각한다.	1	2	3	4	5	6	7	8	9
16 물건을 주기도 하고, 빌려 오기도 하고, 같이 나누어 쓰기도 한다.	1	2	3	4	5	6	7	8	9
17 침착하지 못하고 오래 앉아 있지 못한다.	1	2	3	4	5	6	7	8	9
18 감정을 억제한다. 자기 감정 표현을 잘 못한다.	1	2	3	4	5	6	7	8	9

19 주변의 일을 처리하는 방법을 알고 있으며, 잘 해낸다.	1 2 3 4 5 6 7 8 9
20 스트레스를 겪게 되면 냉담해지거나 아니면 계속해서 같은 일을 되풀이한다.	1 2 3 4 5 6 7 8 9
21 호기심과 탐구심이 많다.	1 2 3 4 5 6 7 8 9
22 스트레스를 받더라도 회복되거나 정상적인 상태로 돌아온다.	1 2 3 4 5 6 7 8 9
23 스트레스를 받게 되면 포기하고 뒤로 물러선다.	1 2 3 4 5 6 7 8 9
24 안 좋은 일이나 스트레스를 받으면 몸이 아프기도 한다.	1 2 3 4 5 6 7 8 9
25 다치는 것에 신경을 안 쓴다(신체적으로).	1 2 3 4 5 6 7 8 9
26 마음이 자꾸 바뀐다.	1 2 3 4 5 6 7 8 9
27 기분이 너무 자주 빨리 바뀌어서 예측할 수가 없다.	1 2 3 4 5 6 7 8 9
28 장난감, 음식 또는 애정을 받지 못하게 될까 봐 아니면 충분하게 받지 못할까 봐 걱정하고 있는 것 같다.	1 2 3 4 5 6 7 8 9
29 자기에게 일어나는 일들을 과장한다.	1 2 3 4 5 6 7 8 9
30 자기 감정을 모두 드러낸다.	1 2 3 4 5 6 7 8 9
31 무슨 일을 해야 할지 분명하지 않으면 신경질을 낸다.	1 2 3 4 5 6 7 8 9
32 다른 아이들을 비난하려는 경향이 있다.	1 2 3 4 5 6 7 8 9
33 말을 잘 듣고, 자기가 말한 것은 꼭 지킨다.	1 2 3 4 5 6 7 8 9
34 편안함을 느낄 만큼 침착하고 안정되어 있다.	1 2 3 4 5 6 7 8 9
35 자기가 원하고 좋아하는 일에 대해 참을성이 없다.	1 2 3 4 5 6 7 8 9
36 주의집중을 잘한다.	1 2 3 4 5 6 7 8 9
37 어떤 일을 하기 전에 미리 생각해 보고 그 일에 대한 계획을 세운다.	1 2 3 4 5 6 7 8 9
38 죄책감을 자주 느낀다.	1 2 3 4 5 6 7 8 9
39 유머감각이 있다.	1 2 3 4 5 6 7 8 9
40 자기가 하는 일에 열중하고 있을 때가 있다.	1 2 3 4 5 6 7 8 9
41 믿을 만하다. 신뢰할 수 있다.	1 2 3 4 5 6 7 8 9

42 자신이 무가치한 존재라고 느낀다.	1 2 3 4 5 6 7 8 9
43 놀림이나 비난을 받으면 쉽게 상처를 입는다.	1 2 3 4 5 6 7 8 9
44 의심이 많아서 다른 사람들을 잘 믿지 않는다.	1 2 3 4 5 6 7 8 9
45 다른 아이들을 잘 괴롭힌다.	1 2 3 4 5 6 7 8 9
46 공격적이다.	1 2 3 4 5 6 7 8 9
47 혼자 있는 것을 좋아한다.	1 2 3 4 5 6 7 8 9
48 자기 자신에 대해 자신감을 가지고 있다.	1 2 3 4 5 6 7 8 9
49 고집이 센 편이다.	1 2 3 4 5 6 7 8 9
50 우리 아이의 감정은 상황에 맞지 않는 것 같다.	1 2 3 4 5 6 7 8 9
51 으스대는 편이며 다른 사람들보다 우위에 있는 것을 좋아한다.	1 2 3 4 5 6 7 8 9
52 투덜대거나 토라지기를 잘한다.	1 2 3 4 5 6 7 8 9
53 아무것도 아닌 일에도 쉽게 흥분한다.	1 2 3 4 5 6 7 8 9
54 주변 사물을 바라보는 방식이 창조적이다.	1 2 3 4 5 6 7 8 9
55 수줍음이 많아서 다른 아이들과 친해지기가 힘들다.	1 2 3 4 5 6 7 8 9
56 어떤 일을 하거나 말을 하기 전에는 꼭 생각을 하고 난 다음에 한다.	1 2 3 4 5 6 7 8 9
57 다른 아이들이 우리 아이를 자주 괴롭힌다.	1 2 3 4 5 6 7 8 9

주요 참고문헌을 제외한 별도의 참고문헌

김교헌, 박창남, 전겸구(2004). 한국판 직무스트레스 척도의 개발. 한국심리학회지, 9(2), 415-440.

김교헌, 전겸구, 이준석(2000). 개정판 대학생용 생활스트레스척도 개발 연구. 한국심리학회지: 건강, 15, 316-335.

김병준(1999). 청소년 운동선수들의 재미 및 스트레스 요인. 스포츠 심리학회 학술 논문집, 33-50.

김영희(1996). 빈곤층 편모의 스트레스, 사회적 지원 및 심리적 디스트레스가 부모 역할 수행에 미치는 영향. 서울대학교 대학원 박사학위 청구논문.

김재환, 윤여홍(1985). 간이정신진단검사(SCL-90-R)의 신뢰도 및 요인불변성. 정신건강연구, 3, 166-181.

김정인(1997). 부적 정동과 사회적 기대가 직무스트레스와 그 결과에 미치는 영향. 중앙대학교 박사학위 논문.

김정택(1978). 특성불안과 사회성과의 관계-Spielberger의 STAI를 중심으로. 고려대학교대학원 석사학위논문.

박희연, 김광웅(2005). 아동 상담자의 의욕 상실 측정도구 개발. 한국심리학회지: 발달, 18(2), 39-56.

배종면, 정은경, 유태우, 허봉렬(1992). 외래용 스트레스량 측정도구 개발 연구. 가정의학회지, 13(10), 809-820.

소혜정(2004). 상담자의 직무 스트레스와 직무 만족도에 관한 연구. 대구대학교 대학원 석사학위 논문.

이상로, 변창진, 진위교(1969). 표준화성격진단검사. 서울: 중앙적성연구소.

이종목, 박한기(1988). 직무 스트레스 척도 제작에 관한 연구. 사회심리학 연구, 4(1), 5-25.

이평숙(1984). 생활사건과 관련된 스트레스 측정에 관한 일 방법론적인 연구. 연세대학교 박사학위 논문.

장세진(1993). 건강통계자료 수집 및 측정의 표준화 연구, 스트레스. 대한예방의학회, 121-159.

전겸구, 김교헌(1991). 대학생용 생활 스트레스 척도의 개발: 제어 이론적 접근. 한국심리학회지: 임상, 10, 137-158.

전겸구, 김교헌(1994). 스트레스 대처의 다차원적 관계 분석(1): 대학생 집단. 한국심리학회지:

임상, 13, 136-158.
전겸구, 한덕웅, 이장호, Spielberger (1997). 한국판 STAXI 척도 개발: 분노와 혈압. 한국심리학회지: 건강, 2, 60-78.
하미나, 장세진, 조정진, 주영수, 정진주, 장성실, 김성아, 임상혁, 김재용, 우종민, 하은희 (2001). 한국인 직무스트레스와 건강영향에 관한 기획연구. 한국산업안전공단 산업안전보건연구원.

Ang, R. P., & Huan, V. S. (2006). Academic expectations stress inventory. *Educational and Psychoological Measurement, 66*(3), 522-536.
Bakker, A. B. (2005). Flow among music teachers and their students: The crossover of peak experiences. *Journal of Vocational Behavior, 66*, 26-44.
Berry, J. O., & Jones, W. H. (1995). The parental stress scale: Initial psychometric evidence. *Journal of Social and Personal Relationship*, *12*, 463-472.
Blanchard, E. B., Hickling, E. j., Taylor, A. E., & Loos, W. (1995). Psychiatric morbidity associated with motor vehicle accidents, *Journal of Mental disorder*, *183,* 485-504.
Block, J., & Kremen, A. M. (1996). IQ and ego-resiliency: Conceptual and empirical connections and separateness. *Journal of personality and social psychology, 70*, 349-361.
Cotton, D. H. G. (1990). *Stress management-An Integrated approach to therapy*. New York: Pruner/Mazel.
Cranwell-Ward, J. (1990). *Thriving on stress*. London: Routledge.
Crinic, K., & Greenberg, M. (1990). Minor parenting stress with young children. *Child Development*, *54*, 209-217.
Csikszentmihalyi, M. (1977). Beyond boredom and anxiety, second printing. San Francisco: Jossey-Bass.
Csikszentmihalyi, M. (1990). *Flow: The psychology of optimal experience*. New York: Harper Collins.
Davison, K., Stuhr, J., & Chambers, L. (1998). *Constructive anger behavior as a stress buffer. In Craig, K. D., & Dodson, K. S. (Eds.), Stress Vulnerability and resilency.* Thousand Oaks: Sage Press.
Derogatis, L. R., Limpman, R. S., & Covi, L. (1973). SCL-90: An outpatient psychiatric rating scale-preliminary report. *Psychopharmacology Bulletin*, *9*, 13-28.
Derogatis, L. R., Lipman, R. S., Rickels, K. Uhlenhuth, E. H., & Covi, L. (1974). The Hopkins symptom inventory. *Behavior Science, 19*, 1-15.

Gould, D., & Damarjian, N. (1996). *A unifying model of psychological preparation for peak athletic.* New York: John Wiley & Sons.

Gulian, E., Mattews, G., Glendon, A. I., Davies, D. R., & Debney, L. M. (1989). *Dimensions of driver stress. Ergonomics, 32*(6), 585-602.

Holmes, T. H., & Rache, R. H. (1967). The social readjustment rating scale. *Journal of psychosomatic research, 9,* 213-312.

Holroyd, J. (1974). The questionnaire on Resources and Stress: an instrument to measure family response to a handicapped family member. *Journal of Community Psychology, 2,* 92-94.

Horowitz, M., Wilner, N., & Alvarez, W. (1979). Impact of Event Scale: a measure of subjective stress. *Psychosom Med, 41,* 209-218.

House, J. S. (1981). *Work stress and social support.* Reading, MA: Addision-Wesley.

Jackson, S. A., & Marsh, H. W. (1996). Development and validation of a scale to measure optimal experience: The flow state scale. *Journal of sport and exercise psychology, 18,* 17-35.

Johnson, J. V. (1986). The impact of workplace and social support, job demands and work control upon cardiovascular disease in Sweden. Unpublished Ph D thesis. Department of psychology, University of Stockholm.

Karasek, R. A. (1979). Job demands, Job decision latitude, and mental strain: implications for job redesign. *Adm Sci Q, 24,* 285-308.

Karasek, R. A. (1985). *Job Content Questionnaire and user's guide.* Lowell: University of Massachusetts Lowell, Department of Work Environment.

Kobasa, S. C. (1982). Commitment and coping in stress resistance among lawyears. *Journal of Personality and Social Psychology, 42*(4), 707-717.

Kobasa, S. C., Maddi, S. R. (1977). *Existential personality theory, In Corsini, R. (Ed.). Current Personality Theories Itasca*, Illinois: R. F. Peacock Publishers.

Lampers, J. D., Clark-Lempers, D., & Simons, R. L. (1989). Economic hardship, parenting, and distress in adolescence. *Child development, 60,* 25-39.

Lazarus, R. S., & Folkman, S. (1984). *Stress, appraisal, and coping.* New York: Springer Publishing.

Levenstein, S., Prantera, C., Varvo, V., Scribano, M. L,, Berto, E., Luzi C., & Andreoli, A. (1993). Development of the perceived stress questionnaire: a new tool for psychosomatic research. *Journal of psychosomatic research, 37*(1), 19-32.

Murphy, L. R., & Hurrel, J. J. (1987). *Stress measurement and management in orga-*

nizations: Development and current status. in Riloy A. Zaccaro S. eds. Occupational stress and organizational stress and organizational effectiveness. New York: Prager Press.

Pollock, S. E. (1984). Human responses to chronic illness, *Nursing Clinics of North America, 22*(3), 631-643.

Radke-Yarrow, M., Brown, E. (1993). Resilience and vulnerability in children of multiple risk families, *Development and Psychopathology, 5*(4), 581-592.

Spielberger, C. D., Gorsuch, R. L. & Lushene, R. E. (1970). Manual for the state trait anxiety inventory, Palo Alto, California: Consulting Psychologist Press.

Spielberger, C. D., Gorsuch, R. L., & Lushene, R. E. (1967). *State-Trait Anxiety Inventory (Preliminary Test Manual, Form B).* Tallahassee: Florida State University.

Spielberger, C. D., Vagg, P. R. (1999). *JSS: job stress survey, Professional manual.* Odessa FL: Psychological assessment resources.

Swanson, J. L., Daniels, K. K., & Toker, D. M. (1996). Measuring perception of career-related barriers: The career Barriers Inventory. *Journal of Career Assessment, 4,* 219-244.

Weissman, M. M. & Myers, J. K. (1978). Affective disorders in a U.S. urban community. *Archive of General Psychiatry, 35,* 1304-1311.

저자 소개

김병수(정신건강의학과 전문의, 의학박사)

울산대학교 의과대학 의학과 졸업
울산대학교 의과대학 의학박사
현 서울아산병원 정신건강의학과 임상부교수
 서울아산병원 건강증진센터 스트레스클리닉 담당교수
 대한우울조울병학회 정회원
 한국정신신체의학회 이사, 학술위원

〈주요 저서 및 논문〉
『양극성장애』(공저, 시그마프레스, 2009)
『당신안의 예술가를 깨워라』(역, 눈, 2010)
『우울증의 행동활성화 치료』(역, 학지사, 2012)
『우울증』(공저, 시그마프레스, 2012)
『정신신체의학』(공저, 집문당, 2012)
『흔들리지 않고 피어나는 마흔은 없다』(프롬북스, 2012)
우울증, 조울증, 스트레스 관련 국내외 논문 다수

김정현(정신건강의학과 전문의, 의학박사)

서울대학교 의과대학 의학과 졸업
서울대학교 의과대학 의학박사
현 분당서울대학교병원 정신건강 및 행동의학 전담교수
 분당서울대학교병원 건강증진센터 스트레스클리닉 담당교수
 대한신경정신의학회 정회원
 대한법정신의학회 학술이사
 한국정신신체의학회 학술위원

〈주요 저서 및 논문〉
『양극성장애』(공저, 시그마프레스, 2009)
『정신과적 진단』(감수, NVN, 2010)
『범죄 심리』(감수, NVN, 2010)
『자율신경 실조증의 예방과 치료법』(감수, 하서, 2012)
『법정신의학』(공저, 시그마프레스, 2013)
『암, 꼭 알아야 할 치료 · 영양 가이드』(공저, 삼호미디어, 2013)
우울증, 조울병, 정신신체의학 관련 국내외 논문 다수

스트레스 척도 핸드북

2013년 9월 25일 1판 1쇄 발행
2022년 4월 20일 1판 5쇄 발행

지은이 • 김병수 · 김정현
펴낸이 • 김 진 환
펴낸곳 • (주) 학지사
04031 서울특별시 마포구 양화로 15길 20 마인드월드빌딩 5층
대표전화 • 02) 330-5114 팩스 • 02) 324-2345
등록번호 • 제313-2006-000265호
홈페이지 • http://www.hakjisa.co.kr
페이스북 • https://www.facebook.com/hakjisabook

ISBN 978-89-997-0186-3 93180

정가 **20,000원**

이 도서의 국립중앙도서관 출판시도서목록(CIP)은 서지정보유통지원시스템 홈페이지(http://seoji.nl.go.kr)와 국가자료공동목록시스템(http://www.nl.go.kr/kolisnet)에서 이용하실 수 있습니다.
(CIP제어번호: CIP2013014480)